문예신서

기독교윤리학

김희수 지음

東 文 選

기독교윤리학

차 례

제 I 부

제 II 부

제 IV 부

책머리에

옳고 그름의 판단 기준은 무엇인가? 가난한 학생이 공부를 하기 위해 초 한 자루를 훔쳤다면 이는 과연 나쁜 행동인가? 이 학생의 행동이 잘못된 것이라고 말할 수 있는 근거는 무엇인가? 우리는 이토 히로부미를 총살한 안중근 의사를 의사라 칭하며 존경하고 기린다. 그렇게 할 수 있는 근거는 무엇인가? 어떤 살인은 정죄하고, 어떤 살인은 칭송하는 근거가 무엇인가? 거짓말하는 것은 왜 나쁜 행동인가? 모든 거짓말은 다 나쁜 것인가? 이러한 질문들에 대하여 전통적인 윤리방법론들과 성경에 근거한 기독교윤리는 어떤 근거들을 제시하는가?

이 책은 첫째, 기독교윤리학의 개념을 명확하게 서술하고, 일반윤리학과의 비교분석을 통하여 기독교윤리학의 특성을 밝혀내며, 기독교윤리학에 사용된 대표적인 이론과 방법론들에 대해서 소개하고자 하였다. 둘째, 급격하고 혼란스럽게 변화하고 있는 현대의 사회 상황 속에서 조화로운 삶을 이루어내고 개인과 집단이 올바른 윤리적 판단을 하는 데 필요한 대원칙들을 제시하고자 하였다.

Ⅰ부에서는 기독교윤리학이 무엇인가에 대한 개념 정의를 제시하였다. 일반윤리학과의 비교분석을 통해 기독교윤리학이 가지고 있는 특성을 밝히고 있다.

Ⅱ부에서는 기독교윤리학에 있어서 성경의 역할에 대해서 밝히고 있으며, 성경에 나타난 윤리 원칙을 밝히고 있다. 또한·로마가톨릭

전통과 개신교 전통의 원조 신학자들, 그리고 기타 주요 학자들의 자연법과 양심에 대한 이론들을 살펴봄으로써 계시와 이성의 복합적 관계를 분석하고 있다.

Ⅲ부에서는 일반윤리학과 기독교윤리학의 대표적인 방법론과 이론들에 대해서 다루었다. 대표적인 사상가들과 신학자들의 이론을 통하여 목적론적 윤리방법론, 의무론적 윤리방법론, 상황윤리적 방법론, 응답론적(책임론적) 윤리방법론에 대해서 소개하였다.

Ⅳ부에서는 사회 변화와 종교와의 관계에 대해서 다루었다. 카를 마르크스, 에밀 뒤르켐, 막스 베버의 종교에 대한 이해와 종교의 역할에 대한 논리들에 대해서 심층적으로 소개하였다. 참고로 4부는 영문으로 작성되어 있다.

이 책은 첫째, 기독교윤리학을 전문적으로 연구하고 있는 학·석·박사과정 학생들의 연구에 도움이 될 것이며, 기독교윤리학을 강의하는 교수님들의 교재로 적절할 것이다. 둘째, 현장 목회자들과 교인들에게 요긴한 지침서가 될 것이다. 셋째, 기독교인이 아닌 일반 대중들에게도 기독교윤리에 대한 이해를 제공하고 윤리적 행동을 위한 대원칙을 찾는 데 도움을 주는 책이 될 것이다.

부족한 자식을 위해 늘 기도해 주시는 어머니와 형제자매들에게 감사드리며, 갓 결혼하고 인생을 개척하기 위해 열심히 노력하고 있는 아들(김엘리)과 며느리(문현숙) 그리고 지극한 사랑과 정성으로 보필해 준 아내 강미경 박사에게 깊은 감사를 드린다. 이 책을 출판할 수 있도록 도와주신 동문선의 신성대 사장님과 임직원 여러분께 깊이 감사드리며, 이 책을 읽게 될 모든 분들께 감사드린다.

하나님의 은총과 사랑이 모두에게 함께하시기를 기도드린다.

2011년, 천안 안서동에서 김희수

제 I 부

제1장
기독교윤리학의 정의와 특성

제1절 윤리에 대한 도덕철학적 정의

윤리학 또는 도덕철학(ethics, moral philosophy)과 기독교윤리학 또는 도덕신학(Christian ethics, Christian moral theology)의 개념 정의는 어떻게 내릴 것인가?

서구 문화에 있어서는 비과학적인 지식으로부터 과학적 지식으로의 전환이 그리스인들과 함께 시작되었으며 기원전 6세기경에 이르러서 원시적 사색들을 철학이라는 지혜의 일반적인 체계로 종합하였다. 우주의 체계에 대한 사색을 이어가다가 그 관심이 궤변론자(Sophist)들과 소크라테스 때부터 인간 자신과 인간의 삶, 사회에 대한 사색으로 옮아갔다. 소크라테스·플라톤·아리스토텔레스가 제기한 철학적 주제들을 중심으로 하여 그 주제들을 더욱 자세하게 다루었던 헬레니즘 철학의 공통적인 주제는 '인간이 어떻게 하면 가장 덕스럽게 살다가 죽을 수 있는지, 어디에 진정한 행복이 있는지, 어떻게 진정한 행복에 도달할 수 있는지'에 대해서 질문하고, 그 질문에 대한 해답을 찾는 것이었다. 뱃사람이며 식민주의자들이었던 그리스인들은 다른 문화권의 사람들과 접촉하게 되었고 다양한 문화·법·조직들에 놀라게 되었으며, 새롭게 형성되어진 국제 공동체의 삶 속에서 위에 언급한 주제는 가장 중요한 철학적 과제가 되었다. 어디에 진정한 행복이 있으며, 어떻게 진정한 행복에 도달할 수 있는가를 탐구하는 그들의 연구는 인간의 모든 행위에 대한 분석으로 옮아갔으며, 이 분야의 철학을 윤리학(ethics)이라고 불렀다.[1]

ethics는 ĕthos가 장음화된 ēthos로부터 유래되었다. 두 단어 모두 관습(custom)을 의미한다. 그러나 ēthos는 좀더 정형화된 관습을 의미하며, 흔히 인간의 성품을 나타내기 위해서 사용되었다. 관습을 나타내는 라틴어는 mos이며, 이 단어의 복수형은 mores인데 그리스어의 ēthos에 해당한다. 우리는 mores로부터 moral과 morality라는 어휘를 도출해 내었다. 윤리학은 또한 도덕철학이라고도 불린다.[2]

그렇다면 어원상으로 볼 때 윤리학(ethics)은 인간의 관습(costumes)에 대한 학문이다. 어떤 것들은 식탁에서의 매너, 옷매무새, 말본새, 생활 예절(etiquette) 등과 같은 단순한 풍습에 속하는 것들로 시대, 세계의 어떤 특정 장소 등에 따라서 다르며, 또한 우리가 원하는 대로 바꿀 수 있는 유행과 시대적 풍조이다. 즉 예절이나 습관(manners)이지 도덕이나 윤리(morals)가 아니다. 어떤 것들은 진실을 말함, 채무를 갚음, 효도, 타인의 생명과 재산을 존중함 등과 같이 좀더 근본적이고 인간의 본성에 내재되어 있는 것처럼 보이는 것들이다. 우리는 이러한 행동은 관습에 맞을 뿐 아니라 옳다고 판단하고,

---

1) Austin Fagothey, S. J., *Right and Reason: Ethics in Theory and Practice*, 3rd ed.(Saint Louis: The C. V. Mosby Company, 1963), p.14, 요슈타인 가아더 저, 장영은 역, 《소피의 세계》, Vol. 1(서울: 현암사, 1994), p.192.

2) Austin Fagothey, S. J., *Right and Reason: Ethics in Theory and Practice*, p.14.

이에 어긋나는 행동은 그르다 간주하며, 일시적인 기분에서 기인하지 않고 인간에게 내재하는 어떤 원칙으로부터 기인한다고 간주한다. 이러한 점들이 도덕이나 윤리이며, 윤리학은 바로 이러한 것들을 다루는 학문이다. 그러므로 윤리학은 인간 행동에 있어서의 옳고 그름에 대해서 연구하는 학문이다.[3]

그러나 이러한 설명만으로는 윤리학의 개념 정의가 충분하게 내려졌다고 볼 수 없다. 좀더 구체적인 분석이 필요하다.

철학(philosophy)이란 무엇인가? 필로소피란 말은 원래 그리스어의 필로소피아(philosophia)에서 유래하며, 필로는 '사랑하다' '좋아하다' 라는 뜻의 접두사이고 소피아는 '지혜' 라는 뜻이며, 필로소피아는 '지혜 사랑,' 즉 '애지(愛知)의 학문' 을 말한다. 그러나 실재로는 철학이란 어떤 현상·생각·개념, 또는 존재의 궁극적인 실체·원인·까닭·원리·원칙 등에 대하여 논리적으로 탐구하는 것을 의미하며, 결국 '도(道) 또는 진리에 대한 논리적 탐구' 라고도 말할 수 있을 것이다.

그렇다면 도덕철학은 무엇인가? 철학을 도 또는 진리에 대한 탐구라고 정의할 수 있다면, 도덕철학 또는 윤리학은 '도에 대한 윤리적 도덕적 관점에서의 탐구'와 '선과 악, 옳고 그름에 대한 철학적 탐구' 두 가지로 정의될 수 있을 것이다. 그러나 이 두 정의는 서로 분리되어서는 안 되는 것으로 종합적으로 보아야만 한다.

그러면 도덕(道德)이라고 할 때 도와 덕에 대하여 잠시 생각해 보기로 하자. 도(道)란 무엇인가? 도는 '시대의 변천이나 장소에 좌우되거나 제약받지 않는 궁극적 진리, 우주의 이치, 참다운 생명의 길,

---

3) *Ibid.*

존재의 궁극적 이유와 의미' 등으로 정의내려 볼 수 있을 것이다. 덕(德, virtue)이란 무엇인가? 덕은 '도를 깨달은 자(또는 도를 추구하는 자)가 삶을 통하여 성취케 되는 성품 또는 도에 합당한 성품' 이라고 정의할 수 있을 것이다. 그리고 道와 德 두 글자를 합하여 '도덕' 이라고 하면, 이는 '도와 덕에 합당한 행동을 위한 원칙' 또는 '도와 덕을 개인적·사회적 삶 속에서 실천하기 위한 행동 원칙' 이라는 의미가 된다.

그러면 윤리(倫理, moral principles)는 어떻게 정의내릴 것인가? 윤리란 '인간이 마땅히 지켜야 할 도리' 또는 '도덕적으로 옳고 선한 삶과 행동을 위한 원칙들' 이라고 정의할 수 있으며, 윤리학이란 '도덕적으로 옳고 선한 삶과 행동을 위한 원칙들에 대해서 연구하는 학문' 이라고 정의할 수 있다.[4]

그러나 우리는 이 정의에 대해서 약간의 추가적인 설명을 필요로 한다. 인간이 그러한 도리에 따라서 행동하는 대상은 누구인가? 전통적으로 그러한 도덕적 행위의 대상은 다른 '인간들' 이었다. 다시 말해서 윤리는 '인간과 인간 사이에 올바른 관계 형성을 위한 행위의 원칙' 으로 이해되어져 왔다는 말이다. 그러나 이러한 전통적인 이해와 개념 정의는 당연히 수정되어야만 한다.

물론 도덕적 행위의 주체는 인간이다. 왜냐하면 어떤 행위가 도덕적인 행위가 되기 위해서는 그것은 자율적이며 이성적인 판단에 의한 행동이어야 하고, 그 행위의 결과에 대해 책임질 것을 동의할 때

---

4) cf. 윌리엄 프랑케나는 윤리학을 다음과 같이 정의하고 있다. "Ethics(moral philosophy) is a branch of philosophy; it is moral philosophy or philosophical thinking about morality, moral problems, and moral judgements." William K. Frankena, *Ethics*, 2nd ed.(New Jersey: Prentice-Hall, Inc., 1973), p.4.

에만 도덕적인 행위라고 할 수 있는데, 인간만이 이러한 행위의 주체가 될 수 있기 때문이다. 그러나 인간에 의한 도덕적 행위의 대상의 범주는 넓어져야만 하며, 그에 따라 윤리의 개념 정의도 새롭게 내려져야 한다. 우리는 인간이 관계하는 대상이나 복지(福祉, well-being)의 대상이 인간에게만 국한되지 않는다는 것을 인지하여야만 한다. 우리는 이 우주 속에 인간만 존재하고 있는 것이 아니라는 사실을 직시하고, 더 나아가 인간이 행복한 삶, 의미 있는 삶, 올바른 삶을 영위하기 위해서는 인간만이 아니라 하늘과 땅과 우주, 동물과 식물, 대기와 물에 이르기까지 그 모든 구성물들의 복지를 동시에 고려해야 한다. 그러므로 인간의 도덕적 행위의 대상은 인간뿐만 아니라 앞에서 지적한 것처럼 우주 전체의 구성물들로 확대되어야 하는 것이다. 결과적으로 윤리는 "인간과 인간 사이, 그리고 인간과 우주의 모든 개체들과의 사이에 올바른 관계 형성을 가능케 해주는 행동 원칙들"이라고 정의되어야 한다. 그리고 윤리학은 "인간과 인간 사이, 그리고 인간과 우주의 모든 개체들과의 사이에 올바른 관계 형성을 가능케 해주는 행동 원칙들에 대하여 연구하는 학문"이라고 정의내려야 할 것이다.

이상의 분석을 토대로 할 때 '도덕'이라는 어휘와 '윤리'라는 어휘의 정의가 서로 유사하다는 것을 알 수 있으며, 따라서 개념 정의에 있어 두 어휘를 혼용하여도 별 문제가 없음을 확인할 수 있다.[5]

물론 앞의 각주 5)에서 보는 바와 같이 레만의 이러한 구분도 나름대로의 타당성을 갖고는 있지만 앞에서 살펴본 바에 의거하면 그 의미에 있어서 '윤리'와 '도덕'이 사실상은 큰 차이가 없다고 할 수 있을 것이다.

참고적으로 윤리학에 대한 윌리엄 사하키언의 정의를 보자면 그는 '옳은 것'과 '좋은 것(선)'에 관한 연구라고 주장한 철학자들의 전통적 정의와 윤리학적 이론이나 신념을 표현하는 데 사용되는 용어와 진술들을 논리적으로 분석하는 것이 윤리학의 가장 중요한 과제라고 주장한 분석철학파(analytic school) 혹은 언어철학파(linguistic school)로 알려지고 있는 철학자들의 메타윤리학(metha ethics) 혹은 비서술적(non-descriptive) 윤리 이론을 종합하여 "윤리학은 옳은 것(right), 선한 것(good)에 관한 연구와 함께 윤리학적 용어와 이론 그리고 신념들에 대한 논리적인 분석을 중요 과제로 삼는 학문"이라고 정의한다.[6]

윤리학에 대한 개념 정의를 내림에 있어서 또 한 가지 고려해야 할 것이 있다. 윤리학은 적용과 실천을 전제로 하는 작업이다. 윤리학이 무엇인가에 대한 개념 정의를 내리는 것과 논리적 사색을 통한 윤리적 원칙 또는 원리들을 찾아내는 작업도 중요하지만, 어떻게 하면 윤리학이 인간의 개인적·사회적 삶에 긍정적인 성숙과 변화를 이루어 내는 데 도움을 주며 궁극적으로 '함께 더불어 사는 삶의 환희가 넘쳐나도록 만드는 데' 기여하도록 할 것인가를 모색하

---

5) 폴 레만(Paul L. Lehmann)은 그의 책 속에서 '윤리'와 '도덕' 사이에 개념상의 차이가 있음을 지적하고 있다. 그는 다음과 같이 이야기한다.
"디오게네스 라에르티오스(Diogenes Laertios)는 윤리를 '삶과 우리들에 관한 모든 것'과 관련된 철학의 한 부분이라고 말한다. 그에 따르면 윤리는 인간 행위의 기반과 관련되어 있고, 도덕은 이러한 기반 위에서 행해지는 실제적인 실천이나 행위와 관련되어 있다……. 따라서 '도덕'이라는 단어는 점차 습관에 따른 행위라는 말로 제한되었고, '윤리'라는 단어는 이성, 즉 행동의 기반이나 원리에 대한 숙고에 따른 행위를 가리키는 말로 제한되었다. 예를 들면 독일어의 Sitte는 습관을 의미하고, Ethik는 행위의 기반과 지침에 관한 보다 깊은 고려(윤리학)를 의미한다." 폴 레만 저, 심일섭 역, 《기독교윤리학》(서울: 대한기독교출판사, 1988), p.21.
6) William S. Sahakian, 송휘칠·황경식 공역, 《윤리학의 이론과 역사》(서울: 박영사, 1997), p.4.

는 것 역시 중요하다. 그러므로 필자가 윤리학을 "인간과 인간 사이, 그리고 인간과 우주의 모든 개체들과의 사이에 올바른 관계 형성을 가능케 해주는 행동 원칙들에 대하여 연구하는 학문"이라고 정의한 것도 윤리학의 기능적 측면을 중시하였기 때문이다. 참다운 지혜·정의·지식·행복에 도달하기 위해서는 어떻게 해야 할 것인가에 대하여 초점을 맞추고 윤리학을 연구한 소크라테스·플라톤·아리스토텔레스도 이러한 입장에 서 있었다.

사하키언의 정의도 윤리학의 기능적 측면에 초점을 두고 있다고 볼 수 있을 것이다. 사하키언은 "철학자들 사이에 견해 차이가 있음에도 불구하고 윤리학의 주요 관심사가 도덕적인 가치 판단과 가치 판단의 근거를 탐구하는 데 있다는 것은 누구나 인정하고 있다"라고 말하며, "우리들의 도덕적인 가치 판단과 도덕적인 신념 및 그 기준의 선택 근거가 요청하는 포괄적인 분석은 다른 학문 분야에 대한 적절한 지식이 없이도 이루어질 수 있다. 이같은 분석 방법을 제공하는 것이 바로 윤리학의 기능이다"라고 이야기하고 있다. 과학자는 자신이 행하고 있는 전문 분야의 연구에 대하여 가치 판단을 내릴 필요를 느끼지 않으며, 더 나아가 자신이 만들어 낸 발명품이나 자신이 발견한 새로운 과학 원리의 사용 결과에 대한 책임을 지지 않는다. 그러나 윤리학자들은 인간의 성격과 행동 등 모든 측면에 대한 가치 평가를 내리는 것을 그들의 주된 임무로 삼고 있기 때문에 과학자들의 연구 성과와 그것의 사용에 대하여 도덕적 판단을 내리고 가치를 평가하는 것이다.[7] 뒤에서 다시 간략하게 언급되겠지만 기독교윤리(성경윤리도)는 적용과 실천을 전제하므로 기능적

---

7) William S. Sahakian, 송휘칠·황경식 공역, 《윤리학의 이론과 역사》, pp.2-3.

인 입장에 무게를 두고 있는 윤리방법론이라고 할 수 있다.

그렇다면 일반윤리학 또는 도덕철학에 있어서 어떤 행동의 옳고 그름을 판단하고, 더 나아가 행동 원칙 자체를 추론하는 역할을 하는 주된 도구는 무엇인가? 그것은 일반철학에 있어서와 마찬가지로 인간의 '이성'이다. 이것을 지적하는 이유는 앞으로 기독교윤리학을 논할 때에 다루게 될 내용과 대비되는 점이 있기 때문이다.

제2절 윤리에 대한 기독교윤리학적 정의

1. 기독교윤리학의 정의

이제 '기독교 도덕신학'이라고 불리기도 하는 기독교윤리학에 대하여 생각해 보기로 하자. 기독교신학의 한 분야인 기독교윤리학은 도 또는 진리, 선과 악, 옳고 그름에 대하여 기독교윤리학적인 관점에서 탐구함을 의미하는 것이다. 그러므로 '기독교 도덕신학'이라는 어휘는 '신학적 진리에 대한 도덕적인 탐구'라는 의미와 '선과 악, 옳고 그름에 대한 신학적 탐구'라는 의미를 함께 내포하고 있다.

그렇다면 기독교윤리와 기독교윤리학의 개념 정의는 어떻게 내려야 할 것인가? 기독교윤리는 "인간과 인간 사이에, 그리고 인간과 다른 모든 피조물(자연과 우주를 포함하는)들 사이에 하나님의 뜻에 합당한 올바른 관계를 형성함으로써 정의와 평화를 이룩하고 함께 더불어 사는 삶의 환희가 넘쳐나게 만드는 데 합당한 행동 원칙"으로, 기독교윤리학은 "인간과 인간 사이에, 그리고 인간과 다른 모든 피조물들 사이에 하나님의 뜻에 합당한 올바른 관계를 형성함으로써 정의와 평화를 이룩하고 함께 더불어 사는 삶의 환희가 넘쳐나게 만드는 데 합당한 행동 원칙에 대하여 연구하는 학문"으로 정의할 수 있을 것이다.[8] 기독교윤리학과 일반윤리학은 둘 다 인간 행동에 대한 옳고 그름에 대해서 연구한다. 그리고 양자는 흔히 같은 문제들에 관심을 가지며 서로가 사용하는 어휘도 매우 유사할 수 있다. 그렇다면 일반윤리학과 기독교윤리학의 차이점은 무엇이며, 양자간의 개념 정의 사이에 나타나는 차이점은 어디에서 기인하는가?

일반윤리학(도덕철학)과 기독교윤리학(도덕신학) 사이에는 그 대전제와 목적, 출발점이나 접근 방식에 있어서 근본적인 차이가 있다. 첫째, 일반윤리학이 궁극적 진리와 도, 옳고 그름, 선과 악의 판단을 인간의 이성에 의존하고 있는 반면에, 기독교윤리학은 이 모든 것의 근거를 신·구약 성경을 통해서 계시된 삼위일체 하나님의 섭리와 뜻에 의존하고 있으며 성령의 도움과 믿음을 토대로 한 이성적 판단과 행동을 주장하고 있다. 다시 말해서, 기독교윤리학에 있어서는 인간의 이성은 절대적인 것이 아니라 상대적인 역할을 담

---

8) 폴 레만은 기독교윤리학에 대한 정의를 다음과 같이 내리고 있다.
"한 학문 분야로서의 윤리학과 신학의 한 분야로서의 윤리학 사이의 차이, 즉 기독교윤리학과 실천적 도덕성(습관에 따른 행위)이나 철학에서 우리에게 주어진 윤리에 관한 사고(도덕철학) 사이의 차이는 윤리적 사고가 근거를 두고 있는 전제들에서 연유된다. 신학의 한 분야로서 윤리학은 특정한 신학적 전제들의 관점에서 삶과 인간 사회의 초석 및 도덕에 대한 사고를 포함한다……. 기독교윤리학은 무엇인가? …… 신학의 한 분야로서의 기독교윤리학은 예수 그리스도의 신자로서, 그리고 그의 교회의 지체로서 내가 무엇을 해야만 하는가라는 질문 및 그 대답에 대한 성찰이다. 이 질문과 대답에 대한 숙고와 분석을 하는 것이 기독교윤리학이다." 폴 레만 저, 심일섭 역, 《기독교윤리학》, pp.21-22.

당하고 있는 것이다. 둘째, 일반윤리학에 있어서는 신, 신의 뜻이나 섭리, 신앙, 성경 등과 같은 요소들이 도, 선과 악, 옳고 그름 등을 판단하는 근거로서 고려되지 않는다. 그러나 기독교윤리학에 있어서는 일반윤리학과는 달리 이러한 요소들이 중요한 위치를 차지하게 된다. 셋째, 엄격히 볼 때 철학의 한 분야인 일반윤리학은 윤리학적 주제나 주장에 있어서 계시된 요소들에 의거할 수 없으며, 교회법에 대해서 토론할 수 없다. 또한 일반윤리학은 자연 세계 차원의 일반적인 덕에 대해서는 논할 수 있으나, 기독교윤리학처럼 영적 차원의 덕에 대해서는 논할 수가 없다.

몇 가지 예들을 통하여 기독교윤리학을 일반윤리학과 구별시켜 주는 차이에 대해서 살펴보기로 하자.

2. 일반윤리학과 기독교윤리학의 차이

이 성

기독교윤리학에 있어서도 물론 '이성'의 역할이 중요시된다. 그러나 인간의 이성은 여러 가지 도구들 중의 하나일 뿐이며, 더 나아가 개신교에서는 전통적으로 인간의 이성은 아담과 하와의 타락과 함께 전적으로 타락하였기 때문에 진리와 옳고 그름을 판단할 수 있는 능력을 상실한 것으로 간주되기도 한다. 그러나 인간의 이성이 완전히 타락하였다고 보는 견해에는 약간의 문제가 있다고 볼 수 있다. 왜냐하면 아담과 하와의 타락과 더불어 인간의 이성이 전적으로 타락하였다고 한다면 근본적으로 하나님의 뜻을 헤아리는 것이 불가능해지며, 사회적인 삶에 있어서나 인간 관계에 있어서 여러 가지 합리적 판단을 내리는 것이나 과학적·의학적 사고와 실험이 불가능할 것이기 때문이다. 다시 말해서 논리적 사고가 불가능하다는 결론을 내려야만 한다는 것이다. 만약 인간의 이성이 완전히 타락하였다면, 인류 역사의 전개는 불가능하였을 것이다. 그러나 이 문제에 대해서는 별도로 제3장의 자연법과 제4장의 양심에 대한 고찰에서 더 심도 있게 다루고 있으므로 참고하기 바란다.[9]

일반철학에 있어서는 도 또는 궁극적 진리를 '우주의 이치'라거나 '존재의 궁극적 의미' 등으로 정의할 수 있지만 기독교신학[10]에 있어서는 '하나님의 뜻과 섭리'로 정의되어야 할 것이며, 일반철학에서 내린 '우주의 이치' '존재의 궁극적 의미' 등과 같은 정의는 하나님의 뜻 속에 포함되는 것으로 보아야 할 것이다. 결국 덕은 '하나님의 뜻에 합당한 성품'으로 정의되는 것이다. 그리고 기독교인들에게는 '하나님의 뜻과 섭리'를 궁극적인 진리로 믿는 것이 이

---

9) 인간의 이성이 전적으로 타락하였다는 말에는 무리가 있을지 모르나, 아담과 하와로 대표되는 인간이 불신앙과 교만함으로 인하여 하나님의 뜻을 어기고 죄를 범한 이후 매사에 자신의 이기적인 욕망을 충족하기 위한 방향으로 작용한다는 사실만은 분명하다고 보아야 할 것이다. 심지어는 다수의 합리적 사고와 결정에 의거하여 법을 만들고 시행하는 민주주의의 경우에도 그 속을 뚫고 들어가 보면 다수자, 정치적·경제적 힘을 장악하고 있는 기득권층의 이익을 보장하기 위한 이기적 논리들이 다수결과 합리적이라는 명목하에 스며들어 있음을 발견하게 된다. 인간의 이성은 대부분의 경우에 개인적·집단적 이기심을 충족시키는 도구의 역할을 하고 있음을 보게 된다. 그러나 이성의 타락에 관한 문제는 좀더 심도 있게 다루어져야 할 신학적 주제이므로 여기에서는 이 정도로만 언급하기로 한다.

10) 기독교신학(Christian theology)의 개념 정의는 두 가지 방향에서 생각해 볼 수 있는데, 첫째는 "삼위일체 하나님——삼위일체 하나님의 속성, 그분의 뜻과 섭리와 활동의 내용——에 대한 연구"라고 정의할 수 있으며, 둘째는 "인간의 삶과 역사를 통하여 체험하는 삼위일체 하나님에 대한 연구" 또는 "인간의 삶과 역사를 통하여 체험하는 삼위일체 하나님 경험의 체계적 표현 작업"이라고 정의할 수 있다.

성적 판단보다 우선하는 것이며, 하나님의 뜻과 섭리에 대한 믿음이 모든 행동의 기준이 되며 선과 악, 옳고 그름의 판단 기준이 되는 것이다. 그러므로 코르넬리우스 반틸은 무엇이나 하나님의 뜻과 섭리에 합당한 것이면 도덕적으로 옳은 것이요, 하나님의 뜻과 섭리에 합당하지 못한 것이면 도덕적으로 옳지 못한 것이라고 말하는 것이다.[11] 그러나 이 말이 인간의 이성을 전혀 무용한 것으로 비하하는 것은 아니다. 기독교윤리학에 있어서도 인간의 이성이 일정한 역할을 하는 것으로 인정은 하지만, 그것이 옳고 그름을 판단하는 유일하고 절대적인 도구가 되지는 않는다는 것을 보여 주고 있다고 보면 될 것이다.

성 경

그러면 하나님의 뜻은 어디에 기록되어 있는가? 물론 대부분의 기독교인들이 우주 전체에 하나님의 뜻과 섭리가 계시되어 있다고 인정하고 있지만, 전통적인 입장은 '성경' 속에 그 뜻과 섭리가 기록되어져 있다는 것이다. 다시 말해서 기독교 '성경'이야말로 가장 기본적이고 완벽하고 주된 텍스트이며, 일반철학에서 사용하는 인문과학적 · 자연과학적 · 사회과학적 자료들은 부차적인 참고 자료라고 생각하는 것이다. 다음의 인용구는 기독교윤리학의 특성과 기독교윤리학에 있어서의 성경의 중요성을 잘 요약해 주고 있다고 볼 수 있다.

---

11) cf. 코르넬리우스 반틸 저, 위거찬 역, 《기독교윤리》(서울: 도서출판 엠마오, 1984), pp.126-127.

기독교윤리는 일차적으로 사람들의 필요, 관습, 계약 또는 어떤 당위적 규범에서 추론되어 나온 것이 아니라 초자연적인 하나님의 계시의 말씀(성경)에 기초한다. 따라서 성경은 기독교 진리와 도덕적 의무에 불가결한 지식을 제공하는 원천이기 때문에 성경 이외의 어떤 것도 기독교윤리의 기초로 삼을 수 없다. 이것은 물론 성경 본문(text)에 대한 강조 때문에 우리가 살고 있는 상황(context)에 대한 지식의 필요성을 부정한다는 말은 아니다. 어떤 기독교윤리학적 탐구라 할지라도 현실에 대한 적절한 이해가 없으면 성경 본문이 현대인에게 말을 건네 주고 의미를 부여해 주는 데 실패하고 말 것이다. 본문과 상황은 서로 교호적(交互的) 관계에 놓여 있고, 서로가 서로를 해석해 주는 관계에 놓여 있다.[12]

존 웨슬리는 어떤 것이 하나님의 뜻인가 아닌가를 판단하려고 할 때에는 적어도 다음 네 가지 자료, 즉 성서, 교회의 전통, 경험, 이성을 이용하라고 강조하였다. 그는 "기독교인들의 신앙의 핵심은 성경 속에 계시되어 있으며 교회의 전통에 의해서 밝혀졌고, 개인적 경험 속에 생생하게 체험되어지며 이성에 의하여 확인된다"라고 말한다. 성경은 우리의 구원에 필요한 하나님의 말씀을 기록하고 있으므로 성경에 대한 신중한 공부가 필요하다. 그러나 성경을 공부함에 있어서 실수를 범하지 않기 위해서는 교부들의 저술과 교리적 신조들, 종교개혁가들의 가르침과 현대의 영적 문제와 관련한 저술들을 참조할 것을 강조한다. 그러므로 교회의 전통은 정통적인 기

---

12) 최재선 외, 《현대 사회와 종교》(서울 : 바울서신사, 1991), p.107.

독교 신앙의 근거와 척도를 제공하는 것이다. 웨슬리는 또한 이성의 중요성도 간과하지 않는다. 기독교인의 간증은 그것이 비록 성경에 기초하고 있으며 전통에 의해서 전수되었다고 할지라도 개개인에 의해서 이해되고 받아들여지지 않는다면 의미가 없는 것이다. 신앙이 우리 자신의 고백적 신앙이 되기 위해서는 우리 개개인들의 경험과 이성적 사고에 의해서 이해되고 납득되어지는 것이어야만 한다. 성경을 이해하고 그 내용을 광범위한 지식의 활용에 적용할 수 있기 위해서 기독교 신앙은 이성의 사용을 필요로 한다. 웨슬리는 성경의 내용들(특히 중생과 성화의 체험)을 인간의 경험 속에서, 그리고 일상 생활과 관련된 '일반 상식적' 지식 속에서 확인하기를 원하였다.[13]

생명권

'생명권'에 대한 이해도 기독교윤리학이 일반윤리학과 다른 특성을 가지고 있음을 보여 주는 하나의 예가 될 것이다. '생명권'은 인간이 갖는 모든 권리 중에서 가장 우위에 속하며, 또한 다른 모든 권리의 가장 기본이 되는 권리이다. 무슨 말인가? 예를 들어 보기로 하자. 정부가 일단의 노동자들에게 집회의 자유를 허락함으로써 노동자들이 일정한 장소에 모였다고 하자. 그런데 정부가 군대를 투입하여 모인 노동자들에게 생명권을 보장한 적은 없다고 하며 모두 사살하였다면, 그들에게 허용된 집회의 자유는 아무런 의미가 없는

---

13) The United Methodist Church, *The Book of Discipline of the United Methodist Church*(Nashiville, TN: The United Methodist Publishing House, 1992), pp.76-77.

것이다. 다른 경우도 마찬가지이다. 재산권을 가지고 있으며 평등권을 가지고 있다고 할지라도 생명권을 보장받지 못하면 그러한 권리들이 무슨 소용이 있겠는가? 생명권은 인간에게 있어서 가장 중요하고 우선적이며 기본적인 권리이다. 그렇다면 이 생명권은 어디에서 오는가?

일반윤리학자들이 따르고 있는 세속적인 입장은 '자연권'이나 '사회 계약설' 둘 중의 어느 하나이다. '자연권'적인 견해는 인간은 태어나면서부터 본능적으로 생명의 존엄성에 대한 경외심을 가지고 태어난다고 보는 것이다. 인간은 교육 수준의 고하를 막론하고, 종교의 유무에 상관없이, 인종을 초월하여, 생명에 대한 경외심을 가지고 있으며 다른 사람의 생명이나 자신의 생명을 해치려고 할 때에 본능적인 두려움과 죄책감을 느끼게 되는 점이 이러한 입장의 타당성을 뒷받침해 주기도 한다. '사회 계약설'에 근거한 입장은 인류가 역사의 흐름을 통하여 자신의 생명을 보장받기 위해서는 타인의 생명을 보장해 주어야 하며, 나아가 안정된 사회적 삶을 영위하기 위해서도 서로의 생명이 보호받아야 한다는 것을 깨닫게 되었고, 그러한 깨달음에 근거하여 모두의 생명권을 보호해 주기로 계약을 맺었다는 견해이다. [14)]

그러나 기독교윤리학의 입장은 이와는 다르다. 기독교윤리학은 하나님께서 우주 만물을 창조하였으며, 인간의 생명도 하나님에 의해서 창조되었다고 믿는 믿음에서부터 시작한다. 〈창세기〉 1장 27절에 보면 "하나님이 자기 형상, 곧 하나님의 형상대로 사람을 창조하시되 남자와 여자를 창조하시고"라고 기록되어 있다. 〈창세기〉 9

---

14) 케넷 케어론 저, 김희수 역, 《의료윤리》(서울: 기독교문서선교회, 1998), p.12.

장 6절에는 "무릇 사람의 피를 흘리면 사람이 그 피를 흘릴 것이니, 이는 하나님이 자기 형상대로 사람을 지었음이라"고 기록되어 있으며, 〈출애굽기〉 20장 13절에는 "살인하지 말지니라"고 기록되어 있다. 인간의 생명은 하나님에 의해서 창조되었으므로 생명의 주인은 부모님도 자기 자신도 아니라 바로 하나님이신 것이다. 그러므로 누구도 인간의 생명(자기 자신의 것을 포함한)을 해칠 수 없다고 믿으며,[15] 자살도 죄라고 보는 것이다.

덕

기독교윤리학이 일반윤리학과 다름을 보여 주는 또 하나의 예는 덕에 대한 이해이다. 반(半)기독교적 반(半)고전적이었던 아우구스티누스 당시의 문화 속에서 평범한 이교도 시민들의 도덕적 신조는 지혜·용기·절제·정의라는 그리스의 사원덕(四元德)을 충실히 지키는 것이었다. 누구든지 이것을 인식하면 그는 세계가 줄 수 있는 최상의 행복을 얻게 될 것이라고 그리스의 현자들은 말했다. 그러나 아우구스티누스는 이들 덕 그 자체가 악한 것은 아니지만 그것들의 가치는 그것들이 배양된 전체적인 의도에 의해서 결정된다고 말함으로써 그리스 전통으로부터 극단적으로 떨어져 나간다. 이기적인 목적을 위해서 추구하게 되면 그 덕들은 자기 파멸적이 된다. 그것들은 '화려한 악덕(splendid vices)'이 되는 것이다. 이 덕들이 하나님 사랑에 의하여 변형된다면, 다시 말해서 일시적이고 단지 인간적인 맥락으로부터 돌아선다면 그것들은 매우 가치 있는 것들이

---

15) *Ibid.*

될 것이다. 그리스의 이상인 지혜·용기·절제·정의를 기독교적 사랑에 의해서 거듭나게 하는 것이 아우구스티누스의 모든 사상을 관통하는 주지(主旨)인데, 기독교 진리는 그리스 지혜와 나란히 놓이거나 상부 구조로서 그 위에 놓여서는 안 되며, 그것을 변화시키고 침투하고 구속(救贖)해야 한다는 것이 그의 신념이다.[16]

일반윤리학에 있어서의 지혜·용기·절제(신중함)·정의 등과 같은 덕은 인간의 이성과 의지에 의거한 명상과 실천적 노력을 통하여 습득되는 것이다. 그러나 기독교윤리에 있어서 중요한 덕목으로 간주될 수 있는 사랑·희락·화평·인내·자비·양선·충성·온유·절제(갈 5:21-23) 같은 성령의 열매는 인간의 이성과 의지적 노력만으로 습득되어지는 것이 아니라, 성령의 도우심을 통하여 비로소

---

16) Waldo Beach and H. Richard Niebuhr, *Christian Ethics: Sources of the Living Tradition*, 2nd ed.(New York: The Ronald Press Company, 1973), p.109.

아우구스티누스는 행복한 삶으로 이끌어 주는 덕은 하나님의 완전한 사랑이라고 믿고, 그리스의 사원덕을 기독교적 관점에서의 네 가지 형태의 사랑으로 변환시켜서 설명하였다.

절제(temperance): 사랑하는 것에 자기를 전적으로 내어주는 사랑.

용기(fortitude): 사랑하는 대상을 위하여 모든 것을 기꺼이 감수하는 사랑.

정의(justice): 사랑하는 대상만을 위하여 봉사하며, 그리하여 올바르게 다스리는 사랑.

신중(prudence): 자기를 방해하는 것과 도와 주는 것 사이를 현명하게 식별하는 사랑.

이 사랑의 대상은 다른 것이 아니라 바로 하나님, 최고의 선, 최고의 지혜, 완전한 조화이다. 그래서 우리는 다음과 같이 정의할 수 있을 것이다. 즉 절제는 하나님을 위하여 타락하지 않고 순결하게 자신을 지키는 사랑이며, 용기는 하나님을 위하여 모든 것을 기꺼이 감수하는 사랑이며, 정의는 오직 하나님만을 섬기고, 그러므로 사람들을 위한 봉사자로서 다른 모든 것을 잘 다스리는 사랑이며, 신중은 무엇이 하나님을 지향하는 것을 도와 주고 무엇이 방해하는지를 올바르게 구별하는 사랑이다. Augustinus, *Of the Morals of the Catholic Church*, chap. xv., recited from Waldo Beach and H. Richard Niebuhr, *Christian Ethics: Sources of the Living Tradition*, p.105.

이루어지는 것이다. 다시 말해서, 일반윤리학과 기독교윤리학은 덕의 습득에 대한 이해에 있어서 근본적으로 다른 입장을 견지하고 있음을 보여 주는 예라고 할 수 있다.

사랑과 정의

일반윤리학에 있어서 '정의'란 '쾌락(권리)과 고통(의무)의 공평한 분배'를 의미한다. 그러나 기독교윤리학에 있어서 정의는 사랑의 토대 위에서, 그리고 사랑을 통하여 성취되어지는 것이다. 다음 예화가 기독교적인 입장에서 이해한 정의의 특성을 보여 줄 수 있을 것이다.

세 사람의 여행객이 탄 배가 난파되어 어느 무인도에 표류하게 되었다고 가정해 보자. 그들은 모든 음식물들을 다 먹어 버렸고, 마침내 사과 한 개만을 남겨 놓게 되었다. 세 사람은 그 사과를 가장 공평하게 나누기 위해서 심각한 토론을 벌이게 되었다. A는 자신의 몸무게가 셋 중에서 가장 크므로 자신이 가장 많은 분량을 먹어야 한다고 주장하고, B는 자신이 그동안 사회에 기여한 바를 근거로 하여 세 사람 중 가장 많은 분량을 먹을 권리가 있다고 주장하며, C는 자신이 가장 어린 점을 들어 앞으로 사회에 기여할 수 있는 잠재력을 많이 가졌기에 사과의 가장 많은 분량을 먹어야 한다고 주장하였다. 하여간 가능한 모든 요소들과 정의의 이론들을 고려하여 토론한 후에, 나름대로의 불만이 여전히 남아 있었으나, 그들이 가지고 있던 천칭 저울과 최상품의 칼을 사용하여 각자가 공평하다고 동의한 분량대로 삼등분하여 각자의 조각을 손에 쥐고 먹기 시작하였다. 그런데 바로 그때 A가 자기 몫의 반을 잘라서 "나는 건강하니

구조선이 올 때까지 더 버틸 수가 있다네. 자네는 지금 몸이 아주 약한 상태이니 이것을 받아먹고 기운을 차리게나"라고 말하며 C에게 주었다. B 또한 A가 한 말과 비슷한 말을 하며 자기 몫의 일부를 C에게 잘라 주었다. 그리고 세 사람은 사과를 맛있게 먹었으며, 사과를 다 먹고 난 후에도 아무도 불평을 하지 않았을 뿐만 아니라 오히려 모두가 가슴속에 진한 감동을 느꼈다.

기독교윤리에 있어서는 사랑이 최상의 정의라고 말할 수 있다. 위의 예화에 등장하는 세 사람은 정의를 성취하는 데 필요한 모든 조건들을 고려하였으며, 인간이 계산할 수 있는 모든 고려 사항과 이론을 동원하여 완전히 만족하지는 않지만 서로가 어느 정도 동의하는 정의에 도달하였다. 그럼에도 불구하고 사람들은 여전히 상대적인 박탈감을 느끼게 되고, 자신에게 할당된 분량이 부당하다고 느끼기 쉬운 법이다. 인간의 이성을 토대로 한 합리적인 계산만으로는 완벽한 정의에 도달할 수 없으며, 정치·경제·문화·사회적 신분 등을 토대로 한 힘의 논리와 구조적·조직적 모순에 의거하여 정의는 왜곡되고 무시되기가 쉬운 것이다. 어찌되었건 합리적인 논리와 계산만으로는 완벽한 정의를 이루어 낼 수가 없다. 합리적인 계산 위에 사랑과 자비의 묘약이 작용해야지만 비로소 합리적 계산을 초월하는 정의, 약자가 보호받는 정의, 정당하게 배당된 자신의 몫을 포기하고도 오히려 기뻐하고 감격할 수 있는 정의가 가능할 수 있게 되는 것이다. 바로 이러한 점이 일반윤리학과 기독교윤리학의 차이점을 보여 주는 좋은 예라고 볼 수 있을 것이다.

3. 기독교윤리학의 내적 특성

이상에서 몇 가지 예들을 통하여 기독교윤리학을 일반윤리학과 구별지어 주는 차이점들을 살펴보았다. 그러나 이와는 조금 다른 관점에서 기독교윤리 자체가 갖는 특성들을 살펴볼 필요가 있다. 기독교윤리의 특성을 다섯 가지로 요약하는 노르만 가이슬러의 설명이 도움이 될 것이다.[17]

첫째, 기독교윤리는 불변하는 자신의 도덕적 속성에 반하는 일은 결코 하시지 않는 '하나님의 의지'에 토대를 두고 있다. 여호와가 "내가 거룩하니 너희도 거룩할지어다"(레 11:45)라고 이스라엘 백성들에게 명령하였으며, 예수도 "하늘에 계신 너희 아버지의 온전하심과 같이 너희도 온전하라"(마 5:48)고 그의 제자들에게 말하였다. 기독교윤리는 바로 이러한 하나님의 뜻을 준수하는 것이다.

둘째, 하나님의 불변하는 도덕적 속성에 뿌리를 둔 기독교윤리는 절대적인 속성을 갖고 있다. 〈말라기〉 3장 6절과 〈야고보서〉 1장 17절에 기록되어 있듯이 하나님의 도덕적 속성은 변하지 않는 것이므로 하나님의 속성에 뿌리를 둔 도덕적 명령은 절대적인 것이다. 그리고 이러한 명령은 언제 어디서나 모든 사람에게 적용되는 것이다. '하나님의 형상'으로 창조된 모든 인간에 대한 살인 금지와 같은 것이 좋은 예가 될 것이다. 이러한 명령은 하나님의 의지와 도덕적 속

---

17) 노르만 L. 가이슬러 저, 위거찬 역, 《기독교윤리학》(서울: 기독교문서선교회, 1992), pp.16-21.

성에 동시에 부합되는 것이므로 절대적인 것이다. 참고로 〈창세기〉 2장 16-17절에 나오는 것처럼 아담과 하와의 충성심을 시험하기 위하여 특정한 과일(선악을 알게 하는 나무의 실과)을 따먹지 말라고 한 명령은 하나님의 의지에 토대를 두었지만 하나님의 속성에서 나온 것은 아니다. 당시에 아담과 하와가 그 과일을 따먹지 말라는 명령을 어긴 것은 분명히 도덕적으로 잘못된 일이었지만, 오늘날에 와서는 누구도 그 명령에 더 이상 구애받지 않고 있다.

셋째, 기독교윤리는 하나님의 계시에 토대를 두고 있다. 하나님의 계시는 일반계시와 특별계시로 나누어서 생각해 볼 수 있다. 하나님은 자연과(시 19:1-6) 성경 속에서 자신을 계시하셨다. 특별계시는 신자들에 대한 하나님의 의지로 이해할 수 있으며, 일반계시는 모든 인간에 대한 하나님의 뜻으로 이해할 수 있다. 그러므로 기독교 신자이든 비신자이든 모든 인간의 윤리적 책임의 토대는 하나님의 계시인 것이다.

비신자라고 해도 하나님이 정한 윤리적 의무로부터 자유로울 수는 없는 것이다. 〈로마서〉 2장 14-15절은 그 이유를 다음과 같이 설명하고 있다. "율법 없는 이방인이 본성으로 율법의 일을 행할 때는 이 사람은 율법이 없어도 자기가 자기에게 율법이 되나니 이런 이들은 그 양심이 증거가 되어 그 생각들이 서로 혹은 송사하며 혹은 변명하여 그 마음에 새긴 율법의 행위를 나타내느니라." 모든 인간의 마음속에 새겨진 양심은 바로 하나님께서 새겨 주신 것이다.

넷째, 기독교윤리는 규정적이다. 기독교윤리는 현재의 상태(what is)가 아닌 당위(what ought to be)와 관련되어 있다. 다시 말해서 기독교인들은 기독교인들의 기준 속에서가 아니라, 기독교인들을 위한 기준(성경) 속에서 자신들의 윤리적 의무를 발견한다. 기독교윤리는 하나님의 의지와 도덕적 속성에 의해서 규정되는 것이다.

다섯째, 기독교윤리는 의무론적이다. 기독교윤리는 하나님의 뜻과 명령을 준수하는 데에 초점을 맞추고 있으며, 결과보다는 하나님의 뜻을 준수한다는 동기에 더 비중을 둔다(예, 스스로에게는 손해를 초래할지라도 이웃을 위하여 자신을 희생하는 사랑을 베푸는 행위). 물론 기독교윤리도 결과를 완전히 무시하는 것은 아니다. 예를 들면 방아쇠를 당기기 전에 총구가 어디로 향하고 있는지 고려하여야 하며, 강연자는 자기 말이 청중들에게 어떤 영향을 미칠 것인지를 판단해야 한다. 그러나 결과를 고려할 때에도 공리주의자들과는 달리 기독교윤리는 규칙이나 규범 내에서만 계산한다. 다시 말해서 공리주의자들은 계산된 결과를 도덕적 규범을 어기는 것을 정당화하는 데 사용하지만, 기독교윤리는 이것을 허용치 않는다. 공리주의자들은 더 많은 이윤을 남기기 위해서 노동자들의 임금을 착취할 수도 있지만, 기독교윤리의 경우 질병을 막기 위한 예방 접종을 허용하지만 열성 유전자를 제거하기 위한 유아 살해까지 허용하는 것은 아니다.

그러나 기독교윤리를 너무 의무론적으로만 보는 데에는 문제가 있다. 기독교윤리는 의무론적인 측면뿐만 아니라 목적론적인 측면도 동시에 내포하고 있다고 볼 수 있다. 예를 들면 기독교인의 궁극적인 목적은 죄로부터의 해방과 구원의 성취, 그리고 영생을 획득하는 것이다. 그리고 하나님께 영광을 돌리고, 그리스도의 형상을 닮아 가며, 성령의 열매를 맺고, 정의와 평화를 이룩하는 것이 도덕적 삶의 목적이다. 그러므로 모든 행동은 이러한 목적들을 성취하기 위한 수단이 되는 것이라고 볼 수도 있는 것이다. 십계명의 실천이나 그리스도의 명령의 실천 등도 궁극적으로는 이러한 목적들을 성취하기 위한 수단이라고 이해할 수 있다.

또 다른 측면에서 보자면, H. 리처드 니부어가 지적하였듯이 '하나님 사랑과 이웃 사랑'에 대한 예수의 명령을 실천하는 것은 의무론적인 측면에서 법을 지키는 '시민(man-the citizen)'으로서의 행위로만 설명할 수는 없다. 왜냐하면 의무이기 때문에 하는 행위는 사랑이라고 볼 수가 없기 때문이다. 사랑은 각자의 마음에서 우러나서 자발적으로 행할 때에 참다운 것이지, 의무 준수로서 행하는 것은 자발적인 사랑의 행위라 할 수 없다. 엄밀히 말해서 사랑은 계명이 될 수는 있지만 명령될 수는 없는 것이다. 그러므로 기독교윤리와 기독교인들의 행동을 의무론적으로 이해하기보다는 '응답자(man-the-answerer),' 즉 하나님의 부르심에 대한 책임 있는 응답자라는 측면에서 이해하여야 한다고 니부어는 주장하는 것이다.

니부어는 또 다른 예로써 선지자들의 행위를 지적한다. 아시리아나 바벨론 등 외국의 군대가 이스라엘에 쳐들어왔을 때, 선지자들은 곧바로 군대를 모집하여서 전쟁에 임하기보다는 온 백성들에게 회개를 선포한다. 왜 그런가? 예수는 원수를 원수로 갚지 말고 은혜로써 갚을 것을 가르친다. 왜인가? 선지자들과 예수는 이 우주의 운행, 국제 관계와 이웃과의 관계, 개인의 삶 전체의 이면에서 행동하시는 하나님의 모습을 발견하고 선인과 악인의 밭에 동시에 비를 내려주시는 하나님의 우주적 은총을 믿었다. 그리고 모든 사건을 통하여 하나님이 무엇을 하시고 계시는지, 하나님이 무엇을 원하는지를 묻고, 모든 행위를 그에 대한 응답으로써 행하여야 한다고 가르치고 있다고 지적하였다. 그러므로 우리의 행동은 그러한 하나님의 뜻에 '적합한 응답(fitting response)'으로서의 행동이 되어야 한다고 니부어는 지적하였다.[18]

또한 기독교윤리는 상황윤리적인 측면을 가지고 있음도 간과할
수 없다. 상황윤리는 '모든 상황 속에서 아가페적인 사랑에 합당한
행동'을 할 것을 주장하는데,[19] 성경과 기독교윤리는 분명히 이러한
특징을 가지고 있다.

그렇다면 기독교윤리는 어느 한 방향에서만 특징지을 수 있는 성
질의 것이 아니라 종합적인 측면에서 이해해야 하는 것이다. 전통
적인 표현을 빌리자면 목적론적인 특징, 의무론적인 특징, 응답론
적인 특징, 상황윤리적인 특징 등이 서로 혼재하고 있다고 볼 수 있
다. 그러나 기독교윤리의 형태론적 성격 혹은 방법론적 모델을 어
느 하나로 규정하는 것이 절대적으로 중요한 일은 아닐 것이다.

제3절 윤리의 절대성과 상대성

그러나 이상에서 살펴본 개념 정의와 더불어 생각해 보아야 할 것
이 있다. 과연 세상에는 시간과 장소를 초월해서 변함없이 적용될
수 있는 절대적인 도덕적 원칙이 존재하는가? 아리스토텔레스는
'행복'이야말로 절대적인 삶의 목표라고 보며, 행복한 삶의 조건이
되는 용기·신중함·정의 같은 덕이야말로 시간과 장소를 초월하여

---

18) H. Richard Niebuhr, *The Responsible Self*(New York: Harper & Row, Publishers, 1978), pp.60-61, 97, 130-131, 167.

19) cf. Joseph F. Fletcher, *Situation Ethics: the New Morality*(Philadelphia: Westminster Press, 1966).

추구되어야 할 가치라고 보았다.[20] 칸트는 '약속을 지켜라' '거짓말 하지 마라'와 같이 누구나 예외 없이 지켜야만 하는 절대적인 원칙들이 존재한다고 믿고 있다.[21] 기독교인들은 성경에 나오는 십계명이나 '이웃 사랑'에 대한 명령 등을 시간과 장소를 초월하여 적용되어야 할 불변의 원칙으로 간주한다. 물론 이러한 가치들이나 덕, 그리고 대원칙들이 시간과 장소를 초월하여 통용될 수 있는 도덕적원칙들로 받아들여질 수 있을 것이다.

그러나 우리는 인간이 문화적 · 사회적 · 역사적인 존재들로서 살아가고 있다는 사실을 잊어버려서는 안 된다. 이성적 존재인 인간은 여타의 다른 동 · 식물과는 달리 생존과 행복 추구를 위해 각기 자신들이 처해 있는 지리적 · 정치적 조건 속에서 문화를 창조하고 사회를 조직함으로써 역사를 엮어 나가는 존재들이다. 그러나 또한 인간들은 스스로 창조한 문화와 사회 그리고 역사의 지배를 받으며 살아간다. 일단 창조되어진 문화와 사회, 그리고 역사는 하나의 '살아 움직이는 생명체(끊임없이 변화하며 구속력을 가짐)'가 되어서 그 속에 존재하고, 또 그 속으로 태어나는 모든 인간들로 하여금 그것이 가지고 있는 가치관, 전통, 도덕률과 규범, 그리고 상황을 따르고 적응하도록 강요한다. 그러한 요구에 적응하지 못하거나 역행하는 존재들은 도태되거나 제거당하게 되는 것이다. 인간과 문화 · 사

---

20) Aristoteles, *Nicomachean Ethics*, trans., by Martine Ostwald(Indiana Police: Bobbs-Merrill/Library of Liberal Arts Press, Inc., 1962). 참고로 덧붙이자면, 아리스토텔레스는 다음과 같은 덕들을 제시하였다. 용기(courage), 절제(self-control), 관용(generosity), 당당함(magnificence), 고매함(high-mindedness), 부드러움(gentleness), 진실됨(truthfulness), 재치(wittiness), 우정(friendship), 정숙함(modest), 의분(righteous indignation), 정의(justice). *Ibid.*, pp. 41-48.

21) Immanuel Kant, *Groundwork of the Metaphysics of Morals*(New York: Harper & Row, Publishers, 1964).

회 그리고 역사는 이러한 상호 역동적 관계를 지속적으로 유지하며 살아가고 있다.

그러므로 이러한 역동적이요, 유기적인 관계성은 당연히 인간의 삶과 행동의 기준이 되는 가치와 도덕적인 원칙, 즉 윤리에도 영향을 끼치게 된다. '행복' 같은 삶의 궁극적 가치나, '살인하지 마라' '거짓말하지 마라' '이웃 사랑'과 관련하여 '네가 대접받고 싶은 대로 남을 먼저 대접하라' 같은 원칙들이 시간과 장소를 초월하여 보편적으로 받아들여질 수 있을 것이다. 그러나 그 세부적인 의미나 구체적인 실천에 이르게 되면, 상당 부분이 상황에 따라 다르게 이해되거나 적용되게 마련이다. 무슨 말인가?

행복의 구체적인 의미와 조건은 시대와 장소에 따라서 다양하게 변화될 수 있다. '살인하지 마라'는 명령은 전쟁시에나 타인의 생명을 위협하는 강도나 폭도에 대해서는 적용되지 않을 수도 있는 것이다. '이웃 사랑'의 방법도 지역과 시대에 따라 다양한 방법으로 나타날 수 있다. 어떤 때는 먹을 것을 주는 것으로 족할지 모르나 간혹 가난한 자, 억눌린 자들의 편에 서서 데모에 가담해야 하는 경우가 생길 수도 있다. 에스키모의 풍습으로는 귀한 손님을 위하여 자기의 아내로 하여금 동침케 하는 것이 지극한 사랑과 친절의 표현일 수 있지만, 다른 곳에서는 여권 침해요, 불륜이요, 죄악으로 간주될 수도 있는 것이다. '거짓말하지 마라'는 원칙의 경우에도 침략국의 경찰에게 쫓기고 있는 독립운동가를 숨겨 준 가정의 가족이 뒤쫓아온 경찰들에게 정직하게 사실을 말해야 할 것인가 하는 문제와 연결지어서 생각해 보면 오히려 거짓말하는 것이 보다 윤리적인 행동이 될 수도 있는 것이다. 일부다처제와 같은 풍습도 시대와 장소에 따라 다른 윤리적 잣대가 적용되었음을 보여 주는 좋은 예가 될 것이다.

결국 거의 대부분의 가치와 원칙들이 시간과 장소에 따라 상대적으로 해석되고 적용됨을 알게 된다. 그러므로 윤리적 가치나 원칙은 절대적인 면과 상대적인 면을 동시에 가지고 있음을 잊지 말아야 하며, 이의 적용에 있어서 신중을 기하여야 한다.

제4절 윤리학과 타학문과의 관계

그렇다면 윤리학과 다른 학문들과의 관계는 어떻게 설정할 수 있는가? 유잉은 윤리학과 다른 체계적인 학문들(예를 들면 심리학·생물학·신학 등)과의 차이점에 대하여 다음과 같이 지적하고 있다.

만약 '좋다(good)'는 말이 윤리학의 기본 용어로 사용되고, 그것이 단순하게 '우리가 바라보고 있는 것'으로 정의된다면 윤리학은 심리학의 한 분야에 불과하게 될 것이다. 왜냐하면 우리가 '바란다(desire)'라는 말로 표현할 수 있는 정신 생활의 사건들이나 그 속성에 관한 연구는 주로 심리학이 해야 할 일이기 때문이다. 만약에 '좋다'는 것이 '자연적인 진화의 과정과 일치되는 어떤 것'으로 정의될 수 있다면 윤리학은 또한 사회학의 한 분야에 불과하게 될 것이다……그리고 그것이 '신이 바라는 어떤 것'으로 정의된다면 윤리학은 신

---

22) A. C. Ewing, *Ethics*(London: English Universities Press, 1953), pp.11-12. 재인용 from William S. Sahakian, 송휘칠·황경식 공역, 《윤리학의 이론과 역사》, p.2.

학의 한 부분에 불과하게 될 것이다.[22)]

오스틴 파고데이는 윤리학과 타학문과의 관계에 대하여 다음과 같이 설명하고 있다.[23)]

인류학(anthropology)과 윤리학은 둘 다 다양한 문화와 문명의 각 단계에 있어서의 관습을 다룬다. 그러나 인류학은 인간 관습의 시작과 발전에 대해서 옳고 그름의 도덕적 심판 없이 있는 그대로를 연구하나, 윤리학은 바로 그 도덕적으로 옳고 그름의 여부를 따지는 것이 주된 관심 사항이다. 인류학은 원시 부족들에게 있어서의 도덕적 개념의 존재 여부를 밝혀내는 데 그치지만, 윤리학은 인류학으로부터 그 자료들을 차입해서 그 개념들과 관습들이 가지는 도덕적 가치에 대해서 비평한다.

심리학(psychology)과 윤리학은 둘 다 인간의 습관·능력, 그리고 행동에 대해서 다룬다. 그러나 심리학은 인간이 실제로 어떻게 행동하는가를 다루며, 윤리학은 어떻게 행동하여야만 할 것인가를 다룬다. 제정신인 상태와 고결함, 잘 적응된 인격과 도덕적으로 선한 성품은 상호간에 우발적인 관계성이 있지만 엄연히 다른 것들이다.

사회학·경제학·정치학도 윤리학과 마찬가지로 인간의 사회적 생활에 대해서 연구한다. 그러나 이 세 학문 영역은 인간의 실제적인 사회적·경제적·정치적 기관에 대해서 그것들이 무엇이며 어떻게 역할을 하는가에 대해서 다루지만, 윤리학은 인간의 권리 및 의무와 관련하여 그것들이 어떻게 되어야만 할 것인지에 대해서 다룬다. 인류의 사회적·경제적·정치적 문젯거리들을 치유하고자 하는

---

23) Austin Fagothey, S. J., *Right and Reason: Ethics in Theory and Practice*, pp.15-17.

노력은 이 세 분야에 윤리학을 개입시키게 되는데, 이 연합을 때로는 사회철학(social philosophy)·경제철학(economic philosophy)·정치철학(political philosophy)이라고 부른다.

법학은 아마도 다른 어떤 학문보다도 윤리학과 밀접하게 연관되어 있을 것이다. 둘 다 법을 다루고 있으므로 '당위' 또는 '의무(ought)'에 대해서 취급을 하고 있지만, 민법(civil law)과 도덕법(moral law)이 항상 완벽하게 일치하는 것은 아니다. 민법에 대한 연구는 외적인 행위와 실증법적인 면만을 취급하지만, 윤리학은 의지에 의한 내적인 행위와 양심의 심판을 다룬다. 범죄와 죄, 법적 책임 면제와 도덕적 가치, 외적인 것에 근거한 존경받을 만함과 참된 정신적 덕 사이에는 서로 차이가 있는 것이다. 광범위한 차원에서 윤리학과 민법학을 종합하게 되면 법철학이 되는데, 이것은 법들이 어떻게 짜여져야 하며 어떻게 해석되어져야 할 것이냐에 대해서 연구하는 것이다. 법철학(philosophy of law)을 어떤 사람들은 법률학(jurisprudence)이라고도 부른다.

일반윤리학과 기독교윤리학, 그리고 여타의 다른 학문들은 각기 밀접한 연관성과 특이성을 가지고 있다. 기독교윤리학을 다른 모든 학문들로부터 격리시켜서는 안 된다. 자연과학·사회과학·예술·인문과학 같은 학문들도 결국에는 하나님의 심오한 뜻과 섭리, 그리고 하나님께서 창조한 우주와 생명의 신비 및 구조를 밝혀내는 데 기여함으로써 우리가 하나님의 뜻을 더욱 잘 알 수 있도록 지대한 도움을 주고 있다. 그러므로 이러한 제반 학문 분야들을 하나님의 뜻을 깨달아 알고, 선과 악, 옳고 그름을 판단하는 데 기본적인 자료로 활용할 줄 아는 열린 마음과 지혜를 가져야 할 것이다.

【참고 문헌】

Aristoteles, *Nicomachean Ethics*, trans., by Martine Ostwald, Indiana Police: Bobbs—Merrill/Library of Liberal Arts Press, Inc., 1962.

Beach, Waldo and Niebuhr H. *Christian Ethics: Sources of the Living Tradition*, 2nd ed., New York: The Ronald Press Company, 1973.

Ewing, A. C., *Ethics*, London: English Universities Press, 1953.

Fagothey, Austin, S. J., *Right and Reason: Ethics in Theory and Practice*, 3rd ed., Saint Louis: The C. V., Mosby Company, 1963.

Fletcher, Joseph F., *Situation Ethics: The New Morality*, Philadelphia: Westminster Press, 1966.

Frankena, William K., *Ethics*, 2nd ed., New Jersey: Prentice—Hall, Inc., 1973.

Geertz, Clifford, *The Interpretation of Culture*, New York: Basic Books, 1973.

Kant, Immanuel, *Groundwork of the Metaphysics of Morals*, New York: Harper & Row, Publishers, 1964.

Niebuhr, H. Richard, *The Responsible Self*, New York: Harper & Row, Publishers, 1978.

Sahakian, William S., 송휘칠·황경식 공역, 《윤리학의 이론과 역사》, 서울: 박영사, 1997.

The United Methodist Church, *The Book of Discipline of the United Methodist Church*, Nashville, TN: The United Methodist Publishing House, 1992.

노르만 L. 가이슬러 저, 위거찬 역, 《기독교윤리학》, 서울: 기독교문서선교회, 1992.

Merdith B. Mcguire, 김기대·최종렬 공역, 《종교사회학》, 서울: 민족사, 1994.

요슈타인 가아더 저, 장영은 역, 《소피의 세계》, Vol. 1, 서울: 현암사, 1994.

케넷 케어론 저, 김희수 역, 《의료윤리》, 서울: 기독교문서선교회, 1998.

코르넬리우스 반틸 저, 위거찬 역, 《기독교윤리》, 서울: 도서출판 엠마오, 1984.

폴 레만 저, 심일섭 역, 《기독교윤리학》, 서울: 대한기독교출판사, 1988.

최재선 외, 《현대사회와 종교》, 서울: 바울서신사, 1991.

제 II 부

제2장
기독교윤리와 성경

제1절 성경은 구체적 윤리 교범서인가?

현대에 와서 개신교의 윤리학적인 관심은 신학적·철학적·성경적 윤리학 분야보다는 주로 정치윤리·환경윤리·성윤리·인종 차별·성 차별 등과 같은 현실적인 사회 문제들에 집중되어 전개된 경향이 있다고 하겠다.[1] 그리고 이러한 경향은 21세기가 시작된 현 시점에 있어서 더욱 두드러지고 있으며, 그 관심사는 낙태·안락사·생명 복제 등과 같은 생명 의료윤리와 사이버 매체윤리같이 현대 과학 문명과 관련한 사회윤리 문제로 확대되어 가고 있는 상황이다.

그러나 본장에서는 이러한 사회윤리적인 주제들과 연관지어서 성경의 윤리관을 분석하기보다는 성경 자체가 가지고 있는 윤리관이나 윤리적 원칙들이 무엇인지를 알아보는 데 그 일차적인 초점을 맞추게 될 것이다. 왜냐하면 성경이 기독교윤리를 위한 포괄적인 원칙

---

1) cf. Bruce C. Birch, Larry L. Rasmussen, *Bible and Ethics in the Christian Life* (Minneapolis, Minnesota: Augsburg Publishing House, 1976), p.20.

과 방향을 제시해 주는 가장 중요하고 기본적인 텍스트북이기는 하지만, 현 시대적인 상황 속에서 제기되고 있는 개인 및 사회윤리적인 주제들에 대해서 매 사안마다 문자적으로 적용할 수 있는 규범들을 구체적으로 제시해 주는 윤리 교범서가 아니기 때문이다. 또한 성경은 성경 전체를 관통하고 있는 윤리적 대원칙을 가지고 있으나 때로 다양한 윤리적 주제들에 대해서 서로 상충되는 대안들을 제시하기도 한다는 점을 염두에 두어야 한다. 그러나 성경의 윤리관을 분석하다 보면 자연스럽게 앞에 거론된 일부 개인 및 사회윤리적 주제들과 관련한 성경의 윤리적 원칙들을 발견할 수 있게 될 것이며, 특히 다양하게 전개되고 있는 포스트모던적인 사회 상황과 제반 윤리적인 쟁점들을 어떤 관점에서 접근하고 다루어야 할 것인지에 대한 지침과 대원칙들을 발견할 수 있을 것이다.

제2절 성경의 역할: 개신교와 로마가톨릭 전통

20세기에 들어와 성경과 기독교윤리학의 관계에 대한 이해에 있어서 개신교회 내에는 두 가지의 주된 견해가 있었는데, 대부분의 사람들이 다음 둘 중 어느 하나의 입장을 견지하였다. 첫째는 성경을 문자적으로 적용해야 한다고 주장하는 사람들이고, 둘째는 성경 속의 이야기들을 오늘의 상황 속에서 재해석하여 응용해야 한다고 주장하는 사람들이다. 첫번째 그룹은 근본주의적(fundamentalist) 경향으로서 문자적인 성경 이해(biblical literalism)에 근거하여 성경윤리와 기독교윤리를 동일시하는 것인데, 이들은 기독교윤리의 모든 규범이 성경에 다 계시되어 있다고 믿었으며, 성경이 기록된 때가 언제이었든지 상관없이 그때 당시의 사람들이 따랐던 규범들을 오늘날에도 실생활에 그대로 적용해야 한다고 주장했다. 다시 말하자면, 성경이 기독교윤리를 위한 만고불변의 구체적인 행동 규범들을 제공한다고 믿었다. 두번째 그룹은 어느 정도 진보적인 성향을 가진 그룹으로서 성경을 문자적으로 받아들인 그룹과는 달리 성경이 구체적인 행동 규범들을 제공하기보다는 기독교인들의 도덕적·윤리적인 삶을 위하여 그들의 삶에 기본적이고도 일관된 방향과 의미를 부여하는 전반적이고도 포괄적인(over-arching) 가치관과 이상과 규범들을 제시하고 있다고 믿는다. 성경과 성경 속의 인물들이 그 당시의 문화적 환경의 영향을 받았다는 사실을 감안할 때, 성경의 윤리적 내용들이 오늘의 새로운 사회 상황 속에서 의미를 갖기 위해서는 오늘의 신앙 공동체에 의해 재해석되어 적용시켜야 한다고 믿는다. 이러한 차이점이 있음에도 불구하고 두 그룹은 모두 성경을 하나님의 뜻을 계시한 윤리 교범으로 믿으며, 기독교 신앙의 도덕관을 제공하는 특별한 책으로 간주하고, 성경의 윤리관이 기독교인들의 생활에 지대한 영향력을 행사하는 것으로 믿는다.[2]

1930년대와 1940년대에 두 차례의 세계대전을 겪으면서 인간성에 대해서 가졌던 기대가 무너지게 되었고, 이로 인해 대두한 유럽의 '위기의 신학'의 영향을 받아 성경은 '계시된 윤리 교범서(the book of revealed morality)'보다는 '계시된 실체에 대한 책(the book of revealed reality)'으로 이해되어졌다.[3] 제임스 거스태프슨은 다음과

---

2) *Ibid.*, p.22.

같이 말하고 있다.

　　기독교인들에게 오늘의 현실 속에서 다시금 재해석되어서 적용되어야 하는 계시된(명시된) 도덕률을 제공하는 것보다도 그들의 체험적 신앙 생활 속에서 경험하는 하나님에 대한 이해를 돕는 것이 더욱 중요한 성경의 역할이다. (…) 기독교인의 도덕적인 삶은 도덕적인 명령에 따르는 것이라고 하기보다는, 살아 계신 하나님의 부르심에 대한 응답이다. (…) 성경이 보여 주고 있는 것은 도덕률이 아니라 다른 사실(진실), 즉 인간들의 삶 속에 동참하시면서 인간들의 응답을 촉구하시고 계시는 살아 계신 하나님에 대한 것이다.[4]

　　이러한 관점에서 기독교윤리학에 있어서의 성경의 역할이 법이나 원칙들, 이상이나 도덕적 규범의 자료로서보다는 도덕적인 삶의 근본을 제시하는 근원적·바탕적인 이야기(primary story)로서 간주되어진 것이다.[5]

　　로마가톨릭 교회 전통의 경우에는 제2차 바티칸 공의회(1965-68)까지 기독교윤리학에 있어서의 성경의 역할이 지극히 제한되어 있었다. 로마가톨릭 윤리신학자인 찰스 커런의 말이 이를 잘 대변해 준다고 할 것이다. 그는 다음과 같이 이야기하고 있다. "(트리엔트 공의회로부터 제2차 바티칸 공의회에 이르기까지의 가톨릭윤리학

---

3) *Ibid.*, p.23.

4) James Gustafson, 〈Christian Ethics〉, in Paul Ramsey, ed., *Religion*(Englewood Cliffs: Prentice-Hall, 1965), p.317.

5) Bruce C. Birch, Larry L. Rasmussen, *Bible and Ethics in the Christian Life*, p.24.

에 있어서) 성경의 역할은 기껏해야 이미 다른 근거에 기초하여 제시된 생각을 보조하기 위한 이차적인 증거 자료로 인용하는 정도였다."[6] 로마가톨릭 교회가 이러한 입장을 취하게 된 배경에는, 개신교 전통이 인간 이성의 완전 타락을 강조했던 것과는 달리, 인간 이성의 부분적 타락을 믿음으로서 인간 이성이 하나님의 뜻과 옳고 그름을 판단할 능력을 가지고 있다고 생각하는 자연법 사상이 자리하고 있다. 아우구스티누스는 원죄로 인하여 인간 이성이 완전히 타락하였기 때문에 하나님의 절대적인 은혜가 없이는 구원뿐 아니라 옳고 그름을 판단할 능력도 상실하였다고 주장하였는데, 종교개혁기에 와서 칼뱅과 루터도 이 주장을 받아들였고, 이것이 이후의 개신교의 신학적 전통으로 자리잡게 되었다. 그러나 가톨릭 전통은 아우구스티누스의 신학적 주장과는 달리 인간 이성의 부분적 타락을 주장하였으며, 하나님의 은총을 특별한 은총과 일반적 은총으로 구분하여, 인간은 원죄로 인하여 완성에 이르기 위한 능력은 상실하였으나(그래서 예수 그리스도를 통한 구원이 필요하게 되었지만) 하나님의 뜻을 헤아리고 옳고 그름을 판단할 이성적 능력은 상실하지 않았다고 주장한다. 그러므로 성경은 윤리학에 있어서 별로 중요한 역할을 하지 못하게 되었으며, 오히려 철학적인 논리에 의지하게 된 것이다.[7] 그러나 제2차 세계대전 이후에는 유럽의 위기의 신학에 영향을 받아서 개신교 신학자들과 마찬가지로 '응답적'·'관계적'

---

6) Charles Curran, 〈Dialogue with the Scriptures: The Role and Function of the Scriptures in Moral Theology〉, in *Catholic Moral in Dialogue*(Notre Dame: Fides, 1972), p.26.

7) Bruce C. Birch, Larry L. Rasmussen, *Bible and Ethics in the Christian Life*, p.26. cf. 자연법에 관한 더 자세한 내용은 본서의 제3장을 참조하라.

인 윤리학적 입장을 취하게 되었으며, 성경의 이해도 개신교 신학자들의 그것과 유사하게 변화되어 갔으며, 특히 제2차 바티칸 공의회 후에는 성경의 역할을 더욱 중시하기에 이르렀던 것이다.[8]

이상에서 살펴본 바와 같이 가톨릭 전통과 개신교 전통 사이에, 그리고 개신교 전통 내에서도 다소 다른 견해들이 보이고 있으나 성경은 분명히 기독교윤리학에 있어서 가장 중요한 교과서임에 틀림이 없다. 그러나 성경에 기록된 윤리적·도덕적 규범들을 현실 사회에 문자적으로 적용하는 데에는 상당한 문제점이 있다는 것을 지적하지 않을 수 없다. 성경의 각 권들이 기록된 당시의 제반 정치적·사회적·문화적·종교적 상황 및 배경들을 분석함으로써 그 속에 담겨 있는 하나님의 근본적인 뜻을 찾아내고, 그것을 오늘의 상황에 적용시켜야 할 것이다.

몇 가지 쉬운 예를 들어 보겠다. 신·구약 성경, 특히 구약 성경에 여성들에 대한 차별이 나타나고 있음을 보게 되는데, 이러한 경향이 과연 하나님의 뜻을 그대로 나타낸 것이겠는가, 아니면 그 당시의 정치적·경제적 요인과 남성 위주의 사회적·문화적인 상황이 반영되었음을 보여 주는 것이겠는가? 만약 여성을 차별하고 비인격적으로 처우하는 것이 하나님의 뜻이라고 한다면, 과연 그 하나님을 사랑의 신이라 할 수 있으며 선하고 공평한 신이라 할 수 있겠는가? 그리고 오늘날에도 우리는 성경에 기록된 표면적인 문구들만을 취하여서 여성들을 계속 차별하여야 할 것인가?

신·구약 성경 모두 노예 제도에 대한 금지가 언급되지 않았으며 오히려 당연시되는 것처럼 나타나고 있는데, 이것은 하나님의 뜻인

---

8) *Ibid.*, pp.27-28.

가, 아니면 노예 제도를 당연시하던 당시의 정치적·경제적 그리고 사회적 상황이 반영된 것인가? 성경에 노예 제도에 대한 금지가 명시되어 있지 않으므로 오늘날에도 노예 제도가 인정되어야 할 것인가? 성경에는 흡연에 대한 직접적인 언급이 없다. 성경이 흡연을 문자적으로 금지하고 있지 않으므로 담배는 피워도 되는 것인가? 성경에는 생명 복제에 대한 직접적인 언급이 없다. 성경이 생명 복제를 문자적으로 금지하고 있지 않으므로 생명 복제는 종교적·윤리적으로 아무런 문제가 없다고 보아야 할 것인가?

이러한 몇 가지 예들을 통해서도 볼 수 있는 것처럼 성경의 윤리적 언급들을 다각적인 분석 없이 오늘날의 상황에 문자적으로 적용하는 것은 문제가 있음을 부인할 수 없다. 성경은 전자 제품의 사용설명서(manual book)처럼 모든 윤리적 상황에 그대로 적용할 수 있는 규범들을 모아 놓은 규범 모음집이 아님을 분명히 인지해야 한다.[9]

제3절 윤리적 요소들에 대한 성경의 복합적인 관점

그렇다면 성경은 윤리적 주제들에 대하여 과연 어떠한 입장을 취하고 있는가? 성경은 다양한 윤리적 주제들에 대해서 다루고 있으며, 때로는 동일한 주제에 대해서도 서로 상충되는 견해를 제시하

---

9) William C. Spohn, S. J., *What Are They Saying about Scripture and Ethics?* (New York and Ramsey, N. J.: Paulist Press, 1984), pp.4-8.

기도 한다. 그러면 성경에서 기독교윤리를 위한 일관된 방향이나 원칙은 찾을 수 없는 것인가? 그렇지 않다. 여러 주제에 대하여 서로 상충되는 견해를 표명하고 있기도 하며, 또 어떤 문제(예, 금연·생명 복제)에 대하여는 직접적으로 언급하지 않는 경우도 있지만, 성경은 그러한 다양하고 상충되는 관점들에 통일성을 부여하는 일관된 윤리적 관점을 견지하고 있음을 보게 된다. 그러면 서로 상충되는 주제들에는 어떠한 것들이 있으며, 그 상충되고 다양한 주제들에 통일성을 부여하는 일관된 관점은 무엇인지 성경의 윤리관을 좀더 구체적으로 점검해 보기로 하자.

1. 상충적인 주제들

성경에는 어떤 상충적인 윤리적 주제들이 다루어지고 있는가? 와거먼이 이 점에 대하여 효과적인 설명을 제시해 주고 있다. 그는 기독교윤리학의 기초가 되어 온 성경이 서로 상충되게 언급하고 있는 주제들에 대해서 다음과 같이 여섯 가지를 제시하고 있다: 1) 계시 대 이성, 2) 물질주의 대 영적인 삶, 3) 배타적인 소그룹 의식 대 세계 공동체 의식, 4) 율법 대 은총, 5) 사랑 대 강압적인 힘의 사용, 6) 사회 계층 대 평등. 성경이 다루고 있는 이러한 서로 상충적인 주제들을 지적하면서, 그는 성경을 기독교윤리학의 기초로 삼고자 할 때 학자 자신의 취향에 따라서 어느 한 부분은 강조하면서 그와 상반되는 전거들은 의도적으로 무시해 버리는 실수는 범하지 말아야 한다고 지적하고 있다. 그의 이러한 지적은 성경의 윤리관을 문자적으로 기독교윤리에 적용함의 불합리성을 지적해 줄 뿐만 아니라 성경의 윤리적인 관점들을 다각적이고도 종합적으로 연구·분석해서 참고해야 함을 보여 준다. 그럼, 그의 관찰을 요약해 보기로 하겠다.[10]

1) 계시 대 이성: 첫번째로 우리가 고려해야 할 것은 성경이 주장하고 있는 도덕적 명령들의 근거가 무엇인가 하는 것이다. 한편으로 성경은 특별한 계시, 즉 외인들로서는 알 수 없고 신앙 공동체에 속한 사람들만이 믿음의 눈으로서 인지할 수 있도록 주어진 지식과 지혜를 그 도덕적 주장의 근거로 삼고 있으며, 다양한 기적의 사건들을 통해 하나님의 직접적인 역사 개입에 대하여 이야기하고 있다. 예를 들면 아브라함, 이삭, 모세, 다윗, 선지자들, 그리고 예수님 같은 성경의 주요 인물들은 하나님의 직접적인 계시에 의거하거나, 또는 하나님과의 직접 대화를 통해서 모든 일들을 결정하였다고 기록되어 있으며, 성경은 이러한 체험들의 연속으로 엮어져 있다.

그런가 하면 다른 한편으로 성경은 또한 반드시 신앙 공동체의 일원이 아니라도 보통의 지능을 소유한 사람이라면 누구나 다 일상 생활의 경험을 토대로 인지할 수 있는 상식 또는 지식을 그 도덕적 주장의 근거로 삼기도 한다. 성경의 이야기들은 계시와 그것을 믿는 믿음뿐만 아니라 이성적·논리적인 성찰과 판단 또한 중시하고 있음을 간과해서는 안 된다. 하나님의 섭리, 계시적 사건, 사회 정의, 민족간의 계약, 다양한 도덕적 명령, 그리고 철학적 성찰 등과 관련하여 성경은 이성적·논리적 성찰과 이해를 요구하고 있는 것이다.

---

10) J. Philip Wogaman, *Christian Ethics: A Historical Introduction*(Louisville, Kentucky: Westminster/John Knox Press, 1993), pp.2-15.

이상의 관찰을 고려해 볼 때, 성경을 기독교윤리에 적용함에 있어서는 계시적인 측면과 이성적 판단력이 동시에 고려되어야 함을 알 수 있다.

2) 물질주의 대 영적인 삶: 성경은 삶의 물질적인 측면과 영적인 측면을 동시에 강조하고 있다. 물질적인 측면은 하나님의 창조에 근거한다. 성경은 물질에 대하여 긍정적인 입장을 가지고 있음을 알 수 있는데, 이는 성경이 우주 만물이 하나님에 의해서 창조되었음을 강조하고 하나님께서 '보시기에 좋았다' 라고 기록하고 있는 데에 잘 나타나 있다.

성경의 이러한 물질적인 측면은 성경 속 인물들의 희로애락과 얽혀진 물질적·육체적인 삶 속에도 잘 반영되어 있다. 하나님의 축복의 증거가 물질적인 축복과 건강의 축복으로 묘사되고 있으며, 선지자들은 물질적인 부를 거부하는 태도가 하나님의 뜻에 위배되는 것이라 말할 뿐더러 물질의 공평한 분배를 통한 복지를 강조하고 있다. 신약 성경 속의 예수의 사역은 병자의 치유와 굶주린 군중을 먹이는 일 등으로 묘사되어 있으며, 그는 또한 자연을 그의 비유와 다른 가르침들에 사용하고 있다. 예수는 제자들에게 '우리에게 일용할 양식을 주옵소서' 라고 기도하라고 가르쳤으며, 그를 따르는 자들과 함께 '떡을 떼시며' 친교하기를 즐겨하셨다고 성경은 기록하고 있다.

그러나 성경은 물질을 인간 삶의 궁극적인 가치나 목표로 보지는 않는다. 십계명의 제일 계명은 하나님 이외의 것을 섬기는 우상 숭배를 첫째가는 죄로 규정하고 있다. 선지자들은 백성들의 물질적인 복지를 강조하기는 했지만, 동시에 우상 숭배와 물질 숭배에 의한 타락을 엄히 비판하고 있다. 신약 성경의 세속적인 삶에 대한 경고는 물질주의적인 삶의 태도를 정면으로 부인하는 것이다. 사도 바울은 "육에 속한 사람은 하나님을 기쁘시게 못한다"고 말하고 있다.(롬 8:7-8) 사도 바울은 또한 돈을 사랑함이 일만 악의 근원이라고 분명하게 경고하고 있다.(딤전 6:7-10) 공관복음서(〈마태복음〉, 〈마가복음〉, 〈누가복음〉)들에 나타난 예수님의 가르침들은 참된 생명은 잃어버리고 세상의 물질과 명예를 쫓아가는 삶의 어리석음과 위험함을 경고해 주고 있으며, 〈유다서〉는 성령을 따르지 않고 본능적인 욕정을 쫓아가는 삶의 어리석음을 지적하고 있다.(유 1:19)

위에서 살펴본 바와 같이, 성경이 창조된 물질 세계의 좋음과 인간 삶의 육체적·물질적인 측면을 긍정적으로 간주하면서도 동시에 물질적인 차원을 초월하는 영적인 삶을 강조하는 상충적인 자세를 견지하고 있음을 보게 되는 바, 기독교윤리학은 이러한 성경의 양면적인 관점을 잘 조화시켜야 함을 잊어서는 안 될 것이다.

3) 배타적인 소그룹 의식 대 세계 공동체 의식: 여기에서 문제가 되는 것은 각자가 스스로를 이스라엘이나 교회 같은 선택 또는 구원받은 특정한 그룹의 일원이 되는 것을 더 중시하느냐, 아니면 스스로를 하나님께서 창조하신 전체 인류의 일원으로 생각하느냐이다. 물론 구약 성경은 선민으로서의 이스라엘에 배타적인 강조점을 두고 있다. 그러나 구약 성경은 동시에 여호와 하나님이 우주의 창조주요 통치자인 것과 온 인류가 오직 하나인 하나님의 아들과 딸임을 보여 주고 있으며, 온 인류에게 정의와 평화가 함께하기를 바라는 하나님임을 보여 주고 있다.

신약 성경에서는 이 문제가 두 가지로 나타나고 있다. 이방인 기독교도들을 옹호하는 사도 바울과 이방인 신자들이 유대교의 전통을 준수해야 한다고 주장했던 유대주의자들 사이의 갈등이 그 첫번째 예이다. 두번째는 구약 성경에 나타난 유대인들의 선민 의식이나 유대주의자 기독교인들과는 달리, 모든 인류들 중에서 선택적으로 구원받았다고 생각하는 기독교인들을 중심으로 한 새로운 선민 의식 또는 소그룹주의가 형성되고 있음을 보게 된다.(마 24:22, 롬 8:31-39, 엡 1:4-5) 그러나 신약 성경은 확실히 유대인과 이방인들 사이의 벽을 허물어 버리고 우주적인 하나님의 사랑을 강조하고 있으며, 그리스도의 복음이 전 인류를 위한 것임이 강조되고 있다. (롬 10:12-13, 갈 3:26-29)

4) 율법 대 은총: 한편으로 성경은 도덕적인 삶과 행위를 강조하고 있다. 선지자들은 도덕적인 행동을 하나님의 말씀을 준수하는 충성스러운 삶과 인간 삶의 완성을 위한 핵심적인 조건으로 간주하고 있다. 선지자들은 하나님께서 불의와 불공평함을 혐오하시며 반대로 하나님의 도덕적인 명령을 준수하는 자들을 축복하시는 분으로 이해하고 있다. 율법을 어기는 자들에 대해서는 돌로 쳐죽임과 같은 엄한 처벌이, 그리고 율법을 지키는 자들에게는 장수와 부와 많은 자손의 축복이 약속되어져 있다. 십계명과 계약법전은 이를 보여 주는 좋은 예이다.

신약 성경도 도덕적 명령들을 준수할 것을 강조하고 있다. 예를 들면 예수님은 율법이나 선지자를 폐하러 온 것이 아니고 이를 완성하러 오셨다고 하며, 하늘나라에 들어가기 위해서는 서기관들이나 바리새인들보다도 더 의롭게 행동해야 한다고 말하고 있다.(마 5:17, 19-20) 사도 바울도 영적인 삶에 합당치 않은 비도덕적 행위를 경계하고 있으며, 야고보서에서 도덕적인 삶의 실천을 강조하고 있다.

다른 한편으로 성경은 또한 은혜받을 자격이 없는 죄인들을 향하신 하나님의 사랑을 깊이 있게 언급하고 있다. 〈창세기〉와 〈출애굽기〉는 거듭거듭 죄를 범하는 성경의 주인공들과 이스라엘 민족을 용서하시는 하나님의 사랑으로 채워져 있으며, 〈호세아〉서와 〈예레미아〉서 등 구약 성경 전반이 이러한 하나님의 은혜에 대하여 언급하고 있다. 신약 성경 또한 죄인들을 용서하시고 구원하시는 하나님의 사랑으로 채워져 있다. 예수 그리스도는 이러한 하나님의 사랑의 결정체로 기록되어 있으며, 사도 바울은 예수 그리스도를 통해서 계시된 죄인들을 용서하시는 하나님의 사랑을 죄인들에게 값없이 주어진 '은혜의 선물'로 표현하고 있다.

기독교윤리학은 성경이 다루고 있는 율법과 은총의 양면적인 기초를 균형 있게 고려하여야 할 것이다.

5) 사랑 대 강압적인 힘의 사용: 하나님을 향한 믿음에 의지하는 것과 사랑, 그리고 도덕적 목표 달성을 위한 강압적인 힘 또는 정치적인 힘의 사용간의 갈등 또한 간과할 수 없는 성경의 주제이다. 신·구약을 막론하고 사랑은 성경 윤리의 핵심적인 기초이다. 성경은 하나님을 향한 사랑과 이웃을 향한 사랑을 동시에 강조하고 있다. 선한 사마리아인의 비유나 병 고침, 그리고 다른 가르침들을 통해서 예수님은 가까운 동족이 아닌 타인들까지도 사랑해야 할 이웃에 포함시키고 있다.

힘의 사용 문제에 있어서, 겉으로 보기에는 구약 성경은 하나의 국가 또는 정치 단체로서의 이스라엘의 기록이라는 점에서, 그리고 신약 성경은 신앙 공동체로서의 기독교인들의 기록이라는 점에서 서로 다른 관점을 가지고 있다고 할 수 있을 것이다. 구약 성경에는 하나님의 뜻을 따르고 또 이룬다는 전제하에서 타민족을 무력으로 정복하고 나아가 무참하게 학살하는 장면들이 여러 곳에 기록되어 있다(여호수아의 여리고성과 가나안 정복, 사사기 등). 신약 성경은 물론 정치적인 힘을 갖지 못한 미미한 한 신앙 공동체의 기록이라는 점에서 구약 성경과는 다른 상황에 처해 있지만, 신약 성경도 로마 제국의 권위와 관리들을 인정하고 존중할 것을 가끔 언급하고 있음을 기억해야 한다. 세례 요한은 로마군인들에게 직업을 바꿀 것을 강요하지 않으며 단지 "협박하거나 속임수를 써서 남의 물건을 착취하지 말고 자기가 받는 봉급으로 만족하라"고만(눅 3:14) 말하고 있으며, 예수님께서는 그를 올가미에 빠트리려는 무리들이 로마 제국에 세금을 내는 것이 옳은가를 묻는 물음에 로마 제국의 존재 자체를 부인하는 언급 없이 "가이사의 것은 가이사에게"라고(마 22:21) 말씀하셨고, 사도 바울 또한 모든 권위는 하나님의 뜻을 이루기 위하여 하나님에 의해서 세워진 것이므로 정부의 권력에 순종할 것을 권면하고 있다.(롬 13:1-7) 〈베드로전서〉에도 세상의 모든 통치기관들에 순종할 것을 권고하고 있다.(벧전 2:13-14)

그러나 정부의 권위와 강제적인 힘의 사용에 대해서도 성경은 위의 관찰과는 또 다른 입장을 취하고 있음을 기억해야 한다. 구약 성경은 애초에 왕조와 왕을 세우는 것 자체에 대해서 부정적인 입장을 보여 주고 있다고 볼 수 있다.(삼상 8:4-7) 역대기는 이스라엘의 왕들이 하나님을 믿지 못하고 무력적 힘에 의존하였음을 보여 주며, 그것이 불의한 행위였다고 기록하고 있다. 이사야 같은 선지자는 하나님께 의지하지 않고 무력에 의지하는 것을 강하게 비판하고 있으며(사 31:1) 사랑과 정의에 입각한 평화를 호소하고 있다. 그는 나라들이 하나님의 뜻을 따라서 칼과 창을 녹여서 쟁기와 낫을 만들며 다시는 서로를 치는 일이 없을 것이요 전쟁 연습도 멈추게 되며(사 2:1-4), 맹수와 가축이 함께 놀며 독사의 굴에 어린이가 손을 넣어도 물지 않는 것과 같이 강자들의 침략과 박해가 없어지는 평화로운 날이 오리라고(사 11:1-9) 예언하고 있다.

구약 성경에는 하나님이 주로 전사의 형상으로 부각되어 있으나 〈이사야〉서 53장 같은 곳에는 죄인들을 구하기 위하여 고난받는 종의 모습으로 묘사되고 있으며, 〈잠언〉 25장 21-22절에는 원수를 원수로 갚기보다는 사랑으로 감화시키기를 권면하고 있다. 이러한 관점은 신약 성경에 와서 더욱 선명하게 부각되고 있다. 예수님은 눈에는 눈으로 이에는 이로 갚지 말고, 오른편 뺨을 치거든 왼편 뺨도 돌려 대며, 원수를 사랑하고 핍박하는 자를 위하여 기도하라고 가르치고 있다.(마 5:38-48) 사도 바울도 핍박하는 자를 축복하고 악을 악으로 갚지 말며 모든 사람과 평화를 이루며 선으로 악을 이기라고(롬 12:14-21) 권면하고 있다.

위에서 살펴본 바와 같이, 성경에는 하나님을 믿는 믿음과 사랑에 의거하여 인간 관계를 이루어 나가는 것과 세상 권력 또는 정부 권위에의 순종 및 (윤리적 도덕적인 목적을 달성하기 위한) 힘 또는 무력 사용의 인정, 그리고 원수를 갚음과 원수를 사랑함 등과 같은 서로 상충되는 관점들이 혼재하고 있음을 직시하고, 성경의 이러한 관점들을 기독교윤리에 적용할 때에는 세심한 주의를 기울일 필요가 있으며 균형 있게 적용하여야 할 것이다.

6) 사회 계층 대 평등: 강한 선민 의식에 빠져 있는 사람들이나 로마 제국 황제의 권위를 신성한 것으로 당연시하는 사람들은 인간과 인간 사이 또는 국가들 사이의 계층의 차이나 빈부의 차이 또는 힘의 편재를 당연한 것으로 받아들이기가 쉽다. 국가의 경제적·군사적 힘과 개개인의 권력과 부를 하나님의 축복으로, 그리고 그 반대를 하나님의 심판 또는 저주로 간주하는 경향을 구약 성경의 곳곳

에서 발견하게 된다. 신약 성경도 반드시 엄격한 평등주의를 주장하고 있다고 볼 수는 없다. 예수님의 비유들에서도 권력자나 부자들의 지위나 부 그 자체가 일률적으로 부정되지는 않고 있음을 보게된다. 예를 들어 제자 요한과 야고보가 자기들에게 높은 지위를 보장해 달라고 했을 때 지위 그 자체를 부정하신 것이 아니라 결정권은 하나님에게 있으므로 자기에게 부탁하는 제자를 꾸짖는 모습을보게 된다.

그러나 평등에 대한 주장도 성경에 강하게 나타나 있다. 특별히 선지자들은 평등을 위한 추상적인 이론들을 주장하기보다, 그 당시에 존재하고 있던 권력자들과 부자들에 의해서 저질러진 탄압과 착취로 인해서 형성되어진 불평등에 대해서 강하게 비판하고 있으며, 가난한 자들을 위해서 사랑을 베풀 줄 모르는 부유한 자들의 몰인정함을 신랄하게 비판하고 있다.(암 8:4, 6, 미 2:2 등) 〈레위기〉에는 곡식을 수확할 때에 가난한 자와 이방인들을 위하여 여분을 남겨둘 것과 이웃의 품삯을 떼어먹지 말 것과 강자와 약자를 공평하게 재판할 것, 그리고 이웃을 자기 자신처럼 사랑할 것을 명하고 있다.(레 19:9-18)

신약 성경도 이러한 평등 사상을 강조하고 있다. 마리아는 하나님이 교만한 자, 권세 있는 자들 그리고 부자들을 꺾고 보잘것없는 자들을 높이고 배고픈 자들을 좋은 것으로 배불린다고 노래하고 있다.(눅 1:51-53) 예수님은 한 부유한 지도자에게 하나님의 나라에 들어가기 위해서는 재산을 팔아서 가난한 자들에게 나누어 주어야한다고 권고하고 있으며, 그 부자가 괴로워하자 재물을 많이 가진 자들이 하나님 나라에 들어가는 것이 낙타가 바늘귀를 빠져나가는 것보다도 더 어렵다고 말한다.(눅 18:18-25) 거지 나사로와 부자의 비유에서는 이승에서의 지위가 저 세상에서는 완전히 반대로 변한 것을 말씀하면서 부자들이 가난한 자들과 나누며 살기를 강조한다. (눅 16:19-31) 〈누가복음〉 24장의 최후 심판의 비유에서는 각자가 정말로 예수님의 진정한 제자였는지의 여부가 가난한 자, 병자, 이방인, 죄수 같은 고통받는 이웃들에게 사랑을 베풀었느냐 아니냐에 따라 결정되어질 것이라고 선언하고 있다.

〈사도행전〉에는 초대 교회 교인들이 각자가 가진 소유를 교인들 상호간에 아낌없이 나누어 썼음이 기록되어 있다.(행 4:32-35) 야고보는 그의 편지에서 동료 기독교인들이 신분이나 빈부의 차이에 따라 사람들을 차별 대우하는 것에 대하여 통렬하게 비판하고 있으며, 이웃을 착취하고 억압하는 권세와 부를 소유한자들을 환대할 것이 아니라 가진 것은 없으나 그 신실한 믿음으로 인하여 하나님 나라의 상속자들이 될 가난한 자들을 잘 보호하고 대접하라고 권면하고 있다.(약 2:1-7)

사도 바울은 그의 서신들에서 평등의 문제에 대하여 특별히 강조하고 있지는 않으며, 오히려 종들과 여성들의 예속과 차별을 기정사실화하는 면을 보게 된다. 사도 바울은 아내란 남편에게 예속된 존재이므로 남편에게 순종해야 한다고 가르치고 있다.(고전 14:34-35, 갈 5:22-24, 골 3:18, 딤전 2:9-15) 그리고 그는 종들은 주인에게 복종해야 한다고 가르치고 있다.(골 3:22-23, 딤전 6:1)

그러나 사도 바울은 평등에 대하여서도 여기저기에 우회적으로 언급하고 있음을 보게 된다. 그는 모두가 죄인이므로 예수 그리스도로 인해서 받은 구원 이외에는 아무것도 자랑할 것이 없음을 지적하고 있으며, 나아가 그리스도 안에서 모든 차별이 철폐되었음을 강조하고 있다.(롬 10:12-13, 갈 3:26-29) 그는 또한 교회는 그리스도의 몸이며 그 안에 속한 자들은 누구든지 어느 하나가 고통당하면 모두가 고통당하는 것이며, 하나가 기뻐하면 모두가 함께 기뻐하게 되는 것이라고 말씀하고 있다.(고전 12:26)

이상에서 살펴본 바와 같이 사회적 계층이나 평등과 같은 상충적인 주제와 관련한 사회윤리적인 문제를 다룸에 있어서도 성경의 관점들을 복합적으로 해석하고 균형 있게 적용할 필요가 있다.

2. 통일성

위에서 살펴본 바와 같이 성경에는 서로 상충되는 주제들이 복합적인 관점을 가지고 기록되어 있지만, 그 모든 것에 통일성을 부여하는 일관된 관점이 존재하고 있음을 잊어서는 안 될 것이다. 이제부터 신·구약 성경에 나타나는 이러한 일관적인 윤리관에 대하여 고찰해 보기로 하겠다.

왈도 비치와 H. 리처드 니부어는 성경에 나타난 윤리관의 몇 가지 특성 중의 하나인 통일성에 대해서 다음과 같이 언급하고 있다.

성경적 윤리가 '이웃'이나 동료에 영향을 미치는 행위에 중점을 둔다는 것이다. 사도들이 이웃의 사랑 안에다가 모든 법을 요약한 것이나 예수가 그의 요약 가운데서 이웃 사랑과 하나님 사랑을 밀착시킨 것, 예언자들이 정의와 자비를 추궁한 것이나 십계명이 동료에 영향을 미치는 행위에 대하여 관심을 가진 것이 모두 이 점을 뒷받침하여 준다. 더구나 그 중요성은 이렇게 요약된 계명들 중의 어느 하나도 타인과의 관계에서 타인의 처지와 동떨어진 덕성에 대해서는 조금도 관심을 표명하지 않는다는 사실에서 더욱 잘 나타난다. 한결같이 그 계명들은 진실성 그 자체보다는 이웃을 향한 성실성을 요구하고 있다.[11]

제4절 구약 성경의 윤리관

다양한 전통들이 있기는 하지만, 구약 성경의 종교와 윤리관은 다음의 몇 가지 중요한 전통과 사건 위에 근거하고 있음을 볼 수 있다. 1) 〈창세기〉 1장의 천지 창조 전체에 대한 이야기와 〈창세기〉 1장 26-28절에 나타나고 있는 인간 존재의 의미에 대한 서술, 2) 이집트의 노예 생활로부터 해방되는 출애굽 사건, 3) 시내 산에서 이스라엘 백성들이 하나님과의 계약에 헌신하기로 다짐한 것, 4) 율법을 부여함에 있어서 하나님과 이스라엘 백성 사이의 관계의 속성을 결정짓는 계약 조건들이 그것이다. 이 네 가지는 이스라엘 역사 중에서 가장 중요한 위치를 차지하는 것으로 서로에게서 분리될 수 없는 연결성을 갖고 있다.

---

11) Waldo Beach and H. Richard Niebuhr, *Christian Ethics: Sources of the Living Tradition*, 2nd ed.(New York: The Ronald Press Company, 1973), p.16.

1. 〈창세기〉 1장에 나타나는 윤리관: 하나님의 형상에 대한 이해

히브리 신앙 공동체의 하나님의 속성에 대한 이해는 〈창세기〉 1장에 매우 잘 나타나고 있다. 그들은 천지 창조에 대한 이야기를 통하여 그들이 체험한 하나님에 대해서 서술하고 있는데, 하나님은 모든 생명체들이 더불어 조화롭게 살아갈 수 있는 생명의 무대를 만들고 하늘과 땅과 물이라는 무대 속에 살아갈 생명체들을 만든 존재로 묘사되고 있다. 혼돈이 지배하고 있던 우주에 질서와 통일성과 조화를 부여함으로써 정의와 평화가 강물처럼 넘쳐흐르고 함께 더불어 살아가는 생명의 환희가 가득하게 되었다고 이해한 것이다.

그리고 이러한 하나님의 형상대로 지음받은 인간이 어떻게 살아야 할 것인가를 〈창세기〉 1장 26-28절에서 잘 표현해 주고 있다. 여기에는 우리가 주목해야 할 두 가지 표현이 있다. "정복하고 다스린다"는 표현과 "생육하고 번성한다"는 표현이다. 첫째, 정복하고 다스린다는 말은 〈시편〉 8, 93, 96-99편에 의하면 '정의(쩨다카)'와 '평화(샬롬)'를 확립한다는 의미를 함축하고 있다. 둘째, 생육하고 번성한다는 말은 물론 자녀들을 출산하고 물질적인 부를 획득한다는 의미도 가지고 있겠으나, 이것에 더하여 "더불어 사는 생명의 환희가 넘치게 됨"을 의미하는 깊은 뜻이 함축되어 있음을 직시하여야 할 것이다.[12]

---

12) Michael D. Guinan, O. F. M., *The Pentateuch*(Collegeville, Minnesota: The Liturgical Press, 1990), pp. 24-26.

결국 〈창세기〉 1장 26-28절에 함축되어 있는 의미는 여호와 하나님이 천지 창조를 통하여 보여 주신 것처럼 가는 곳마다 정의와 평화를 실현하여 온 생명체와 자연 세계 속에 함께 더불어 사는 삶의 환희가 넘쳐나도록 하라는 것이다. 이런 삶이 바로 하나님의 형상대로 사는 것이요, 그로 인하여 하나님께 영광을 돌리는 것이 된다.

〈창세기〉 1장은 성경 전체의 신앙적·윤리적 방향을 결정지어 주고 있다. 우주 만물을 창조하신 이가 여호와 하나님이므로 그분만을 예배하고 찬송해야 함은 물론, 자연 세계를 포함한 모든 피조물들을 소중하게 다루고 가꾸어야 한다고 분명하게 선포하고 있는 것이다. 이러한 관점이 〈요한계시록〉까지 일관되게 이어지고 있다.

2. 출애굽 사건

여호와께서 가라사대 내가 애굽에 있는 내 백성의 고통을 정녕히 보고 그들이 그 간역자로 인하여 부르짖음을 듣고 그 우고를 알고 내가 내려와서 그들을 애굽인의 손에서 건져내고 그들을 그 땅에서 인도하여 (…) 이제 이스라엘 자손의 부르짖음이 내게 달하고 애굽 사람이 그들을 괴롭게 하는 학대도 내가 보았으니 이제 내가 너를 바로에게 보내어 너로 내 백성 이스라엘 자손을 애굽에서 인도하여 내게 하리라.

〈출애굽기〉 3장 7-10절

〈창세기〉 1장을 통해서 살펴본 내용이 출애굽 사건으로 그대로 이어지고 있다. 출애굽 사건은 한 민족으로서의 이스라엘의 시작을 의미하는 사건이며, 동시에 압제와 착취와 인권 유린을 용납하지 않는 하나님의 뜻을 밝히 보여 주는 사건이다. 이 사건을 통하여 하나님은 불의를 행하는 정치와 권력의 횡포를 부정하고 심판할 뿐만 아니라, 하나님의 인도하심 속에서 압제와 착취로부터 해방된 이스라엘이 신앙적으로 윤리적으로 어떻게 책임 있는 삶을 살아야 할 것인가를 보여 준다.

출애굽 사건은 다음 두 가지 책임을 이스라엘 백성에게 지워 주었다. 첫째, 거짓된 신과 권력을 심판하고 참된 자유와 정의를 주는 이가 여호와 하나님임을 밝히 보여 줌으로써 오직 하나님만을 예배하여야 한다는 신앙적 책임을 부여하였다. 둘째, 하나님의 은혜로운 인도하심을 통하여 한 민족으로서의 정체성을 부여받고 자유를 얻은 이스라엘은 앞으로 자신들의 삶을 통하여 자기 자신들의 사회 내에 정의와 평화를 이룩하는 것은 물론이요, 이방인들과의 관계 속에서도 정의와 평화를 이루어 내는 삶을 살아야 하는 윤리적 책임을 부여받았다. 이 두 가지 책임에 대한 것은 구약 성경과 신약 성경을 통하여 일관되게 언급되고 강조되고 있는 핵심 내용이다.

시내산에서 부여받은 십계명의 내용에서 이 주제는 더욱 형식을 갖추어 언급되고 있으며, 〈출애굽기〉 20장 이하에서 더욱 상세하게 서술되고 있다. 더 나아가 이스라엘이 국가적인 위기에 처할 때마다 선지자들은 그들이 여호와 하나님과 맺은 이 두 가지 계약을 제대로 이행하지 않았기 때문임을 지적하고 회개를 촉구한다. 신약 성경에서도 이 핵심 주제는 계속해서 이어지고 있으며, 예수님은 이 내용을 두 가지 큰 계명(하나님 사랑과 이웃 사랑)으로 요약하여 강조한다. 사도들도 예수님의 가르침을 그대로 따르고 있다. 사도들은 사람들로 하여금 그동안 하나님을 떠나 살았던 죄를 회개하고,

그리스도를 통하여 인간의 죄를 용서하시는 하나님의 사랑을 믿고 그를 구주로 영접하며, 예수의 가르침대로 하나님과 이웃을 사랑하는 삶을 살라고 가르치고 있다. 성령의 열매를 맺는 삶은 예수 그리스도의 발자취를 따르며 그를 닮아 가는 삶, 즉 윤리적 삶을 이른다. 〈요한계시록〉 역시 우상 숭배와 비윤리적인 삶에 대한 심판을 극적으로 묘사하고 있다. 결국 출애굽 사건에서 계시된 하나님의 뜻이 성경 전체를 통하여 반복적으로 설명되고 확증되고 있다.

3. 시내 산 계약: 율법 부여

하나님은 시내 산에서 이스라엘 백성과 계약을 맺는다. "세계가 다 내게 속하였나니 너희가 내 말을 잘 듣고 내 언약을 지키면 너희는 열국 중에서 내 소유가 되겠고, 너희가 내게 대하여 제사장 나라가 되며 거룩한 백성이 되리라."(출 19:5-6) 그리고 특별히 선택받은 이스라엘이 지켜야 할 규범을 선포한다. 그 내용이 바로 〈출애굽기〉 20장 1-17절에 나오는 '십계명'과 곧이어 〈출애굽기〉 20장 22절-23장 33절에 서술되어 있는 '율법 조항'들이다.

그 내용이 무엇인가? 그 내용은 결국 〈창세기〉와 출애굽 사건에서 언급되어진 내용의 좀더 구체적인 서술이다. 십계명은 두 부분으로 나누어서 생각해 볼 수 있는데, 제1계명으로부터 제4계명까지는 하나님께 대한 예배와 헌신을 촉구하고 있으며, 제5계명부터 제10계명까지는 이웃의 복지에 대한 배려를 촉구하고 있다.[13] 그런데 여기에서 한 가지 지적하고 가야 할 점이 있다. 바로 안식일 준수에 대해서 명령하고 있는 제4계명에 관한 것이다. 안식일은 물론 일차적으로 하나님을 예배하는 날로 지켜야 할 것이다. 그러나 여기에도 하나님을 예배하는 것과 더불어 이웃에 대한 배려가 내포되어 있음을 잊어서는 안 될 것이다. 〈출애굽기〉 20장 8-11절은 안식일에는 주인과 그 식구만 쉬며 하나님을 예배하는 것이 아니라 집에서 부리는 종들과 짐승들과 나그네까지 모두에게 휴식을 허락할 것을 명령하고 있다. 이 역시 차별과 억압과 착취를 금하고 이웃 사랑과 정의의 실천을 명령하는 것이다. 같은 내용이 〈출애굽기〉 23장 12절에도 언급되고 있다.

월터 해릴슨은 십계명은 계약이라기보다는 '권리장전(Bill of Rights)'이라고 주장한다. 십계명과 그 뒤에 이어지는 계약 법전은 피조물들 사이에 사랑과 조화, 정의와 평화가 이루어지기를 원하시는 하나님을 예배하고 그 명령을 준수할 것을 다짐하는 서약이라고도 볼 수 있다.[14]

〈출애굽기〉 21장 22-25절에 나오는 내용에 대해서 살펴보기로 하자. "사람이 서로 싸우다가 아이 밴 여인을 다쳐 낙태케 하였으나 다른 해가 없으면 그 남편의 청구대로 반드시 벌금을 내되 재판장의 판결에 따라서 낼 것이니라. 그러나 다른 해가 있으면 갚되 생명은 생명으로, 눈은 눈으로, 이는 이로, 손은 손으로, 발은 발로, 덴 것은 덴 것으로, 상하게 한 것은 상함으로, 때린 것은 때림으로 갚을지니라." 이 구절을 보며 혹자는 미개하고 잔인한 법이라고 말할

---

13) Waldo Beach and H. Richard Niebuhr, *Christian Ethics: Sources of the Living Tradition*, p.20.

14) Walter Harrelson, *The Ten Commandments and Human Rights*(Philadelphia: Fortress Press, 1980), pp.13, 190-191. cf. Hee-Soo Kim, 〈Roots of Han(한(恨)) and Its Healing: A Study of Han from the Perspective of Christian Ethics〉(Ph. D. diss., Graduate Theological Union, 1994), pp.75-76.

지도 모르겠다. 그러나 이 율법 조항이 선포된 상황을 좀더 깊이 있게 살펴보면 또 다른 면을 볼 수 있게 될 것이다.

이국 땅에서 노예 생활을 하고 있었던 그들에게 과연 인권이라는 것이 있었던가? 지배자들과 그들을 직접 부렸던 그 땅의 주인들이 아내와 딸을 성적 노리개로 삼고 남편과 아들을 권리 없는 노예와 전쟁터의 창받이로 잔혹하게 학대할 때 누가 나서서 그들의 권리를 주장해 주고 변호해 주던가? 지배자들이나 주인들이 노예를 상하게 하고 죽이며 그 소유를 약탈하여 간다고 해도 누가 그들의 억울함을 들어 주며 공평한 재판을 해주었던가?

계약 법전에 나타나는 내용들은 이스라엘이 노예의 땅을 탈출해 나와서 하나의 독립된 공동체를 이룬 후에 손에 손을 마주 잡고 외치는 인권 선언으로 볼 수 있다. 자유를 쟁취한 공동체로서 이제 다시는 어느 누구도 서로에게 비인도적인 행위를 못하도록 하며, 압제와 착취에서 구원해 주신 하나님의 뜻에 거역하여 타인의 인권과 재산권을 유린하는 자가 있다면 절대로 그냥 묵과하지 않겠다고 맹세하는 단호한 선언인 것이다. 그러므로 이 조항은 잔인한 보복의 법이라고 여기기 이전에 인권 보호의 엄중한 약속이자 선언이라고 볼 필요가 있다.

이러한 정신을 잘 보여 주고 있는 몇 가지 예를 들면 다음과 같다. "너는 이방 나그네를 압제하지 말며 그들을 학대하지 마라. 너희도 애굽 땅에서 나그네이었음이니라. 너는 과부나 고아를 해롭게 하지 마라. 네가 만일 그들을 해롭게 하므로 그들이 내게 부르짖으면 내가 반드시 그 부르짖음을 들을지라. 나의 노가 맹렬하므로 내가 칼로 너희를 죽이리니 너희 아내는 과부가 되고 너희 자녀는 고아가 되리라."(출 22:21-24, 참조 23:9)

"너는 허망한 풍설을 전파하지 말며 악인과 연합하여 무함하는 증인이 되지 말며 다수를 따라 악을 행하지 말며 송사에 다수를 따라 부정당한 증거를 하지 말며 가난한 자의 송사라고 편벽되이 두호하지 말지니라."(출 23:1-3) "너는 가난한 자의 송사라고 공평치 않게 하지 말며 거짓 일을 멀리하며 무죄한 자와 의로운 자를 죽이지 마라. 나는 악인을 의롭다 하지 아니하겠노라. 너는 뇌물을 받지 마라. 뇌물은 밝은 자의 눈을 어둡게 하고 의로운 자의 말을 굽게 하느니라."(출 23:6-8) "사람이 그 남종의 한 눈이나 여종의 한 눈을 쳐서 상하게 하면 그 눈 대신에 그를 놓을 것이며 그 남종의 한 이나 그 여종의 한 이를 쳐서 빠트리면 그 이 대신에 그를 놓을지니라."(출 21:26-27) 그외에도 이웃 사람이나 육축이나 기타 재산에 손상을 끼쳤을 경우에는 어떻게 배상할 것인가에 대한 설명들이 다양하게 언급되고 있다.

4. 선지자들의 글

아모스는 특별히 두 가지 종류의 악, 즉 불의와 억압을 자연과 사회적 역사 안에서 하나님의 심판을 불러일으키는 것으로 제시하고 있다.[15] 뇌물 수수, 특권층에 의한 법정에서의 가난한 사람들에 대한 차별 대우, 그리고 거짓 저울과 자를 사용함으로써 불의가 행해지는 것을 비판하고 있다. 결국 불의는 사회 생활에 있어서의 기본

---

15) Waldo Beach and H. Richard Niebuhr, *Christian Ethics: Sources of the Living Tradition*, p.24-25.

이 되는 평등한 대우의 원칙을 어길 때에 일어나게 되는 것이다. 다른 예언자들과 마찬가지로 아모스는 나라가 살려면 평등의 정의가 정치와 경제 생활에서도 이루어져야 된다고 강조한다. 그는 사람들이 자기 개인이나 계급 또는 나라의 이득을 위하여 법을 왜곡하여 적용하는 속임수가 하나님의 심판을 자초하며 파멸과 죽음으로 이르게 만드는 원인임을 또한 강조한다. '정의'란 다른 사람을 판단하는 데 사용하는 표준을 그대로 자기 자신에게도 적용하는 것이며, 물건을 구입할 때 사용한 것과 같은 저울을 물건을 팔 때에도 사용하는 '공정함'과 '공평성'이다.

둘째로 하나님의 심판을 불러오는 것은 억압이다. 강자들은 약한 자의 머리를 땅의 먼지 속으로 짓밟고, 괴로움을 당하는 자의 길을 방해한다. 그들은 가난한 자의 권리를 침해하고 밀밭의 수확을 부당하게 빼앗는다. 그들은 사치품을 즐기고 백성의 비참한 처지는 돌보지 않는다. 아모스에게 있어서 이웃에 대한 이러한 억압과 무관심은 하나님의 심판을 자초하는 반역이다. 더 나아가 아모스는 이사야나 예레미야가 지적했던 것처럼, 종교적 제의를 수단으로 하여 정치·경제적 악을 상쇄하려고 드는 어리석음에 대해서 엄중히 경고하고 있다.[16] "내가 너희 절기를 미워하여 멸시하며 너희 성회들을 기뻐하지 아니하나니, 너희가 내게 번제나 소제를 드릴지라도 내가 받지 아니할 것이요, 너희 살진 희생의 화목제도 내가 돌아보지 아니하리라. (…) 오직 공법을 물같이, 정의를 하수같이 흘릴지로다."(암 5:21-24)

선지자 미가와 호세아 역시 하나님에 대한 충성과 이웃에 대한 사

---

16) *Ibid.*, p.25.

랑에 대하여 다음과 같이 권면하고 있다. "사람아, 주께서 선한 것이 무엇임을 네게 보이셨나니 여호와께서 네게 구하시는 것이 오직 공의를 행하며 인자를 사랑하며 겸손히 네 하나님과 함께 행하는 것이 아니냐."(미 6:8) "그런즉 너희 하나님께로 돌아와서 인애와 공의를 지키며 항상 너의 하나님을 바라볼지니라."(호 12:6)

이사야 선지자는 다음과 같이 선포한다.

> 나의 기뻐하는 금식은 흉악의 결박을 풀어 주며 멍에의 줄을 끌러 주며 압제당하는 자를 자유케 하며 모든 멍에를 꺾는 것이 아니겠느냐. 또 주린 자에게 네 식물을 나눠 주며 유리하는 빈민을 네 집에 들이며 벗은 자를 보면 입히며 또 네 골육을 피하여 스스로 숨지 아니하는 것이 아니겠느냐. 그리하면 네 빛이 아침같이 비칠 것이며 네 치료가 급속할 것이며 네 의가 네 앞에 행하고 여호와의 영광이 네 뒤에 호위하리니 네가 부를 때에는 나 여호와가 응답하겠고 네가 부르짖을 때에는 말하기를 내가 여기 있다 하리라.
>
> 〈이사야〉 58장 6-9절

선지자들이 일관되게 주장하고 있는 핵심 내용은, 이스라엘이 다른 나라의 침략을 받고 포로로 잡혀 고통을 겪은 이유가 지도자들과 백성들이 우상을 숭배하고 정의를 행하지 않았기 때문에 받는 하나님의 심판이라는 것이다. 선지자들은 계약 법전에서 강조되었듯이 약자와 가난한 자, 고아와 과부, 그리고 나그네된 자들을 사랑으로 보살필 것을 권면하고 있다. 그리하여 모두가 신앙적인 죄와 윤리적인 죄를 회개하고 그러한 잘못된 행실로부터 돌이키라고 권고하고 있음을 보게 된다. 결국 선지자들은 〈창세기〉 1장에서부터 시작하여 출애굽 사건과 시내산 계약을 통하여 계시된 하나님의 뜻을 충실하게 따르고 있다고 보아야 할 것이다. 다만 계약 법전이 히브리 공동체를 중심으로 한 것인 반면에 〈이사야〉, 〈창세기〉 1장, 〈시편〉 8편과 〈아모스〉 9장 7절은 모든 나라들과 역사, 창조물들이 한 가지 법과 규칙을 따라야 할 것으로 그 범위를 넓혀서 적용하고 있다.[17]

결론적으로 말해서 〈창세기〉 1장과 계약 법전(Covenant Code; 출 20-23)과 성결 법전(Holiness Code; 레 18-23), 선지자들의 글들은 공통적으로 하나님에 대한 사랑과 충성, 이웃에 대한 사랑, 그리고 정의와 평화가 넘치는 공동체 건설을 강조하고 있음을 보게 된다.

제5절 신약 성경의 윤리관

신약 성경의 윤리관에도 역시 〈창세기〉와 계약 법전의 핵심이 그대로 이어지고 있다고 말할 수 있다. 예수의 윤리관과 사도 바울의 윤리관을 분석해 봄으로써 신약 성경의 윤리관을 조명해 보도록 하겠다.

---

17) *Ibid.*, p.23.

1. 예수의 윤리관

예수는 하나님을 예배하고 사랑하는 것과 이웃을 사랑하는 것을 통합적으로 강조함으로써 종교와 완전히 통합된 윤리를 강조하였다. 하나님 사랑과 이웃 사랑을 선포한 두 가지 계명과 그의 '공생활을 위한 임직사' 라고 볼 수 있는 〈누가복음〉 4장18-19절(사 61:1-2에서 인용)에서 이것을 볼 수 있다.[18]

한 율법사가 예수를 시험하며 율법 중에 어느 계명이 큰 것인가를 묻자, 예수님은 "네 마음을 다하고 목숨을 다하고 뜻을 다하여 주 너의 하나님을 사랑하라 하셨으니, 이것이 크고 첫째되는 계명이요, 둘째는 네 이웃을 네 몸과 같이 사랑하라 하셨으니 이 두 계명이 온 율법과 선지자의 강령이니라"라고 대답하셨다.(마 22:35-40) 이 선언은 〈신명기〉 6장 5절과 〈레위기〉 19장 18절을 연합한 것이다. 예수님의 이 선언은 구약 성경의 〈창세기〉, 계약 법전(출 20-23), 아모스와 이사야를 위시한 선지자들의 생각을 모두 집약적으로 요약하고 있는 것이며, 신약 성경 전체의 윤리관을 요약해 주는 것이라고 말할 수 있다. 그리고 모든 사람들로 하여금 이 부르심에 응답하는 삶을 살도록 초대하고 있다고 보아야 할 것이다. 신약 성경은 율법주의보다는 예수 그리스도를 통해서 계시되어지고 가르쳐진 사랑과 은혜를 강조하고 있다. 윤리적인 삶 자체를 무시하는 것이 아니

---

18) 조지아 하크니스 저, 김재준 역, 《기독교윤리학》(서울: 대한기독교서회, 1992), p.69.

라 종교적인 율법에 얽매어 사는 삶, 종교적인 율법대로만 행하면 된다고 가르치는 사회구조(가치관, 윤리관)를 비판한 것이다. 구약 성격에 나타난대로의 신앙적 삶과 윤리적 삶을 강조할뿐아니라 그 참다운 의미를 되살려 내고 있으며 삶속에 실천할 것을 명령하고 있다. 이렇게 사는 것이야말로 그리스도의 발자취를 따라가는 삶이라고 가르치고 있다. 그리고 그리스도의 이러한 부르심에 응답하여 예수 그리스도를 마음에 모시고 그분의 가르침대로 살아가게 될 때에 하나님께서 원하시는 대로 정의와 평화가 강물처럼 흐르고 함께 더불어 살아가는 삶의 환희가 넘치는 하나님의 나라가 각자의 마음 속과 세상 속에 이루어지게 될 것이다.

예수님이 요단 강에서 세례 요한으로부터 세례를 받은 후 광야에서 40일 동안 기도하고 난 뒤에 갈릴리로 돌아와 여러 회당에서 가르치던 중에 자신의 공생활을 위한 임직사로써 선포한 내용이다.

주의 성령이 내게 임하셨으니 이는 가난한 자에게 복음을 전하게 하시려고 내게 기름을 부으시고 나를 보내사 포로된 자에게 자유를, 눈먼 자에게 다시 보게 함을 전파하며 눌린 자를 자유케 하고 주의 은혜의 해를 전파하게 하려 하심이라.

〈누가복음〉 4장 18-19절

이 선포 역시 구약 성경의 일관된 전통을 그대로 이어가고 있다고 볼 수 있다.

예수님은 〈누가복음〉 15장에서 탕자의 비유를 통해서도 같은 메시지를 선포한다. 이 비유를 통해 정말 죄인으로 지탄받아야 할 사람들은 가난하고 힘 없는 민중들이 아니라, 바로 사회 지도층이라고 자부하고 있는 정치인들과 종교지도자들이라는 말이다.

　물론 가난하고 힘 없는 민중들은 먹고 살기 위해서 때로는 도둑질하고 몸을 팔며, 거짓말도 하고 안식일도 제대로 못 지키고, 희생제물도 제때에 맞춰서 바치지 못하므로 종교법에 위배되는 죄인들로 낙인찍힐 수밖에 없었을 것이다. 그러나 좀더 심도 있게 생각해 보자. 이스라엘이라는 나라 자체가 망하고 외국의 속국이 되어 버린 것이 과연 그 민중들 때문이었는가, 아니면 스스로 지도층이라고 지칭하는 기득권층의 부패 때문이었는가? 대다수의 민중들이 당하고 있는 고통이, 그들이 그러한 자잘한 죄에 묻혀서 기구한 삶을 영위해 나가야만 하는 것이 누구의 잘못 때문이었는가? 바로 자신들은 종교적 규례를 잘 지키고 있기 때문에 죄인이 아니며 거룩하다고 믿으며, 그렇지 못한 민중들에게 죄인이라고 낙인을 찍고 멸시하는 자칭 지도자들 때문에 나라가 망하고 그 직접적인 고통을 민중들이 당하고 있는 것이다.

　이스라엘 땅에 주둔하고 있는 로마 군대의 음식이요 애굽 땅에서 자신들을 압제했던 농경민들의 가축이었던 돼지, 그리하여 불경스러운 짐승으로 지목되고 먹지 못하도록 금지된 그 돼지를 치고, 그리고 심지어는 그 돼지가 먹는 사료를 먹으며 살아야 할 정도로 최악으로 비참해진 민중들의 고통을 예수는 보았던 것이다. 그런데 그 민중들은 예수님의 가르침을 듣고 자신들이 죄인이라는 사실을 즉시 깨달아 회개하고 돌아왔지만, 진짜 큰 죄인인 지배자들은 깨닫지 못했을 뿐만 아니라 그것을 깨우쳐 주려고 노력하는 예수를 눈의 가시로 여겨 잡아 죽이려 했으며 결국에는 그를 십자가에 못 박아 버렸던 것이다.

　집 나간 동생과 집에 남아 있었던 형을 대비하여 설파하고 있는 이 이야기 역시 〈창세기〉로부터 이어지는 핵심, 즉 하나님을 사랑하고 이웃을 사랑함으로써 정의와 평화가 강물처럼 흘러 함께 더불어 사는 삶의 환희가 넘쳐나게 하라는 가르침을 그대로 이어가고 있다고 보아야 할 것이다.

예수님은 '원수를 사랑하라' '죄인을 용서하라'고 말씀하였으며, 가난하고 힘 없는 자들이 삶의 무게에 겨워서, 그리고 무지함으로 인하여 율법을 범한 죄에 대해서는 관대하게 용서하지만(마 5-7) 정치인들과 바리새인들과 사두개인들, 즉 기득권층과 사회 지도층에 속한 사람들에게는 냉엄한 비판을 가하고 있다.(마 23, 눅 18:9-14) "뱀들아 독사의 새끼들아 너희가 어떻게 지옥의 판결을 피하겠느냐. 그러므로 내가 너희에게 선지자들과 지혜 있는 자들과 서기관들을 보내매 너희가 그 중에서 더러는 죽이고 십자가에 못 박고 그 중에 더러는 너희 회당에서 채찍질하고 이 동네에서 저 동네로 구박하리라. 그러므로 의인 아벨의 피로부터 성전과 제단 사이에서 너희가 죽인 바라갸의 아들 사가랴의 피까지 땅 위에서 흘린 의로운 피가 다 너희에게 돌아가리라."(마 23:33-35) 예수님은 하나님의 말씀을 거짓되게 따르고 이웃을 돌보지 않을 뿐만 아니라 박해하는 행위에 대해서 비판함으로써 하나님 사랑과 이웃 사랑에 대하여 가르쳐 주고 있는 것이다.

예수님은 또한 '산상수훈(마 5-7)'에서 개인의 도덕적 품성도야와 개개인의 내적 성실성에 대해서 강조하고 있으며, 지역적 · 민족적 차별성을 초월하여 하나님의 품안에 있는 구성원이면 누구나 이웃이라고 하는 우주적 공동체에 대한 가르침을 선한 사마리아인의 비유(눅 10:29-37) 등을 통하여 보여 주고 있음을 간과해서는 안 될 것이다.

2. 사도 바울의 윤리관

바울은 인간의 동기가 근본적으로 변화될 수 있는 도덕적 혁명에 관심을 가진다. 그는 이 혁명을 '자아의 죽음과 부활'이라고 부른다. 왜냐하면 그것은 하나님과 세상과 자기 자신과 이웃에 대한 근본적인 태도를 완전히 내적으로 변화시키는 데 관여하고 있기 때문이다.[19]

바울은 물론 율법의 중요성도 인식하고 있었다.(롬 7:7-25) 그러나 그는 예수 그리스도를 통해서 계시되어진 하나님의 사랑과 은혜를 인식하고 그것을 받아들임으로써 개개인의 속사람이 변화하게 되고, 하나님의 뜻에 반역하는 데서 돌이켜 하나님과 화목하게 되고 이웃을 배려하는 삶을 살게 되는 것을 더욱 중요시하고 있다고 볼 수 있다. 율법의 명령적인 도덕법은 예수 그리스도를 통하여 보여진 것과 같은 타고난 그리고 강요받지 않은 은혜로운 행위를 불러일으킬 수 없으며, 사람의 속 중심까지를 선하게 만들 수는 없다고 보는 것이다.

명령적인 율법은 사람들 가운데 죽음의 공포와 죄의식을 증대시키고, 이 두려움과 죄의식 때문에 그들의 활동은 훨씬 더 복잡하게 되어서 율법의 정신에 위배되는 방향으로 인도된다. 율법과 죄와 죽음

---

19) Waldo Beach and H. Richard Niebuhr, *Christian Ethics: Sources of the Living Tradition*, p.42.

은 모두 바울에게 있어서는 함께 결속되어 있다. 죄 때문에 율법이 있어야만 한다. 그러나 율법은 죄의식을 더하여서 사람들로 하여금 반역하도록 유혹하므로 죄의 뿌리를 근절시키지 못할 뿐 아니라 범죄를 더욱 증대시키기까지 한다. 명령적 도덕법에 대한 이러한 비판은, 비록 바울이 예수의 교훈과 행위에 나타났던 것과 예레미야가 의미하였던 것만을 여기서 드러냈다 할지라도, 그가 도덕적 사상에 크게 공헌한 것들 중의 하나라는 것이 틀림없다.[20]

우리는 또한 인간의 내적 변화에 대한 바울의 관심이 이웃에 대한 배려와 사랑의 윤리로 직접적으로 연관되고 있음을 직시하여야 한다. "피차 사랑의 빚 외에는 아무에게든지 아무 빚도 지지 마라. 남을 사랑하는 자는 율법을 다 이루었느니라."(롬 13:8)

H. 리처드 니부어와 왈도 비치는 바울이 '이웃 사랑'의 의미를 개념화하는 데 있어서 다음 세 가지 것을 주목하여야 한다고 지적한다. "첫째 바울이 참된 사랑의 내적이며 강요되지 않는 은혜스러운 특성을 이해한 점, 둘째 그가 이웃에 대한 사랑을 모든 사람들에게 실제로 적용시킨 점, 그리고 셋째 그가 윤리적 생활에 있어서 사회적이며 개인적인 요인들의 상호 작용을 이해한 점이다."[21]

첫번째 점은 바울이 기록한 〈고린도전서〉 13장에 아주 잘 표현되어 있다. 바울은 예수를 따르는 자들을 그리스도의 몸을 이루는 지체로 비유하면서 지체로서 가져야 할 은사 중에서 가장 큰 것으로 사랑을 제시하고 있으며, 14장에서는 그리스도인들이 하나님으로

---

20) *Ibid*, pp.41-42.
21) *Ibid*., p.42.

부터 받은 모든 은사를 이웃을 위해서 덕을 세우는 데 사용하도록 권면하고 있음을 보게 된다.

두번째, 그가 이웃에 대한 사랑을 모든 사람에게 실제로 적용시킨 것은 그 자신이 '이방인들'에 대한 사도로서 평생 동안 활동하였던 점에서 실증되었다. 그는 이방 세계에 그리스도의 복음을 전하고 교회의 터를 세웠으며 교인들을 위하여 많은 편지들을 보냈다. 그는 한 분 하나님에 의해서 창조된 모든 인간의 이웃됨과 형제자매됨의 보편적 개념에 대하여 다음과 같이 표현하였다. "유대인이나 헬라인이나 종이나 자주자나, 남자나 여자 없이 다 그리스도 예수 안에서 다 하나이니라."(갈 3:28)

셋째, 바울은 몸과 그 몸에 속한 여러 지체들에 대한 비유(고전 12)에서, 그리고 죄와 도덕법에 대한 지적에서 개인과 하나님의 관계와 개인과 이웃과의 관계의 밀착성 및 상호 의존성을 잘 보여 주고 있다. 인간과 인간 사이의 윤리적 죄는 근본적으로 하나님에 대한 불신앙과 불순종이라는 종교적 죄로부터 기인하는 것이다. 결국 개인의 신앙적 타락은 결국 이웃과 사회적인 타락으로 연결되게 되는 것이다.

바울의 기독교 윤리는 공동체 안에 있는 삶의 윤리이다. 그 공동체 안에서는 그리스도 안에 계신 하나님(God-in-Christ)이나 또는 하나님과 함께하는 그리스도(Christ-with-God)가 모든 선의 원천으로서 항상 임재하시고 활동하시는 변치 않는 인도자이시며 영을 불어넣어 주시는 분이시다. 그리고 그 안에서 사람들은 서로 지체가 되며 그 구성원이 된다. 그것은 율법과 죽음의 지배 아래 희망을 잃고 살았던 반역적인 국가들과 개인들로부터 재형성된 공동체이다. 그래서 바울의 기독교 윤리는 현재의 사실로서 동시에 약속된 실재로서의 하나님의 나라가 실현되는 공동체의 윤리이다. 왜냐하면 그것은 예수 그리스도께서 하나님의 통치와 사랑의 실재를 선포하고 시사하는 가운데 그의 위대한 행위를 회고하며, 또 모든 사람들이 이 나라를 인정하게 되고 성령 안에서 의와 평화와 기쁨이 충만하게 될 그때를 고대하는 사람들의 공동체이기 때문이다.[22]

바울은 〈로마서〉 13장1-7절에서 권위에 대한 복종의 문제에 대해서 언급한다. 세상 권세는 하나님이 주시는 것이다. 선을 행하는 자에게 상을 내리고 악을 행하는 자에게 벌을 내리기 위해서 주셨다. 그러므로 복종해야 한다. 그러나 군사 혁명과 같이 하나님이 주지 않았는데 하나님의 뜻과 민중들의 뜻을 어기고 도적질하는 권세도 있다. 또 하나님이 원하셨던 본래의 일을 하는 것이 아니라, 오히려 권세 잡은 자의 이익을 위해서 하수인 노릇하는 자들과 악행을 하는 자들에게는 상을 주고 하나님의 뜻을 따라 정의를 외치고 선행을 하는 자들은 권세 유지에 방해가 되므로 탄압하고 벌을 주는 권세자도 있다. 이들이 가진 권세나 행위도 과연 하나님의 인정과 지지를 받은 권세로 보아야 할 것인가? 설령 처음에는 하나님에 의해서 세움을 입은 권세라 할지라도 하나님의 본래 의도를 저버리는 순간 이미 그 권세의 정당성을 상실하게 되는 것이다. 그러므로 그 정당성을 상실한 권세는 이미 하나님의 권세가 아니며, 그러므로 복종할 근거를 상실하게 된다. 그 정당성을 상실하였거나 하나님의 뜻에 위배되는 악행을 일삼는 권세에 복종한다면 그것은 공범자가

---

22) *Ibid.*, pp.44-45.

되는 것이며, 하나님의 뜻에 정면으로 대항하는 어리석음을 범하는 것이다. 그러므로 사도 바울이 의도하고 있는 이중적인 의도, 문장 뒤에 감추어져 있는 의도를 제대로 읽을 수 있어야 한다. 하나님의 뜻에 합당한 역할을 하는 권세에는 복종하지만 본래의 의무에 역행하는 권세에는 복종해서는 안 된다는 심오한 뜻을 알 수 있어야 한다는 말이다.

외세에 의해서 나라가 망하고 정치적 속국인 상황 속에서 자기 의견을 직선적으로 표현하는 것은 위험할 수가 있다. 그러므로 은유적으로 표현하게 되는 경우가 많다. 예를 들어서 〈요한계시록〉에는 사탄을 상징하는 666이라는 숫자(계 13:18)가 나오는데, 이 표현은 바로 기독교인들을 박해했던 로마 황제들의 이름을 은유적으로 표현한 것이며, 로마 제국을 바벨론 왕국으로 지칭하는 경우(계 17:5) 등이 바로 이에 속한다고 할 수 있다. 이와 유사하게 바울도 이중적인 표현을 사용하고 있다고 여겨진다.

〈로마서〉 13장에서도 바울은 〈창세기〉에서부터 이어지는 정의, 평화, 더불어 사는 삶의 환희라는 메시지를 그대로 이어받고 있다고 볼 수 있는 것이다.

3. 〈요한계시록〉

〈요한계시록〉역시 이상에 열거한 주제들을 그대로 이어가고 있다고 볼 수 있다. 〈요한계시록〉은 여호와 하나님과 예수 그리스도에 대한 믿음·순종·예배, 그리고 하나님의 뜻에 거역하는 불의에 대한 심판과, 하나님 나라 안에서 누리게 될 삶의 환희에 대해서 논하고 있다.

"천사가 낫을 땅에 휘둘러 땅의 포도(우상을 숭배하고 기독교인들을 핍박한 자들)를 거두어 하나님의 진노의 큰 포도주 틀에 던지매 성 밖에서 그 틀이 밟히니 틀에서 피가 나서 말굴레까지 닿았고, 일천육백 스타디온에 퍼졌더라."(계 14:19-20) "(…)전에도 계셨고 시방도 계신 거룩하신 이여 이렇게 심판하시니 의로우시도다. 저희가 성도들과 선지자들의 피를 흘렸으므로 저희로 피를 마시게 하신 것이 합당하니이다(…)"(계 16:4-6) "(…)로마가 행한 일에 대하여 갑절로 갚아 주시리라(…)"(계 18:1-8) "(…)또 내가 보니 예수의 증거와 하나님의 말씀을 인하여 목 베임을 받은 자의 영혼들과 또 짐승과 그의 우상에게 경배하지도 아니하고 이마와 손에 그 표를 받지도 아니한 자들이 살아서 그리스도로 더불어 천년 동안 왕노릇 하니"(계 20:4) "또 내가 새 하늘과 새 땅을 보니 처음 하늘과 처음 땅이 없어졌고 바다도 다시 있지 않더라. (…) 하나님이 저희와 함께 거하시리니 저희는 하나님의 백성이 되고 하나님은 친히 저희와 함께 계셔서 모든 눈물을 그 눈에서 씻기시매 다시 사망이 없고 애통하는 것이나 곡하는 것이나 아픈 것이 다시 있지 아니하리니 처음 것들이 다 지나갔음이러라. (…) 이루었도다 나는 알파와 오메가요 처음과 나중이라 내가 생명수 샘물로 목마른 자에게 값없이 주리니 이기는 자는 이것들을 유업으로 얻으리라 나는 저의 하나님이 되고 그는 내 아들이 되리라. 그러나 두려워하는 자들과 믿지 아니하는 자들과 흉악한 자들과 살인자들과 행음자들과 술객들과 우상 숭배자들과 모든 거짓말하는 자들은 불과 유황으로 타는 못에 참예하리니(…)"(계 21:1-8)

〈요한계시록〉은 이단 종파들이 흔히 그랬듯이 세상 종말의 정확

한 시간 계산이나 천국의 풍경 묘사를 위한 미신적이고 신비주의적
인 책이 아니다. 〈요한계시록〉은 하나님의 공의가 반드시 이루어지
고 함께 더불어 사는 생명의 환희가 넘쳐나는 하나님의 나라가 성
취될 것임을 선언하는 완결편이다.

제6절 해석을 요하는 포괄적 지침서

전자 제품을 구입하게 되면 그것을 어떻게 사용할 것인지를 알려
주는 구체적인 사용 설명서가 따라온다. 그러나 성경과 기독교윤리
의 관계는 이와 다르다. 인간의 삶과 역사 속에 임재하는 하나님에
대한 체험을 기록해 놓은 성경은 기독교윤리에 있어서 가장 중요한
근거가 되는 기본적인 교과서이기는 하지만, 이상에서 살펴보았듯
이 현대인들의 삶의 모든 상황에 문자적으로 적용할 수 있는 구체
적 행동 방법을 적어 놓은 윤리 교범서는 아니다. 성경은 정의와 평
화를 이룩하며 함께 더불어 사는 삶의 환희가 넘쳐나게 하라는 하
나님의 뜻에 합당하게 행동하기 위해서는 어떻게 해야 되는지에 대
한 포괄적인 행동 원칙들을 제시해 주는 지침서의 역할을 한다.

성경의 주인공들이 오늘날과는 사뭇 다른 시대적·정치적·경제
적·문화적·과학적 상황들에 처해 있었다는 사실을 감안할 때, 성
경으로부터 오늘날 우리의 삶의 여건들에 적합한 행동 지침들을 찾
아내기 위해서는 성경의 제반 상황들과 성경에 내포되어 있는 복합
적인 윤리 원칙들에 대한 심도 있는 분석과 해석이 필요함을 잊어
서는 안 될 것이다. 더 나아가 건전하고 합리적인 윤리적 판단을 위
해서는 성경 이외에도 일반윤리학이나 자연과학·인문과학·사회과

학 같은 제반 분야의 도움도 받을 필요가 있음을 명심하여야 할 것이다.

【참고 문헌】

Beach, Waldo and Niebuhr, H. Richard *Christian Ethics: Sources of the Living Tradition*, 2nd ed., New York: The Ronald Press Company, 1973.

Birch, Bruce C., Rasmussen, Larry L. *Bible and Ethics in the Christian Life*, Minneapolis, Minnesota: Augsburg Publishing House, 1976.

Curran, Charles, 〈Dialogue with the Scriptures: The Role and Function of the Scriptures in Moral Theology〉, in *Catholic Moral in Dialogue*, Notre Dame: Fides, 1972.

Guinan, Michael D., O. F. M., *The Pentateuch*, Collegeville, Minnesota: The Liturgical Press, 1990.

Gustafson, James, 〈Christian Ethics〉, in Paul Ramsey, ed., *Religion*, Englewood Cliffs: Prentice-Hall, 1965.

Harrelson, Walter J., *The Ten Commandments and Human Rights*, Philadelphia: Fortress Press, 1980.

Kim, Hee-Soo. 〈Roots of Han(한(恨)) and Its Healing: A Study of Han from the Perspective of Christian Ethics〉, Ph. D. dissertation, Graduate Theological Union, 1994.

Spohn, William C. S. J., *What Are They Saying about Scripture and Ethics?*, New York and Ramsey, N. J.: Paulist Press, 1984.

Wogaman, J. Philip, *Christian Ethics: A Historical Introduction*, Louisville,

Kentucky: Westminster/John Knox Press, 1993.

조지아 하크니스 저, 김재준 역, 《기독교윤리학》, 서울: 대한기독교서회,
1992.

제3장
기독교윤리와 자연법

제1절 자연법 이론의 특징

윤리학에서 사용하는 자연법(natural law)이라는 개념은 모든 인간이 나면서부터 타고났으며 인간의 내면에 새겨져 있는 도덕법으로서 옳고 그름 판단의 보편적 근거가 되는 근본 원칙을 의미하며, 자연 세계를 움직이고 있는 일반적인 자연의 법칙(the law of nature)과는 구별되어야 한다. 기독교 전통은 자연법을 하나님께서 모든 인간의 가슴, 양심, 또는 마음속에 태어날 때부터 새겨 준 정의의 법칙 또는 도덕 법칙 등으로 이해하여 왔다. 로마가톨릭 교회의 신학적 전통은 자연법의 존재를 강하게 인정하고 있으며, 그것을 인간이 초자연적인 계시의 도움 없이도 이해할 수 있는 도덕법으로 보았다. 개신교의 신학적 전통도 일반적으로 자연법을 인정하고 있으나, 타락으로 인하여 인간 이성의 능력이 상실 또는 약화되었다고 생각하기 때문에, 자연법을 인식하는 능력도 매우 약화되었다고 여겨 초자연적인 계시의 도움을 필요로 한다고 본다.

자연법에 대한 논의는 헬라 시대의 스토아철학으로 소급된다. 이들은 인간 안에 있는 이성을 긍정하였으며, 이것을 자연법과 연결시켰다. 그들은 관습이나 인간들이 만들어 낸 실정법보다 더 근본적이고 보편적인 도덕률의 근거로서 자연법을 생각하였다. 헬라철학의 자연법 사상이 기독교 신학과 연계되면서 기독교 전통은 우주를 창조한 하나님이 우주를 다스리기 위한 법을 수여했다고 여기게되었다. 기독교의 신학적 전통은 하나님과 인간 사이의 연결성을인식하고 하나님의 법이 인간의 마음속에도 기록되어졌다고 생각하였다. 그리하여 그들은 자연 세계에 그것을 운용하는 자연 법칙이주어진 것처럼, 선악과 옳고 그름을 판단하는 기준이 되는 합리적이고 도덕적인 자연법이 인간의 마음속에도 주어졌다고 이해하고,이성을 통하여 그것을 인식할 수 있다고 믿었다. 그리고 이 자연법은 시공과 문화를 초월하여 모든 사람들에게 적용할 수 있는 도덕의 보편적 토대로 간주되기도 한다.[1]

자연법 이론은 어떤 특징을 가지고 있는가? 존 피니스는 자연법이론들이 인식론자들이나 객관주의자들이 주장하는 광범위한 윤리이론들과 다른 점을 네 가지 측면에서 설명한다.[2]

첫째, 자연법 이론들은 지식, 생명과 건강, 우정 등과 같은 인간의 기본적인 선들을 실천이성의 실재적인 첫번째 원칙의 핵심으로간주한다는 점에서 의무론적이고 규범론적인 칸트적 윤리 이론들

---

1) Austine Fagothey, *Right and Reason*(Saint Louis: The C. V. Mosby Company, 1963), p.125; Gerard J. Hughes, 〈Natural Law〉, *The Wesminster Dictionary of Christian Ethics*, ed., by James F. Childress and John Macquarrie(Philadelphia: The Westminster Press, 1986), p.412; 나학진, 〈자연법과 윤리: 로마가톨릭교회와 개신교의 입장을 비교하면서〉, 박봉배 외 편, 《기독교윤리학 개론》(서울: 대한기독교서회, 1987), pp.172-174.

2) John Finnis, 〈Natural Law〉, *Routledge Encyclopedia of Philosophy*(London and New York: Routledge, 1998), Vol. 6, 687.

과 구분된다. 토마스 아퀴나스에 의해서 더욱 일반적으로 전개된 아리스토텔레스의 논리에 의하면 어떤 물체의 속성에 대한 지식은 인식적으로 추론되는 것이다. 즉 인간의 경우, 한 사람의 속성은 인간의 의지와 행동의 목적이 되는 기본적인 선들을 인지함으로써 이해되어지는 것이다. 다시 말해서, 이 기본적인 선들이 한 사람의 행동에 근본적인 이유들을 제공하며 한 사람이 어떤 선택을 하는 데 있어서 이성적인 관심을 갖게 하는 모든 것들에 이유를 제공한다는 말이다.

토마스 아퀴나스는 "이성은 인간의 기호 또는 성향(inclinations)이 천부적으로 추구하는 모든 것을 선으로 이해하며, 또한 추구해야 할 목적으로 간주한다"고 말한다.[3] 자연법의 첫번째 원칙들은 성향이 아니라 행동의 이유로서 이해되는 인간의 근본적인 선 또는 목적들이다.

둘째, 자연법 이론들은 도덕적 진리들이 본질적으로 '직관'에 의해서 알게 된다고 주장하는 직관론적 윤리 이론들과 구분된다. 자연법 이론들은 판단을 위한 정보와 근거 자료들을 필요로 하지 않는 통찰인 직관과는 달리, 실천적인 지식의 자명한 원칙들을 근거로 한 통찰력에 의거하여 도덕적 진리들을 인식한다. 자연법 이론들은 의무와 권리에 대한 특정한 도덕적 판단은 더 상위의 원칙을 적용하거나 세밀하게 구체화시킴으로써 이루어진다고 주장한다. 도덕적 판단의 첫번째 원칙은 자연적이고 감각적인 욕구와 감정적 반응들을 근거로 한 통찰력에 의해서 알게 된다.[4]

---

3) Thomas von Aquinas, *Summa Theologiae*(이하 *S. T.*), I-II, Q. 94, art. 2.
4) *Ibid.* cf. *Ibid.*, I, Q. 85, articles. 1, 2.

셋째, 자연법 이론들은 옳은 것과 정의에 대한 어떠한 집단적인 개념과도 구분된다. 왜냐하면 자연법 이론들은 인간의 모든 행동이 효과적인 수단이 될 수 있는 어떤 하나의 목표를 주장하지 않으며, 그것에 근거하여 단순하게 어느것이 더 좋거나 나쁜 것이라고 할 수 있는 양자택일적인 선택 가능성을 제시할 수 있는 하나의 가치를 주장하지도 않고, 다른 원칙들이나 규범들을 고려함이 없이 그 하나로서 숙고와 선택을 인도할 수 있는 원칙을 제시하지도 않는다. 오히려 자연법 이론들은 그 중 어느것도 단순하게 다른 기본적인 선이나 목적들의 수단이나 일부분이 되지 않는 인간의 수많은 기본적인 선이나 목적들을 인정할 것을 주장한다.

넷째, 자연법 이론들은 전형적으로 토론의 규범적인 규칙과 체계를 명확히 하고 서술적이고 설명적인 사회학 이론들(정치학·경제학·법 이론 등)의 방법 또한 명확히 할 것을 주장하는 점에 있어서 다른 윤리 이론들과는 다르다. 자연법 이론들은 어떻게 하면 인간 사회와 그 사회의 핵심적인 개념들이 환상의 개입 없이 일반적인 방식으로 최상으로 이해될 수 있을 것인가에 관심을 가진다.

이제 신학적인 측면에서 자연법 사상에 근본적인 기초를 놓았으며, 이 분야에 있어서 로마가톨릭 교회 전통의 대표적인 신학자인 토마스 아퀴나스와 개신교 전통의 주요 종교개혁가들인 루터·멜란히톤·츠빙글리·칼뱅의 사상을 중점적으로 살펴봄으로써 기독교 전통에 있어서의 자연법 사상의 핵심에 대해서 알아보기로 하겠다.

제2절 로마가톨릭 교회 전통:
토마스 아퀴나스(1225-1274)

  토마스 아퀴나스의 독특한 업적은 아리스토텔레스의 철학과 기독교 신학을 종합한 것이다. 그는 아리스토텔레스의 철학적 방법(지식과 목적론 및 인과율의 개념)을 사용하여 하나님이 존재한다는 것을 입증하고자 하였다. 그는 신앙에 의존함이 없이 자연에 대한 이성적·논리적 분석을 통해 최고선 및 우주의 지적 통치자를 현세적인 존재의 필연적인 근거로 가정하였다.[5] 토마스 아퀴나스는 모든 사람이 이성을 부여받았으므로 초자연적인 은혜의 도움 없이도 자연 이성을 통하여 하나님이 존재한다는 것과 모든 피조물들의 첫번째 원인자로서 하나님이 소유해야 하는 특성들에 대해서 알 수 있다고 보았다. 하지만 하나님이 삼위일체적인 존재라는 것과 같은 그에 대한 더 완전한 지식은 초자연적인 은혜를 통해야만 알 수 있게 된다고 말한다. 그러나 그는 이승의 삶 내에서는 어느 누구도 하나님에 대해서 완전하게 이해할 수 없다고 본다.[6]

  아리스토텔레스와 마찬가지로 토마스 아퀴나스는 인간 삶의 궁극적 목적을 행복이라고 여겼으며, 이를 성취하기 위해서 복지와 덕행이 필요하다고 보았다. 그리고 이 복지와 덕행을 위한 원칙으로

---

  5) S. T., I, Q. 2, art. 3. 토마스 아퀴나스 시대 직전에 아리스토텔레스의 철학이 재발견되었으며 오랫동안 기독교 신학을 지배해 온 플라톤적이고 아우구스티누스적인 전통에 대한 도전으로서 큰 선풍을 일으키고 있었다. Waldo Beach and H. Richard Niebuhr, *Christian Ethics: Sources of the Living Tradition*, p.203.
  6) S. T., I, Q. 12, articles. 12, 13. Thomas von Aquinas, *Summa contra gentiles*, bk. 1, chapters 3, 4, 7.

서 하나님이 일곱 가지 내적인 덕(네 가지 자연적인 덕과 세 가지 신학적인 덕)과 네 가지의 법을 주었다. 이러한 법을 준 궁극적 목적은 인간의 행복뿐만 아니라 우주적 행복의 성취에 있다고 보아야 할 것이다.

먼저 토마스 아퀴나스는 선한 삶을 위한 일곱 가지 내적인 덕을 가정하였는데, 첫째는 자연적인 덕으로 계시와 신앙과는 전혀 별도로 이성적인 자연인에 의해 수행될 수 있는 것으로서, 자연적인 네 가지 덕, 즉 절제(temperence) · 용기(courage) · 지혜(wisdom(또는 신중함(prudence))) 그리고 정의(justice)가 그것이다. 둘째는 세 가지 신학적인 덕으로 믿음 · 소망 · 사랑인데, 이 세 가지 덕은 인간으로 하여금 하나님 자신을 지향토록 했다.

토마스 아퀴나스는 하나님이 이러한 내적인 덕에 더하여 복지와 덕행을 위한 외적인 지침을 주었다고 보았으며 이것을 네 가지 법, 즉 영원한 법, 자연법, 인간의 법, 하나님의 법으로 설명하였다.

1) 영원한 법(eternal law): 하나님의 마음속에 있는 것으로서 궁극적이고 초월적인 법이며 우주의 '청사진' 이다.

우주는 하나님의 섭리, 즉 신적인 이성에 의해서 통치된다. 그러므로 사물의 통치 계획은 우주의 주권자인 하나님 안에 있는 것인데 법의 성격을 띤다. 신적 이성은 아무것도 시간에 의해 인식하지 않으며, 오직 영원한 개념만 갖고 있기 때문에 이런 방식의 법은 마땅히 영원한 법이라고 해야 한다.[7]

---

7) *S. T.*, I–II, Q. 91, art. 1.

하나님은 그의 지혜로 모든 것의 창조자가 되며, 마치 기능공이 그의 기술의 산물을 주장하듯이 만물을 주장한다. (…) 그러므로 영원한 법은 모든 행동과 운동의 감독자로서 바로 신적 지혜의 계획인 것이다.[8]

2) 자연법(natural law): 자연법은 이성적인 피조물들 속에 새겨진 하나님의 지혜이다. 이 법은 영원한 법이 창조 세계 안에 구현된 것이며, 인간의 이성에 의해서 이해되고 분별될 수 있다.

하나님의 섭리에 복종하는 모든 사물들은 영원한 법에 의해 지배받고 판단받는다. 모든 사물들에 새겨져 있는 영원한 법으로 인하여 모든 사물은 각자에게 적절한 행동과 목적을 추구하는 성향을 가지게 된다. 이러한 성향을 볼 때 모든 사물이 특정한 방식으로 영원한 법에 참여하고 있음이 분명하다.

이성적 피조물 안에는 영원한 법이 참여해 있으며, 영원한 법의 참여에 의해 이성적 피조물은 정당한 행동과 목적을 위한 본성적인 성향을 가지게 된다. 이성적인 피조물이 영원한 법에 참여하는 것을 자연법(인간의 본성 안에 본래적으로 주어져 있는 법)이라고 부른다. 그러므로 자연법이란 바로 영원한 법이 이성적인 피조물 안에 참여하는 것이다.[9]

이성적 피조물은 두 가지 방식으로 영원한 법에 종속되어 있다. 첫째로 이성적 피조물은 영원한 법에 대한 어떤 개념을 갖고 있으며,

---

8) *Ibid.*, Q. 93, art. 1.
9) *Ibid.*, Q. 91, art. 2.

둘째로 모든 이성적 피조물에게는 영원한 법과 일치하는 일련의 행위를 하고자 하는 경향이 있기 때문이다.[10]

자연법의 첫째 계율은 "선을 추구하고 실천하며 악은 피하라"는 것이다. 자연법의 다른 모든 계율들은 이것에 근거한다.[11]

3) 인간의 법(human law): 인간에 의해 제정된 성문법이며 실정법이다. 인간의 법은 인간에 의해서 만들어지지만, 그 타당성을 인정받으려면 자연법에 근거하여야만 한다.

사변적인 이성을 통해 본성적으로 알지만 증명할 수 없는 원리들로부터 본성적으로 우리에게 주어져 있는 것이 아니라 이성의 노력에 의해 얻어지는 여러 지식의 결론을 끌어내는 것과 마찬가지로, 인간의 이성은 공통된 증명할 수 없는 자연법의 법칙으로부터 어떤 문제에 대한 보다 특수한 결론을 끌어낼 필요가 있다. 인간의 이성에 의해 고안된 이러한 특수한 결정을 인간의 법이라 할 수 있다.[12]

4) 하나님의 법(divine law): 이것은 성경에 계시된 특별한 법이다. 하나님의 법은 부분적으로는 이성에 의해서 파악되는 자연법과 병행하지만 부분적으로는 그것을 초월한다. 인간의 이성이 타락하였기 때문에 하나님의 법의 도움을 필요로 한다. 자연법과 인간의 법이외에 인생을 인도하기 위해서 하나님의 법이 필요하다.

---

10) *Ibid.*, Q. 93, art. 6.
11) *Ibid.*, Q. 94, art. 2.
12) *Ibid.*, Q. 91, art. 3.

예기치 않은 특수한 문제에 대한 인간의 판단이 불확실하기 때문에 사람들은 각기 상이한 판단을 하고 그에 따라 서로 상이한 모순된 법을 만든다. 이러한 모순을 피하고 확실한 근거 위에서 행동할 수 있기 위해서는 하나님으로부터 주어진 법의 인도를 필요로 한다.

인간은 외적으로 나타나는 움직임에 대해서만 판단할 수 있고 숨겨져 있는 내면적인 행동에 대해서는 판결할 수가 없다. 그러나 덕이 완전해지기 위해서는 행위의 양면이 다 옳아야 한다. 그러므로 인간의 내적인 행위를 충분히 제어하고 지도하기 위해 하나님의 법이 첨가될 필요가 있다.[13]

토마스 아퀴나스는 윤리에 있어서의 합리성과 이성의 역할을 강조하며, 윤리적 판단에 있어서 이성의 역할이야말로 인간을 도덕적 존재로 만들어 주는 근거라고 본다. "인간 행동을 다스리고 판단하는 것은 이성이다. 목적을 제시하는 것은 이성에 속하며 이성이 행위의 제1원리이다. 따라서 법은 이성의 어떤 기능이어야 한다."[14] 그는 지적인 덕과 도덕적인 덕이 모두 다 이성과 조화를 이루어야 한다고 보았다.[15]

그러면 자연법은 모든 사람에게 항상 동일한가? 토마스 아퀴나스는 특정한 상황에 따라서 그것의 이해와 적용에 차이가 생겨날 수

---

13) *Ibid.*, Q. 91, art. 4.

14) *Ibid.*, Q. 90, art. 1.

15) *Ibid.*, Q. 57, art. v, Q. 58, articles. 2, 3, 4.
"덕행을 위해서는 지적인 덕의 습관에서 잘 처리된 이성뿐만 아니라 도덕적 덕의 습관에 의해서 잘 처리된 욕망적 힘도 또한 요청된다. 그런데 욕망이 이성과 다른 것 같이 도덕적인 덕도 지적인 덕과 다르다. 따라서 욕망이 어떤 방식으로든지 이성을 취함으로써 인간 행동의 원리가 되듯이 도덕적 습관도 이성과 조화를 이룸으로써 인간적인 덕의 특성을 지니게 된다." *S. T.*, I–II, Q. 58, art. 2.

있다고 생각하였다. 자연법은 그것의 일반적인 첫번째 원칙들에 관한 한 옳은 행동의 기준으로서 모든 사람에게 동일하며, 또 동일하게 이해되어진다. 그러나 구체적인 경우들로 들어가게 되면 옳은 행동의 기준으로서나 그것을 이해하는 데 있어서 예외들이 발생할 수 있다. 그 원인은 인간의 이성이 정욕이나 나쁜 습관들로 인해서 타락하였거나 자연의 악한 특성 때문이다. 예를 들면 빌린 돈은 갚는 것이 원칙이다. 그러나 그 돈을 빌려 준 사람이 그 돈으로 전쟁을 일으키려 한다면, 돈을 갚는 것은 불합리한 일이 될 것이다.[16]

제3절 종교개혁가들의 자연법 사상

교부들, 스콜라주의자들, 종교개혁가들, 교회법 학자들은 성경이 자연법의 존재를 확실히 입증하는 것으로 보았다.[17] 보하텍은 〈로마서〉 2장 14-5절이 전체 기독교 전통과 모든 종교개혁가들이 자연법에 대한 논의를 시작하는 출발점이라고 말한다.[18] 그리고 맥닐은 〈로마서〉 1장 19-22절과 2장 14-15절에 대해서 어떻게 해석하느냐에 따라 자연법에 대한 각자의 태도가 달라진다고 말한다.[19]

자연법과 관련해서는 종교개혁가들과 그 이전 학자들 사이에 사

---

16) S. T., Q. 94. articles. 4, 5, 6.

17) John T. McNeill, 〈Natural Law in the Teaching of the Reformers〉, *The Journal of Religion*, XXVI(1946), p.168.

18) J. Bohatec, *Calvin und das Recht*(Feudinger, 1934), p.5.

19) John T. McNeill, 〈Natural Law in the Teaching of the Reformers〉, p.181.

실상 단절이 없다. 어느 종교개혁가도 자연법에 대해서 심하게 공격하지 않았으며, 모두가 인간의 마음속에 심어진 도덕법(자연법)을 기꺼이 인정한다. 종교개혁가들은 자연법을 그들의 정치적·사회적 가르침의 뼈대로 삼았다.[20] 이제 개신교 신학 전통의 근원이 되었고, 그 방향을 설정한 주요 종교개혁가들의 자연법에 대한 이해를 살펴보도록 하자.

1. 마르틴 루터(1483-1546)

마르틴 루터는 《로마서 강해》(1513-15)의 〈로마서〉 2장 15절에 대한 주석에서 "자연법은 인간의 마음에 천부적으로, 그리고 지울 수 없도록 찍혀 있다(impressa)"라고 선언한다.[21] 그는 또한 십계명에 나타나는 신을 경배하고 이웃을 사랑해야 한다는 보편적 지식인 자연법이 존재한다고 믿었으며, 그것이 모든 인간에게 적용되어야 한다고 생각하였다.[22] 그는 "세계에 평화와 질서가 존재하기 위해서는 터키인들과 유대인 그리고 이방인들조차도 보편법, 성경의 신성한 법, 그리고 자연법을 지켜야만 한다"고 주장한다.[23]

루터는 자연법과 기독교의 율법을 구분하였다. 봉기를 일으킨 민

---

20) *Ibid.*, p.168.

21) Martin Luther, *Vorlesung zum Römerbrief*, ed., by J. Ficker(Leipzig, 1908), p.20.

22) Martin Luther, *Die erste Disputation gegen die Antinomer*(1537), *Werke*(이하 W. A., Weimar Ausgabe), XXXIX, Part I, p.374.

23) Martin Luther, *Admonition to Peace*(1525), W. A., XVIII, pp.304, 310f.; *Works of Martin Luther*, IV(Philadelphia, 1931), pp.207, 226f.

중들을 비판하고 있는 《평화를 위한 권면》(1525)에서 이것을 볼 수 있다. 루터는 농민들이 스스로가 재판관이 되고 스스로 복수를 하였는데, 이러한 태도는 "기독교의 율법과 복음에 어긋날 뿐만 아니라 자연법과 형평법에도 어긋나는 것"이라고 비판한다.[24] 루터는 신이 유대인들을 사용하여 인류를 개조시키기 위해 그들에게 십계명을 부수적으로 주셨다고 보았다.[25] 루터는 유대인들은 하나님이 시내 산에서 모세를 통하여 준 율법을 가지고 있지만, 다른 국가들은 자연법에 근거한 국법들을 가지고 있다고 보았다. 예를 들면 작센인들은 중세기의 가장 권위 있는 법전인 작센법전(Sachsenspiegel)을 가지고 있으며, 그것에 의해서 재판하는 것이다.[26]

그렇다면 루터는 무엇이 자연법이라고 생각하였는가? 다음 내용이 대답을 제시할 것이다. 루터는 '하나님에 대한 사랑과 이웃에 대한 사랑'을 언급한 두 가지 큰 계명과 같은 예수님의 몇몇 가르침들이 자연법 안에 포함되어 있다고 생각하였다. 루터는 그 당시의 전통대로 황금률을 자연법으로 받아들였다.[27] 루터는 《고리대금업에 대한 설교》(1520)에서 "남에게 대접을 받고자 하는 대로 너희도 남을 대접하라"고 한 〈누가복음〉 6장 31절과 "그러므로 무엇이든지

---

24) Martin Luther, *Admonition to Peace*(1525), W. A., XVIII, 304.

25) Martin Luther, *Auslegung von der zehn Geboten, Sämmtliche Werke*(이하 Erlangen), XXXVI, Part IV, i.

26) Martin Luther, *Eine Epistel aus dem Propheten Jeremia von Christi Reich und Christlicher Freiheit ausgelegt*(1527), *Erlangen*, XLI, 216.

27) 황금률을 자연법 안에 포함시키는 것은 전통적인 것이었다. Gratian은 그의 책 Decretum의 시작 부분에서 자연법이 "율법서와 네가 대접받고 싶은 대로 남을 먼저 대접하라고 한 복음서에 포함되어 있는 것"으로 규정하였다.《*Decretum* I. 1.》 루터도 습관적으로 이와 같은 견해를 피력하고 있다. John T. McNeill, 〈Natural Law in the Teaching of the Reformers〉, p.170.

남에게 대접을 받고자 하는 대로 너희도 남을 대접하라 이것이 율법이요 선지자니라"고 한 〈마태복음〉 7장 12절을 '그리스도께서 선언하신 자연법'으로 제시한다.[28] 다른 곳에서 그는 이 황금률이 "세계의 어느곳에서나 통하고, 모든 사람들에게 잘 알려져 있으며, 모든 사람의 가슴에 새겨져 있는 법"을 표현하고 있다고 말한다.[29]

이 아이디어는 그의 정치 사상에 있어서 중요한 글인 《세속 권세에 대한 논문》(1523)에 사용되었다. "자연도 사람과 마찬가지로 내가 대접받고 싶은 대로 내가 먼저 행해야 한다고 가르친다." 재산 문제와 관련해서도 "사랑과 자연법이 항상 실현될 수 있도록" 그렇게 다른 사람에게 대해야 한다고 말한다. 모든 법과 그 해석자들 위에 상호 부조적인 사랑이라는 자연법이 서 있는 것이다. "비록 모든 법률 서적을 탐독하고 법학자들을 경청하였을지라도, 만약 사랑과 자연법을 무시한다면 당신은 결코 하나님을 기쁘게 해드릴 수 없을 것이다."[30]

루터는 《갈라디아서 주석》(1535)에서 인간의 가슴이 매우 죄악됨을 지적하면서 자연법 개념에 대한 자신의 주장의 강도를 약화시켰다. 여기에서 그는 이성에 대해 매우 부정적으로 말하고 있다. 모든 인간은 "그들의 마음에 새겨진 어떤 자연적 지식(남이 자신에게 해주기를 바라는 대로 자신들이 남에게 행해야만 한다는 것을 아는 지

---

28) Martin Luther, *Great Sermon on Usury*(1520), W. A., VI, 49; *Works of Martin Luther*, IV, 53.

29) Martin Luther, *Kurze Auslegung der Epistel an die Galater*(1525), on Gal. 1:14, *Werke*, ed., Walch, IX, 302. cf. W. A., XVIII, 80f.: "그리스도 자신이 또한 이 자연법 안에서 모든 선지자들과 율법들을 이해한다."

30) Martin Luther, *Treatise of Secular Power*(1523), W. A., XI, 280; *Works of Martin Luther*, III, 272-73.

식)"을 가지고 있는데, 이 '자연법'이 '인간의 법의 기초'이다. 그러나 인간의 이성은 "너무 타락하고 장님이어서 그것이 타고난 지식을 이해하는 데 실패하거나 그것을 의도적으로 거부하거나 혐오한다"고 말한다.[31]

그러나 루터는 정치와 공법에 대해서 직접적으로 다룰 때는 자연법을 매우 중요하게 취급하며 이성 자체를 더 높이 평가한다. 〈출애굽기〉 18장을 해설하면서 루터는 심지어 세상적인 정부의 운영에 있어서는 이방인들이 기독교인들보다 더 우수하다고 말한다. "왜냐하면 성경이나 사도들의 지도가 없어도 이성이 그들에게 살인자와 도둑을 처벌하라고 가르치기 때문이다."[32] 루터의 〈시편〉 101편 강해 역시 이방인들의 법과 통치에 있어서의 (고전적) 지혜를 호감을 가지고 다루고 있다. "세상적 통치에 대해서 배우고 전문가가 되기를 원하는 사람은 이방인들의 책들과 기록들을 읽어라. 옛 제국의 법들 역시 그것들로부터 유래된 것이었다." 특별히 그는 호메로스·플라톤·아리스토텔레스·데모스테네스·베르길리우스·키케로·리비우스·울피아누스를 하나님이 이방인들에게 주신 교사, 즉 "세상적 정부들을 위해서 주신 사도·선지자·신학자·설교자들"이라고 말한다. 성경이 "천국에서 누릴 영원한 삶을 위한 믿음과 선행에 대해서 가르치는 것처럼" 이방인의 책들은 "현세적인 선을 위한 덕과 법, 지혜를 가르쳐 준다"고 말하고 있다.[33]

자연법에 대한 루터의 생각은 그의 전 생애를 통해 큰 변화가 없었지만 그 원칙을 적용하는 데 있어서는 약간씩 차이가 있다. 루터

---

31) Martin Luther, *Commentary on Galatians*(1535), W. A., XL, Part II, p.66f.
32) Martin Luther, *Erlangen*, XXXV, pp.383-84.
33) Martin Luther, *W. A.*, LI, pp.242-43.

는 20대의 글에서는 민중 봉기를 일으킨 자들을 비판하기 위해 자연법을 사용하였으며, 황제가 신으로부터 권력을 부여받았다고 말하면서 그 권력에 복종해야 한다고 강조한다. 그는 황제와 군주들을 자유롭게 비판하지만 그들의 권력이 하나님에 의해서 주어진 것이라고 말한다. "그들이 비록 지상에서 가장 어리석고 무뢰한 악한들이지만 (…) 하나님이 세운 교도관들이요 형집행자들이다. 하나님의 분노를 대신하여 사악한 자들을 처벌하고 사회의 평화를 유지하기 위해 그들을 필요로 한다."[34]

그러나 1530년의 아우스부르크 의회의 결정은 찰스 5세가 루터와 그의 친구들에게 강한 적개심을 가지고 있음을 보여 주었다. 이것을 알게 된 후로 황제로서의 찰스에 대한 루터의 충성심이 흔들리게 되었다. 루터는 압제적인 황제에게 합법적으로 항거할 수 있음을 인정하게 되었으며,[35] 루터는 황제에 대항하는 강한 조직을 만들기 위해 그 동료들과 함께 선언문을 작성하였다. 그 선언문의 내용은 최고 통치자가 압제적이고 비성서적일 때에는 하위 정부 조직들이 통치자에게 대항할 수 있는 자연권을 가지고 있다고 강하게 주장하였다. 1539년 1월에 루터는 요나스(1493-1555)·부처(1491-1551)·멜란히톤(1497-1560)과 함께 그러한 항거를 인정하는 각서에 서명하였다. 이 각서는 자연법에 입각하여 군주들이 불공정한 통치자와 황제에 대항하여 자신들이 다스리고 있는 백성들을 보호할(특히 종교적인 문제에 있어서) 의무와 권리를 주장하고 있다. 물

---

34) Martin Luther, *Treatise of Secular Power*(1523), *W. A.*, XI, 268; *Works of Martin Luther*, III(1930), 258.

35) 다음에 나오는 증거를 보라. A. J. and R. W. Carlyle, *Medieval Political Thought in the West*(Edinburg and London: W. Blackwood, 1903-36), VI, p.282.

론 이 각서는 개인적인 동기에서의 저항이나 폭동을 일으킬 권리는 주장하지 않는다. 정치적 권위는 성경과 자연법에 의해서 인정된 것으로 확실하게 주장한다. 그리고 항거할 권위를 인정받은 자들도 역시 성경과 자연법에 의해서 인정받은 것이다. 그들의 저항은 자녀들을 보호하기 위한 아버지의 자연스런 보호 행위와 박해자였으며 압제자였던 리키니우스를 타도한 콘스탄티누스 1세의 행위에 비교되었다. 후자의 경우에 대해서 각서는 그러한 상황 속에서는 최고 통치자와 하위 군주들 사이의 유대 관계가 깨어지는 것은 자연의 권리에 의한 것이라고 서술한다.[36]

맥닐은 루터가 정치적 결정을 내려야 하는 순간마다 습관적으로 자연법을 근거로 삼았다고 보며, 루터에게 있어서 성서와 자연법은 조금도 상충되는 것이 아니라고 보았다.[37]

2. 필리프 멜란히톤(1497-1560)

자연법에 대한 멜란히톤의 생각에는 옛 학자들에 대한 그의 지식이 반영되어 있으며, 많은 주석들에서 그가 참고한 키케로의 영향이 배어 있다. 자연법에 대한 멜란히톤의 관심과 그가 차지하는 영향력의 무게가 초기 개신교 윤리학에 자연법의 위치를 확고하게 만들었다.[38] 그는 〈로마서〉 1장과 2장에서 사도 바울이 자연법을 인정

---

36) E. L. Enders, Dr. *Martin Luther's Briefwechesel*(19 vols.; Frankfort a. M., 1884-1932), XII, p.78ff.

37) John T. McNeil, 〈Natural Law in the Teaching of the Reformers〉, p.172.

38) *Ibid*.

하고 있음을 발견하였으며, 자연법을 하나님의 법으로 보고 있다고 말한다.[39]

멜란히톤은 고전적인 전통대로 법을 자연법, 신법(divine law), 인간의 법으로 분류한다. 그리고 자연법을 "하나님이 모든 사람의 마음에 새겨 주신 것으로서 모든 사람들이 동일하게 동의하는 보편적 판단이며 도덕적 원칙을 형성하기 위해서 주어진 기본적인 법"이라고 정의한다.[40] 이외에도 멜란히톤은 자연법을 여러 가지 표현을 빌려서 정의하는데, "우리의 영혼 속에 하나님에 의해서 심어진 빛이며 우리의 본성 속에 있는 일종의 하나님의 발자국과 가르침"[41] "모든 인간의 가슴속에 내재되어 있으며 기록된 모세의 율법 혹은 십계명과 일치하는 법"[42] "신이 우리 가슴에 심어 준 도덕적 판단을 위한 기준"[43] 등이다. 그리고 그는 이 기준, 즉 자연법이 다음을 의미한다고 말한다. 1) 신에게 반드시 복종해야 한다. 2) 모든 사람들은 사회 속으로 태어나기 때문에 어느 누구도 상해를 당해서는 안 된다. 3) 인간 사회는 모든 것을 공동으로 사용할 것을 요구한다.[44]

그는 신적인 법이 성경에 기록되어져 있다고 하였으며, 의례법·형법·도덕법으로 구별하였다. 십계명의 도덕법은 유대인들에게만

---

39) Philipp Melanchthon, *Loci communes*(1535), *Corpus Reformatorum*(이하 C. R.), XXI, 687f., 711f.

40) Philipp Melanchthon, *Melanchtoni opera*, C. R., XXI, pp.23-28, 116ff.

41) Philipp Melanchthon, *Epitome moralis theolgiae*(도덕신학 요약, 1538), C. R., XVI, p.23ff.

42) 그러나 그는 십계명이 하나님에 대한 사랑과 두려움을 요구하는 그 영적인 차원에 있어서 자연법을 능가한다고 말한다. Philipp Melanchthon, *Apology of the Augsburg Confession*(1532).

43) Philipp Melanchthon, *Loci communes*(1521), *Melanchtoni opera*, C. R., XXI, pp.23-28, 116ff.

44) *Ibid.*

해당되는 의례법이나 형법과는 달리 유대인뿐만 아니라 이방인들도 자연법에 대한 지식을 가지고 있기 때문에 이방인들에게도 해당된다고 보았다. 그는 수학 같은 이론적인 공식들처럼 보편적인 개념이라고 불리는 보편적인 원칙들이 있듯이 도덕 법칙들에도 "자연법이라고 정당하게 불릴 만한 보편적인 원칙들, 근원적인 결론, 또는 인간 행동의 규칙들"이 있다고 보았다.[45]

멜란히톤은 이방인들은 자연법의 빛에 의해서, 의롭다 함(죄사함)을 획득할 수는 없지만 '외적인 사회적 업무' 는 수행할 수 있다고 말한다. 율법의 역할은 교사 또는 정치적 역할과 양심을 고발하고 위협하는 역할 두 가지로 설명될 수 있다. 멜란히톤은 이 중 두번째 역할을 우선적인 것으로 간주한다. 율법은 "우리의 육체적 삶[현실 세계에서의 삶]을 위해서 하나님께서 주신 최상의 선물"이며, 이 율법은 불의하고 거듭나지 못한 사람들을 규제하고 "전체 사회의 평화를 위하여" 필요한 것이다.[46]

멜란히톤은 자연법이 "옳은 행동 원칙에 대한 자연적 개념과 이러한 원칙들로부터 도출되는 결론"으로 구성되어 있다고 말한다. 그리고 십계명이 이러한 개념들이 무엇인지를 가장 분명하게 보여 주고 있으며, 또한 십계명은 자연법의 개요이며 요약이라고 본다.[47] 그러므로 그는 자연법을 어기는 것은 하나님의 율법을 어기는 것이며, 참으로 죽음을 면치 못할 죄라고 주장한다.[48]

---

45) *Ibid*.

46) Philipp Melanchthon, *Commentary on Romans*(1532), C. R., XV, 562ff., 577f., 631ff.; Th. Nickel, *Philippi Melanchtonis Commentarii in epistolam Pauli ad Romanos*(Leipzig, 1861), pp.67f., 76f., 83f., 136ff.

47) Philipp Melanchthon, *Epitome moralis theolgiae*, 2nd ed.(1540), C. R., XVI, cols. 63ff., 72.

멜란히톤은 타락으로 인하여 인간의 이해력이 흐려졌으며, 고귀한 것과 비천한 것을 구별하는 우리의 능력이 약화되었다고 본다. 하나님은 인간들에게 자신이 우주의 영원한 정신이며 창조자요 보호자이고, 지혜롭고 선하며 정의롭고 순종해야 하는 분이라는 것을 아는 참된 지식을 주었지만, 인간은 이러한 참된 이해를 상실하였다. 그리하여 불의가 인간을 좌우하게 되고 인간은 마음속에 심어진 하나님의 빛(자연법)에 대항해서 싸우게 되었다. 따라서 인간의 본성은 조화를 상실하고 재난과 악에 처하게 된다.[49] 손상된 상태에 있는 자연 속에서는 신에 의해서 인간의 마음속에 설치된 빛인 자연법 또한 불명료한 상태에 빠지게 된 것이다. 멜란히톤은 그러나 자연법의 상당 부분이 여전히 그대로 유지되고 있다고 보았다.[50]

멜란히톤은 타락한 인간 편에서가 아니라 하나님 편에서 볼 때, 자연법이 "건강한 눈에 비치는 빛처럼 변함없이 동일하다"고 말한다. 그는 넓은 의미에서 자연법을 불변적인 것으로 보는 것이다. 성경에 나타나는 바와 같이 하나님의 간섭에 근거하여 자연법의 도덕적 상대성을 부인하고 핵심적인 요소의 불변성을 주장한다. "하나님이 유일한 자연의 창조자이기 때문에 자연의 법은 온전히 그의 손안에 있다." 그러나 자연법도 상위의 규범과 하위의 규범으로 나뉘며, 하위 규범들 중에는 바뀔 수 있는 것들도 있다. 예를 들면 하나님은 한때 일부다처가 자연법에 어긋남에도 불구하고 이스라엘에

---

48) Philipp Melanchthon, *Commentary on Romans*(1532), *C. R.*, XV, 562ff., 577f., 631ff.; Th. Nickel, *Philippi Melanchtonis Commentarii in epistolam Pauli ad Romanos*(Leipzig, 1861), pp.67f., 76f., 83f., 136ff.

49) Philipp Melanchthon, *Loci communes*(1535), *C. R.*, XXI, pp.687f., 711f.

50) Philipp Melanchthon, *Epitome moralis theolgiae*(도덕신학 요약, 1538), *C. R.*, XVI, 23ff.

있어서의 일부다처제를 수용하였다.[51]

3. 울리히 츠빙글리(1484-1531)

종교개혁가들 중에서 츠빙글리만큼 비기독교학자들의 의로움에 대한 가르침에 대해서 일관되게 관대한 태도를 취하는 사람도 없다. 자연법에 대한 그의 견해는 아마도 주로 기독교인이 아닌 도덕적 스승들에 대한 그의 존경심 자체에 근거한 것으로 설명될 수 있을 것이다. 그는 그들을 아주 진심으로 사랑하였기 때문에 그들을 천국에서 만나게 되기를 원했다. 그러나 죄 때문에 하나님이 각자에게 믿음을 주시지 않으면 저주를 받게 될 것인데, 츠빙글리는 그가 사랑하는 도덕적 스승들이 어떤 경로를 통해서든지 은혜와 믿음의 영역 안에 속해 있다고 주장하였다. 그는 "가장 거룩한 사람인 세네카의 믿음을 존경하지 않는단 말인가? (…) 도대체 누가 이 믿음을 인간의 가슴에 기록하였는가?"라고 질문하며 두번째 질문에 대한 암시적인 대답은 '그리스도'라고 단언한다.[52]

츠빙글리는 '자연법'을 '하나님께서 주신 법'이요 성경에 나오는 법으로 이해하며 이를 '이웃을 위한 법'이라는 말로 표현한다. "이웃을 위한 모든 법은 자연법에 근거해야 한다." '이웃을 위한 법'을 그는 〈마태복음〉 7장 12절 "(…) 남에게 대접을 받고자 하는 대로

---

51) Philipp Melanchthon, *Epitome moralis theolgiae*(1538), *C. R.*, XVI, col. 73.

52) Ulrich Zwingli, *De peccato originali declaratio*(1526); E. Egli, G. Finsler, W. Köhler, et. al., ed., *Huldreich Zwingli: Sämmtliche Werke*(Leipzig, 1934), V, 379; translation in *Latin Works of Zwingli*, ed., S. M. Jackson, II, 12.

너희도 남을 대접하라(…)"와 〈마태복음〉 22장 39절 "(…)네 이웃을 네 몸과 같이 사랑하라(…)"와 동일시한다. 이것과 부합되지 않는 법은 하나님을 어기는 것이다. 재판관 역시 자신의 삶을 자연법에 따라서 살아야 하는 것이다.[53]

그는 자연법이 모든 사람들에게 나면서부터 주어진 것으로 간주한다. 그의 이러한 입장은 〈로마서〉 2장 15절에 대한 그의 이해에서 나타난다. 이는 〈로마서〉 주석에서 그가 쓴 '분명한 자연법'과 '가슴속에 심어진 법' 같은 표현에서 볼 수 있다. 그러나 이 절에 관한 그의 주된 견해는 다음 설명에 잘 나타나 있다: "만일 이교도들이 율법이 그들의 가슴속에 새겨져 있음을 보여 주고 있는 것이라고 한다면…… 바울은 율법의 일을 하는 사람은 믿음의 결과로 그것을 하는 것이라고 전제한다."[54] 츠빙글리는 "심지어 가장 불의한 자들도 정의에 대해 증언한다"고 말함으로써 모든 사람의 마음속에 자연법이 심어져 있음을 주장한다.[55]

츠빙글리는 습관적으로 이방 세계의 선을 몇 명의 깨달은 자들의 정신과 연결지었다. 훌륭한 이방인의 영혼을 은혜의 영역에 속하는 것으로 본 것이다. 그는 플라톤과 피타고라스의 사상이 "신의 마음으로부터 흘러나오는" 요소를 보여 주며 "무시해서는 안 된다"고 주장한다. 이들은 "참된 신의 종교에 대한 신앙을 고백하는 모험을

---

53) Ulrich Zwingli, *Auslegung und Grunde der Schlussreden*(1523), Arts. 38, 39. Text in *Sämmtliche Werke*, II(Leipzig, 1908), 320-33. See also A. Baur, *Zwinglis Theologie*(Halle, 1885), I, 259ff.; J. Kreutzer, *Zwinglis Lehre von der Obrigkeit* (Stuttgart, 1908), pp.19ff.; A. Farner, *Die Lehre von Kirche und Staat bei Zwingli*(Tübingen, 1930), pp.35ff.

54) M. Schuler and J. Schultess, ed., *Opera completa*(Zurich, 1841), VI, Book II, 81.

55) *Ibid.*, VI, 109; *Latin Works*, II, 178. 다른 예들은 다음 책을 보라. O. Dreske, *Zwingli und das Naturrecht*(Halle, 1911), pp.29ff.

시도하지는 않았으나 그 신앙을 마음속에는 가지고 있었던 사람들"
이었다. 츠빙글리는 신앙이 없는 교황이나 그 교황을 보호하는 왕의
운명보다는 소크라테스나 세네카의 운명을 더 선호하였는데, 이는
"비록 소크라테스나 세네카가 참된 신을 알지는 못하였을지라도 순
수한 가슴으로 신을 섬기는 데 열심이었으며, 그때까지 살았던 하급
의 도미니칸들이나 프랜시스칸들보다 거룩하였기" 때문이다.[56]

4. 장 칼뱅(1509-1564)

칼뱅은 인간의 본성적인 재능들이 타락으로 인하여 오염되었다고
한 아우구스티누스의 견해에 동의한다. 인간은 하나님의 형상으로
창조되었는데, 그 형상이 손상되었다. 그러나 완전히 파괴되어 버
린 것은 아니다. 하나님이 주신 것 가운데 남아 있는 것이 거룩함이
나 구원을 위해서는 전혀 가치가 없는 것이지만, 우리의 사회적 관
계에 있어서의 지혜롭고 정의로운 행동을 위해서는 흔히 큰 가치가
있는 것으로 간주되었다. 비록 쇠약해지기는 했지만 인간의 이성은
여전히 선악을 구별할 수 있다. "어둠 속에서 빛나는 빛이 이해되지
는 않는다," 그러나 약간의 번쩍이는 섬광은 여전히 빛나고 있으며
이 빛이 인간이 이성적 동물이요 짐승들과는 전적으로 다른 존재임
을 입증한다. 인간의 지성을 부인하는 것은 성경과 '상식'을 모욕
하는 것이다. 우리 원래의 본성 중에서 남아 있는 이 부분이 왜 법
에 의해서 다스려지는 질서 있는 사회를 인간이 소중하게 가꾸고 보

---

56) *Opera completa*, IV, 93, 123; *Latin Works*, II, 151, 201.

존해야 하는지를 설명해 주며, 왜 국가와 개인들이 모두다 법에 대해서 영구적으로 동의하는지를 설명해 준다. 법의 씨앗은, 교사나 입법자가 없더라도 이미 모든 사람 속에 심어져 있다. 모든 사람이 기본적으로 어떤 일반적인 공평한 규범을 인정하며, 정치적 질서의 씨앗이 모든 사람 속에 심어져 있음과 어느 누구도 이성의 빛이 결여된 사람이 없다는 것은 여전히 진리이다.[57]

〈로마서〉1장 19-22절에 의거하여 칼뱅은 모든 인간이 어떤 형태로든 각자의 가슴에 새겨진 하나님의 표시를 발견한다고 말한다. 하나님은 모든 사람에게 하나님을 알 수 있는 수단을 주셨다. 철학자들뿐만 아니라 모든 인간들이 자신의 이성을 사용하여 하나님의 위엄에 대한 어떤 아이디어를 형성하고자 하는 노력을 해왔다. 그러한 아이디어는 학교에서 교육을 통해서 배워지는 것이 아니라 선천적으로 주어진 것이며, 모든 나라들과 계층들에 보편적인 것이다. 칼뱅은 하나님에 대한 천부적인 추구와 인식이 가지는 일반적인 한계를 부인하지 않지만, 그것의 보편성을 주장한다. 따라서 칼뱅은 〈로마서〉2장 14-15절을 모두가 다 의심할 바 없이 그들의 가슴속에 나면서부터 생성되어져 있는 '정의와 정직에 대한 어떤 개념을' 가지고 있음을 보여 주는 구절로 해석한다. 정의에 대한 이러한 암시 또는 고시들은 "인간의 가슴에 천부적으로 타고난 것이다." 더 나아가 칼뱅은 바울이 "이방인들이" 유대인들을 인도해 준 율법을 "대신하는" "정의에 대한 천부적인 빛(natural light)을 가졌으며," 자기 자신들이 스스로에게 율법이 되었음을 보여 주기 위해서

---

57) Jean Calvin, *Institutes*, II, ii, 12-13; G. Baum, E. Cunitz, and E. Reuss, ed., *Calvini opera*(Brunswick, 1863-1900), II, 195ff.

자연법과 기록된 법을 비교하는 것으로 본다.[58]

자연법에 대한 권위 있는 증언으로서의 십계명의 역사적 역할은 칼뱅의 도덕법에 대한 전체적인 언급에 나타난다. "모든 사람의 가슴에 새겨져 있다고 말할 수 있는 내적인 법은 어떤 면에서 두 돌판(십계명)의 내용을 알기 위해서 필요한 모든 것을 우리에게 가르쳐 주고 있다."[59] 무지함 속에서도 인간은 자연법에 의거하여 무엇이 하나님을 기쁘게 하는 것인지를 알 수 있게 된다. 그러나 "자연법만으로는 너무 애매하기 때문에 확실하게 가르쳐 주기 위해서 하나님은 기록된 법을 우리의 이해와 기억 위에 찍어 주셨다."[60]

이와 유사하게 〈출애굽기〉와 〈신명기〉의 주석에서 칼뱅은 십계명을 하나님에 의해서 기록되어진 자연법으로 간주하고 있다. 율법이 기록되기 전에는 인간은 율법의 요구 사항을 쉽게 잊어버렸다. 하나님이 율법을 기록한 이유는 당신의 진리를 오고 오는 세대에게 영원토록 증거하기 위해서였다.[61] 〈신명기〉 19장에 대한 세번째 설교(1555)에서 칼뱅은 하나님이 이스라엘 민족에게 기록된 율법으로 주신 것을 모든 인간의 가슴에 새겨 주셨기 때문에, 인간들이 모세가 가르치는 것을 전혀 듣지 못하였다고 할지라도 그의 율법을 받게 되었을 것이라고 말한다. 하나님은 인간이 모세의 율법에 담겨져 있는 공평의 원칙을 알지 못할 정도로 그렇게 미개하게 되는 것을 원치 않는다. 모세의 율법과 이방인들의 관습 사이의 공통점들

---

58) Jean Calvin, *Commentary on Romans*(1539); *Opera*, XLIX, 23ff., 37f.

59) *Institutes*, II, viii, 1; *Opera*, II, 267.

60) *Ibid*.

61) Jean Calvin, *Mosis reliqui libri quattuor*(1563); *Praefatio in legem*(on Deut. 31:10); *Opera*, XXIV, 230.

은 타고난 정의감과 양심으로부터 생겨난 것이다.[62]

《기독교 강요》의 네번째 책에 나오는 정부에 대한 간략한 공식적 논술에서, 칼뱅은 법을 국가의 근육 또는 국가의 혼이라고 보았다. 그는 명확하게 기독교적이거나 모세의 율법에 근거하지 않은 것들까지도 포함하여 모든 법제도에 순종할 의무가 있다고 주장한다. 또한 그는 '국가의 일반적인 법'에 의해서 다스려지는 국가가 잘 설립된 것임을 부인하는 사람들의 잘못을 비판한다. 이것을 부인하는 것은 '위험하고 선동적인' 논리라고 주장한다. 칼뱅은 모세의 율법을 세 범주, 즉 도덕법·의식법·형법(judicial law)으로 구분하였으며, 도덕법은 하나님에 대한 예배와 인간 상호간의 사랑을 가르친다고 보았다. 도덕법은 "모든 나라와 모든 시대에 있어서 하나님의 뜻대로 자신들의 삶을 설계하는 사람들을 위해서 처방된 진실되고 영원한 정의의 규범"이다. 칼뱅은 모든 국가들은 그들이 '영원한 사랑의 규범'에 따른다는 가정하에, 그들이 생각하기에 편리한 법들을 제정할 전적인 자유를 갖고 있다고 말한다.[63]

그러므로 칼뱅에게 있어서 국가가 인간 상호간의 사랑의 법칙을 구현한다면, 법은 국가의 혼이다. 그는 이것이 성경의 계시에 의존하지 않고 인간의 보편적인 사고에 의해서도 이루어질 수 있다고 생각한다. 제반 법들의 기저에 깔려 있는 원칙은 공평함(equity)이며, 이 법들은 공평함을 구현하기 위해서 만들어졌다. 공평함은 천부적인 것이기에 모든 사람에게 고르게 적용되어야 한다. 개별적인 법규들은 각각의 상황에 맞게 조절되고 서로 간에 많은 차이가 있을

---

62) *Opera*, XXVII, 568ff.
63) *Institutes*, IV, xx, 14-16; *Opera*, II, 1164-67.

수도 있지만, 결국에는 공평함을 성취하기 위한 공통적인 목적을 갖고 있는 것이다. 칼뱅은 다음과 같이 말한다:

우리가 도덕법이라고 부르는 하나님의 법은 바로 자연법, 즉 하나님에 의해서 인간의 마음에 새겨진 양심에 대한 증거 그 자체이기 때문에 이 공평함에 대한 총체적인 원칙은 그 하나님의 법(도덕법) 안에 기록되어져 있다. 이 공평함만이 모든 법규들의 범위(scope)요 규칙이며 목적이 되어야 한다.[64]

칼뱅은 '공평함'이라는 어휘를 '자연법'과 같은 말로 사용하고 있으며, 십계명에서 명확하게 나타나고 있는 도덕법을 모든 법의 보편적인 도덕적 기초와 동일시하고 있다. 이 견해를 입증하기 위해 칼뱅은 모세의 계명과 보편적으로 인정된 범죄를 처벌하는 여러 민족들의 법들 사이의 공통점을 언급한다. 그 법들이 다양하기는 해도 동일한 목표를 추구한다. 하나님의 법 유지에 적절한 그러한 다양성을 싫어하는 사람은 공동 선의 적이다.[65]

칼뱅은 자연법 전통의 본질을 완전히 변질시키지 않는 범위 내에서 자연법에 대한 이해에 약간의 변형을 시도했다. 그가 시도한 변형은 이성에 대한 중세기적 강조를 약화시키고 양심을 강조한 것이었다. 칼뱅에게 있어서 자연법은 그의 주된 교리들과 비교할 때 이차적인 관심 사항이었다고 말할 수도 있다. 그 이유는 세속적인 일들의 영역은 단지 초자연적인 영역에 종속되는 것이기 때문이다. 그

---

64) *Ibid.*
65) *Ibid.*

러나 세속적인 사회에 있어서의 자연법은 이차적인 것이 아니라 주된 것으로 그 사회를 좌우하게 된다. 왜냐하면 자연법은 그 기원이 땅으로부터 온 것이 아니라 하나님으로부터 왔으며, 그에 의해서 모든 인간의 가슴에 새겨졌기 때문이다.[66]

제4절 자연법과 타락한 이성

앞에서 보았듯이 로마가톨릭교회의 신학적 전통과 개신교회의 신학적 전통은 인간의 윤리적 판단을 위한 보편적인 원리인 자연법이 존재함을 인정하고 있다. 그리고 두 전통 모두 이성이 원죄로 인한 타락으로 인해 자연법을 인식할 능력을 상당히 상실하였음을 인식하고는 있지만, 그 능력의 상당 부분이 여전히 존속하고 있음을 또한 인정하고 있다. 특히 개신교 전통은 원죄의 결과로 나타나는 인간 이성의 타락을 매우 심각하게 생각하였지만 인간 이성이 자연법을 인식할 능력을 여전히 소유하고 있다고 본다. 루터는 인간의 완전 타락을 주장하면서도 여전히 자연법의 존재를 인정하며, 인간 이성이 신에 대한 경배, 이웃 사랑, "대접받고 싶은 대로 먼저 남을 대접하라"는 황금률을 인식할 수 있다고 주장한다. 그는 또한 고전적인 도덕적 스승들을 하나님이 이방인들에게 준 교사로서 존경하며 그들의 지혜를 존중한다. 멜란히톤은 고대 학자들과 키케로의 영향을 받았으며, 신에 대한 복종과 이웃에 대한 배려를 자연법으로

---

66) John T. McNeill, 〈Natural Law in the Teaching of the Reformers〉, p.182.

이해하였다. 그는 자연법이 근본적으로 불변하는 것으로 보았으나, 토마스 아퀴나스의 경우처럼 상위의 규범과 하위의 규범으로 구분하였다. 그리고 인간이 자연법의 빛에 의해 죄사함(의롭다 함)을 획득할 수는 없지만 그 빛에 의해서 외적인 사회적 업무는 수행할 수 있다고 하였다. 츠빙글리는 루터와 유사하게 "대접받고 싶은 대로 남을 대접하라" "네 이웃을 네 몸처럼 사랑하라"는 이웃 사랑의 법을 자연법으로 인식하였으며, 고전적인 도덕적 스승들의 가르침을 매우 존중하였다. 칼뱅 역시 원죄에도 불구하고 인간에게 의(義)의 흔적이 남아 있으며 정의와 정직에 대한 개념, 공평성, 인간 상호간의 사랑의 법칙 등으로 나타나는 자연법을 인식할 능력이 있음을 시인하였다. "선을 추구하고 실천하며 악은 피하라"를 자연법의 첫째 계율로 인식한 토마스 아퀴나스를 중심으로 한 로마가톨릭교회는 원죄에 의한 결과를 개신교 전통보다는 덜 심각하게 생각하였다. 토마스 아퀴나스는 멜란히톤처럼 자연법을 일차적인 것과 이차적인 것으로 분류하여 죄의 영향을 이차적인 자연법에 적용시키려고 시도한다. 그는 인간의 타락에도 불구하고 일차적인 자연법은 원칙적으로 변함없이 존재하며, 인간의 이성이 자연법을 인식할 수 있다고 보았다.

인간 사회의 윤리는 상대성과 보편성을 동시에 가지고 있다. 정치·종교·문화적인 요인에 따라, 그리고 시간과 장소에 따라 인간의 윤리적·도덕적 판단에는 차이, 즉 상대성이 있을 수 있다. 일부 다처제, 음주 문제, 낙태 등에 대한 윤리적 판단 등이 이에 속하는 것들이다. 그러나 "선을 행하고 악을 피하라" "살인하지 마라" 등과 같이 동서고금을 막론하고, 종교적인 영역도 초월하여 인정되고 준수되는 보편적 윤리 원칙들도 있다. 앞에서 살펴본 바와 같이 옳고 그름 판단의 보편적 기준이 되는 자연법이 인간의 마음속에 존재하고 있음을 부인할 수 없으며, 인간이 이것을 인식할 수 있는 이성적 능력을 소유하고 있음 또한 부인할 수 없다.

【참고 문헌】

Baum, G., Cunitz, E., and Reuss, E., ed., *Calvini opera*, II, Brunswick, 1863-1900.

Baur, A., *Zwinglis Theologie*, I, Halle, 1885.

Beach, Waldo and Niebuhr, H. Richard, *Christian Ethics*, New York: The Ronald Press Company, 1973.

Bohatec, J., *Calvin und das Recht*, Feudinger, 1934.

Calvin, Jean, Institutes.

— *Mosis reliqui libri quattuor*(1563).

— *Opera*, XXIV.

— *Praefatio in legem*(on Deut. 31:10).

Dreske, O. *Zwingli und das Naturrecht*, Halle, 1911.

Egli, E., Finsler, G., Köhler, W., et. al., ed., *Huldreich Zwingli: Sämmtliche Werke*, V. Leipzig, 1934.

Enders, E. L. *Dr. Martin Luther's Briefwechesel*, XII, Frankfort a. M., 1884-1932.

Fagothey, Austine, *Right and Reason*, Saint Louis: The C. V. Mosby Company, 1963.

Farner, A., *Die Lehre von Kirche und Staat bei Zwingli*, Tübingen, 1930.

Finnis, John, 〈Natural Law〉, *Routledge Encyclopedia of Philosophy*, Vol.6, London and New York: Routledge, 1998.

Hughes, Gerard J., 〈Natural Law〉, *The Wesminster Dictionary of Christian Ethics*, ed., by James F., Childress and John Macquarrie, Philadelphia: The Westminster Press, 1986.

J., A. and Carlyle, R. W. *Medieval Political Thought in the West*, VI, Edinburg and London: W. Blackwood, 1903-36.

Jackson, S. M., ed., *Latin Works of Zwingli*, II.

Kreutzer, J., *Zwinglis Lehre von der Obrigkeit*, Stuttgart, 1908.

Luther, Martin, *Admonition to Peace*(1525), W. A., XVIII.

— *Auslegung von der zehn Geboten, Sämmtliche Werke*, XXXVI.

— *Commentary on Galatians*(1535), W. A., XL.

— *Die erste Disputation gegen die Antinomer*(1537), *Werke*, XXXIX, Part I.

— *Great Sermon on Usury*(1520), W. A., VI.

— *Kurze Auslegung der Epistel an die Galater*(1525), on Gal. 1:14, *Werke*, ed., Walch, IX.

— *Sämmtliche Werke*, XXXV.

— *Treatise of Secular Power*(1523), W. A., XI.

— *Vorlesung zum Römerbrief*, ed., by J. Ficker, Leipzig, 1908.

— W. A., LI.

— *Works of Martin Luther*, IV, Philadelphia, 1931.

McNeill, John T., 〈Natural Law in the Teaching of the Reformers〉, *The Journal of Religion*, XXVI(1946).

Melanchthon, Philipp, *Apology of the Augsburg Confession*(1532).

— *Commentary on Romans*(1532), *Corpus Reformatorum*, XV.

— *Epitome moralis theolgiae*(1538), *Corpus Reformatorum*, XVI.

— *Epitome moralis theolgiae*, 2nd ed.(1540), *Corpus Reformatorum*, XVI.

— *Loci communes*(1521), *Melanchthoni opera, Corpus Reformatorum*, XXI.

— *Loci communes*(1535), *Corpus Reformatorum*, XXI.

— *Melanchthoni opera, Corpus Reformatorum,* XXI.

Nickel, Th. *Philippi Melanchtonis Commentarii in epistolam Pauli ad Romanos,* Leipzig, 1861.

Schuler, M. and Schultess, J., ed., *Opera completa,* IV, Zurich, 1841.

— *Opera completa,* VI, Book II, Zurich, 1841.

Thomas von Aquinas, *Summa contra gentiles.*

— *Summa Theologiae.*

Wogaman, J. Philip, *Christian Ethics: A Historical Introduction,* Louisvile, Westminster/John Knox Press, 1993.

Zwingli, Ulrich(Hulreich), *Auslegung und Grunde der Schlussreden*(1523), Articles. 38, 39, *Sämmtliche Werke,* II, Leipzig, 1908.

— *De peccato originali declaratio*(1526).

나학진, 〈자연법과 윤리: 로마가톨릭교회와 개신교의 입장을 비교하면서〉, 박봉배 외 편, 《기독교윤리학 개론》, 서울: 대한기독교서회, 1987.

제4장
기독교윤리와 양심

제1절 양심의 속성과 기능

이해의 방식과 표현 방식이 다르더라도, 인류 문화는 양심이란 특이한 속성이 모든 사람의 내면에 존재하고 있음을 공통적으로 인정하며 무슨 일을 행하든지 양심에 의거하여 판단하고 행동하여야 된다고 말한다. 원시민족들 사이에서는 양심을 일반적으로 '마음'과 '뱃속'으로 표현하였다. 고대 이집트 문헌은 '마음은 아주 훌륭한 증인이므로' 사람은 그 증인의 말을 거역하지 말아야 한다고 기록하고 있다. 힌두교는 양심을 '우리 안에 거하는 불가시적인 신'으로 본다. 성경은 양심을 신이 모든 인간에게 부여한 것으로서 옳고 그름을 판단하며 선을 행하고 악을 피하도록 요구하는 속성으로 이해한다.(롬 2:14-15, 고전 8:10, 창 3:7-10, 4:9-14, 욥 27:6 등) 칸트는 양심을 '인간의 내적 법정에 대한 의식'이라고 보았다. 경험론자들은 사회학적 조건과 필요에 근거하거나(허버트 스펜서, 에밀 뒤르켐) 문명에 의한 억압에 근거하여(프리드리히 니체, 지크문트 프로이트) 양심을 심리학적으로 해석하였다. 20세기 철학자 쉘러·하트만·하이데거·야스퍼스 등도 양심의 현상을 인정하였다. 심층심리학에서는 융과 카루소가 양심의 존재를 인정하고 있다.[1]

우리가 일반적으로 도덕적 옳고 그름을 판단하는 속성이며 그 판단 기준이 된다고 생각하는 양심이란 도대체 무엇인가? 양심은 모든 인간에게 내재되어 있는 동일한 기준이며 동일한 문제에 대하여 때와 장소를 초월하여 동일한 결론을 내리게 해주는 절대적인 기준인가? 그렇다면 다음과 같은 경우는 어떻게 설명할 것인가? 음주나 일부다처제 같은 문제가 대두되었을 때, 각자가 살고 있는 지역이나 소속된 종교나 교파에 따라 어떤 사람들은 그것이 양심에 비추어 거리낌이 없거나 옳다고 생각하는 반면에 어떤 사람들은 양심에 어긋나는 옳지 못한 일이라고 주장하는 것을 보게 되는데, 이 경우에는 누구의 양심이 과연 바른가? 그렇다면 양심은 보편적이고 절대적인 것이 아니라 개개인이 다른 양심을 소유하고 있다는 말인가? 양심과 각 사회가 가지고 있는 가치관과 도덕률 사이에는 어떤 관계가 있는가? 양심과 이성, 의지, 느낌 사이에는 어떤 관계가 있는가?

양심은 모든 인간에게 천부적으로 내재되어 있는 속성으로서 선을 행하고 악을 피하고자 하는 본능, 또는 선악을 판단하는 본능적 속성이라고 정의할 수 있다. 그러나 양심에 대한 정의를 내리는 것은 쉬운 일이 아니다. 양심과 이성과의 관계를 어떻게 설정하느냐, 그리고 양심을 선천적인 것으로 보느냐 후천적으로 형성되는 것으로 보느냐에 따라 서로 다른 정의가 내려질 수 있는데, 주로 세 가

---

1) K. H. Peschke, 김창훈 역, 《그리스도교윤리학: 제2차 바티칸 공의회 정신에 의한 가톨릭 윤리신학》, vol. 1(서울: 분도출판사, 1991), p.283, cf. W. Durpe, 〈Conscience〉, *New Catholic Encyclopedia* IV, 1967, pp.196-197.

지 관점에서 고찰해 볼 수 있을 것이다. 첫째는 양심을 이성의 한 속성, 즉 이성의 실천적 기능이라고 보는 관점이고, 둘째는 양심을 하나의 독립적으로 존재하는 특수한 기능이 아니라 인간의 지성과 의지와 전 인격의 상호 작용의 결과라고 보는 관점이며, 셋째는 양심을 이성(의지·느낌)과 구별되는 독립적 속성으로 보는 관점이다. 그러나 두번째 관점은 양심을 이성과 완전히 독립된 어떤 속성으로 보는 것이 아니라 이성의 작용에 의해서 생성된 결과물로 보기 때문에 결국 양심을 이성의 한 기능, 즉 이성의 실천적 기능으로 보는 첫번째 관점과 궁극적으로는 같은 입장이라고 할 수 있겠다.

이러한 점들을 고려하며 본장에서는 서양 및 기독교 사상을 토대로 하여 양심의 속성과 기능에 관하여 살펴보기로 한다.

제2절 양심을 이성의 한 기능으로 보는 관점

먼저 양심을 이성의 한 기능, 즉 실천적 이성으로 보는 관점에 대해서 살펴보기로 하자.

1. 오스틴 파고데이

오스틴 파고데이는 양심을 '하나님의 음성' '내면의 음성' '조용하고 작은 음성' 등으로 이해하는 것은 잘못된 이해라고 말하며,[2] 양심을 이성의 한 실용적 기능으로 본다. 그는 양심을 이성 또는 지성(intellect)과 다른 어떤 독립적 속성으로 보는 것을 거부한다. 그 둘을 서로 별개의 것으로 보게 될 경우, 행동의 옳고 그름에 대한 우리의 판단이 어떤 분별없는 본능에 의해서 만들어진 무지성적이며 무합리적인 것이 되리라고 보기 때문이다. 그러므로 그는 "양심은 지성 자체이며, 우리의 개별적 행동의 옳고 그름을 판단해 주는 지성의 특별한 기능일 뿐이다"고 말한다.[3]

파고데이는 양심의 역할을 "거짓말하는 것이 왜 나쁜가?" "왜 정의가 이루어져야만 하는가?"와 같은 이론적인 질문들을 다루는 것이 아니라, "이 구체적인 상황 속에서 지금 여기에서 내가 무엇을 하여야 하는가?" "내가 생각하고 있는 행동을 행한다면, 내가 거짓말하는 것이 되는가, 불의한 것인가?"와 같은 실천적 혹은 실질적인 질문(practical question)을 취급하는 것으로 본다. 그리고 이 실천적 판단력으로서의 양심은 사업을 어떻게 운영할 것인가, 또는 집을 어떻게 설계할 것인가와 같이 생활에 있어서의 다른 일들을 수행하는 데 사용되는 실천적 지성과 같은 것이라고 본다.[4]

그러므로 파고데이는 양심을 다음과 같이 정의한다. "양심은 개

---

2) 아우구스티누스는 양심을 하나님의 목소리, 하나님의 부르심을 듣는 인간의 신적 중심(中心), 하나님과 인간이 사랑의 대화를 나누는 장소로 이해한다.* 아우구스티누스의 노선을 따르는 보나벤투라와 중세의 위대한 신비가들 역시 양심을 영혼의 정점이며 인간이 하나님과 만나는 영혼의 중심 처소로 보았고, 양심의 가장 깊은 바탕을 '영혼의 섬광(scintilla animae)'에 둔다.**

* Anselm Hertz, 〈Glaube und Gewissen〉 in *Handbuch der christlichen Ethik* (Freiburg: Herder, 1982), vol 3, pp.52-8에서 아우구스티누스 전통을 간단히 소개하고 있다.

** K. H. Peschke, 김창훈 역, 《그리스도교윤리학》, vol. 1, p.272.

3) Austin Fagothey, S. J. *Right and Reason: Ethics in Theory and Practice*, 3rd ed.(Saint Louis: The C. V. Mosby Company, 1963), p.45.

4) *Ibid.*

인의 행동에 대하여 그 행동이 선한 것이면 실천에 옮기고 악한 것이면 실행하지 않도록 하는 이성의 실천적 판단(the practical judgment of reason)이다."[5]

양심을 이성 또는 지성과 동일시하기 때문에 파고데이는 사람이 사업을 운영하는 데 있어서 잘못된 판단을 내릴 수 있듯이 양심도 잘못될 수가 있고, 그른 도덕적 판단을 할 수 있으며, 사적인 행동에 실수가 생길 수 있다고 본다.[6] 그는 다음과 같이 말한다. "양심의 판단이 곧 이성의 판단이며, 그릇된 전제를 수용하거나 비합리적인 결론을 이끌어 냄으로써 이성이 오류를 범할 수 있으므로 양심도 정확하거나 부정확할 수가 있다."[7]

로널드 프리스턴 같은 학자도 다음과 같이 말한다. "인간은 기본적인 도덕 원칙(synderesis)에 대한 인식을 가지고 있으며, 양심은 옳고 그름을 판단하는 실천적 이성이다. 이성은 참과 거짓을 판별하는 데 작용하는 것과 마찬가지로 옳고 그름을 판단하는 작용을 한

---

5) *Ibid.* 그러므로 그는 양심이 다음 세 가지를 의미하는 것으로 이해한다.
　① 개인의 옳고 그른 행동에 대한 판단을 형성하는 기능으로서의 지성.
　② 그러한 판단에 이르기 위해서 지성이 움직이는 사고의 과정.
　③ 이 사고 과정의 결론인 판단 그 자체. *Ibid.*, p.46.

6) *Ibid.*, p.45.

7) *Ibid.*, p.47. cf. Fagothey는 양심을 다음과 같이 여러 종류로 구분한다. 선행적 양심(antecedent conscience)과 후속적 양심(consequent conscience), 정확한 양심(correct conscience)과 오류가 있는 양심(erroneous conscience: 다시 교정이 가능한 오류를 가진 양심(vincibly erroneous conscience)과 교정이 불가능한 오류를 가진 양심(invincibly erroneous conscience)으로 세분함), 확실한 양심(certain conscience)과 불확실한 양심(doubtful conscience: 다시 혼란된 양심(perplexed conscience)과 용의주도한 양심(scrupulous conscience)으로 세분함). *Ibid.*, pp.47-48. cf. Ronald Preston, 〈Conscience〉 in *The Westminster Dictionary of Christian Ethics*, ed., by James F. Childress and John Macquarrie(Philadelphia, Pennsylvania: The Westminster Press, 1986), p.117.

다."[8] 그는 양심이 이성과 분리된 독특한 속성이 아니라 이성의 기능 중 하나로 보는 것이다. 그리고 감정적 반응은 양심이 내린 도덕적 판단에 뒤따르는 것으로 여겼다. 다시 말해서 각자가 한 행동에 대해서 양심이 옳다는 판정을 내리면 떳떳하고, 옳지 못하다는 판정을 내리면 가책을 느끼게 된다고 보았다.[9]

제3절 양심을 종합적 판단력으로 보는 관점

토마스 아퀴나스 · 프로이트 · 융 등의 학자들은 양심을 종합적 판단력으로 이해하였다고 볼 수 있다. 그러나 이들의 견해는 궁극적으로는 양심을 이성의 실천적 기능으로 이해하는 첫번째 그룹에 예속된다고 보아야 할 것이다.

1. 지크문트 프로이트와 카를 융

특정 심리학파들은 양심을 신적 의지나 인간의 진정한 자기 표현이 아니고 순전히 인간이 사회 환경과 다른 영향에 의해 나타내는 반응이라고 보았다. 이러한 학파들의 논리 또한 양심을 독립적인 내적 속성이 아니라 이성의 한 기능으로 간주하는 예에 속한다.

---

8) Ronald Preston, 〈Conscience〉, p.116.
9) *Ibid.*

프로이트와 그의 심리학파는 양심이 이상아(理想我, ego-ideal)와 함께 초자아(超自我, super-ego)를 구성한다고 보았다. 프로이트는 정신분석학적 이론을 통하여 양심을 오랜 사회적 교육의 결과로 형성된 초자아, 즉 부모와 사회가 각자에게 규정된 규칙과 표준에 따라 살고 행동하도록 가르친 일체의 의무와 습관으로서, 본능적인 원초적 자아의 이기적인 욕구 충족을 억제하고 자기가 속해 있는 사회가 요구하는 대로 옳고 그름을 판단하는 능력이라고 본다.[10] 프로이트는 양심을 후천적으로 형성된 종합적 판단력으로 이해한 것이다.

융 역시 양심을 교육과 훈련의 결과물로 보며, 결국 종합적 판단력으로 본다. 그러나 프로이트가 초자아를 양심과 동일시하는 반면에 융은 자아를 양심으로 본다는 점에서 차이가 있다.

융은 인간 정신의 무의식적 부분이 개인적 무의식과 집단적 무의식으로 이루어진다고 보았다. 사람은 이 두 가지를 조화시켜야 한다. 사람은 성장해 감에 따라 개인적 무의식[11]과 집단적 무의식[12]에

---

10) 그런데 이 습관과 규칙은 각자에게 뿌리박힌 경향들과 참된 본성에 의하여 저항을 받는다. 인간의 가장 원시적인 경향들은 특히 성적 본능이나 공격 본능과 같이——망각 내지 억압된 기억과 함께——본능적 충동의 잠재력이 비축되어 있는 무의식 속에 자리잡고 있다. 이 기초적 잠재력은 인간의 원시적 체계인 역동적 원아(力動的 原我, dynamic id)를 통하여 작용한다. 그것은 이기주의적이며 완전히 본능의 충족을 위한 '쾌락 원리(pleasure principle)'에 의하여 작용한다. 생식-생리적인 측면뿐 아니라 애정-사교적 측면으로 나타나는 성(性)도 있다. 프로이트는 이 애정과 친절을 '목적이 금지된 성'이라고 말한다. 그것들은 성적인 억압과 근친상간의 금기에서 나타난다. K. H. Peschke, 김창훈 역, 《그리스도교윤리학》, vol. 1, p.284; Abraham Maslow, *Motivation and Personality*(New York: Harper and Row, 1970), p.191; cf. Ronald Preston, 〈Conscience〉, p.118; John Donnelly and Leonard Lyons eds., *Conscience*(Staten Island, N. Y.: Alba House, 1973); C. Ellis Nelson, ed., *Conscience: Theological and Psychological Perspectives*(New York, Newman Press, 1973).

11) 개인적 무의식은 망각된 무의식과 억압된 무의식으로 이루어진다. K. H. Peschke, 김창훈 역, 《그리스도교윤리학》, vol. 1, p.286.

차례로 부딪치게 되며, 이 과정을 통하여 인격의 새로운 중심이 생겨나게 되는데 이것이 바로 의식과 무의식의 접경 지대에 나타나게 되는 '자아(self)'이다. 이 자아가 프로이트가 말하는 ego[13]와 같은 역할을 하는 것이다. 이 자아는 더 심오하고 폭넓은 인생의 부분으로서의 존재에 대한 의식이다. 융은 이 자아야말로 윤리적 결정이 이루어지는 마지막 항소 법정이며, 양심이라는 단어에 연합되어져 있는 종교적 관념을 제거하게 되면 양심이라는 단어를 자아 대신에 사용해도 좋다고 본다.[14] 결국 프로이트와 융은 양심을 성장 과정에 따라 후천적으로 습득되어지는 종합적 판단력으로 보고 있음을 알 수 있다.

---

12) 각 개인 속에 잠재되어 있는 집단적 무의식은 기초적인 창조적 충동과 잠재력, 그리고 선조들로부터 이어받은 종족적 기억으로 이루어진다. 융은 이 종족적 기억을 원형(原型, archetype)이라고 부르는데, 이것들은 사람이 태어날 때 타고나는 것이며, 인생관의 유형들을 말한다. 그 속에는 각 종족의 오래된 경험들과 사상들이 보존되어 있으며, 그 원형들은 각 개인이 가지고 있는 아버지와 어머니, 남편과 아내, 공동체와 민족, 불멸성과 하나님, 중요한 자연 질서 등에 대한 개념들로 나타난다. *Ibid.*, p.286.

13) 자아(ego)가 하는 일은 생각하고, 계획하고, 그 자체와 이드(id)를 보호하는 것이다. 그것은 역동적 원아인 id의 본능적 욕구와 교육·훈련을 통하여 형성된 초자아(super-ego) 사이에서 중개자 역할을 한다. 사람이 사회화될수록 super-ego가 더욱 확고해지므로 ego의 역할은 더 어려워지며 본능적 욕구들이 더욱 억압받게 된다. 그리고 이 억압이 가끔은 심한 심리적 손상의 원인이 되기도 한다. 프로이트는 이러한 손상을 방지하기 위해 ego의 중재 기능을 super-ego에 의한 억압을 가능한 한 감소시키고 id의 욕구를 충족시키는 방향으로 확대해야 한다고 주장한다. Gordon W. Allport, *Pattern and Growth in Personality*(New York: Holt, Rinehart and Winston, 1963), p.145-50, cf. K. H. Peschke, 김창훈 역, 《그리스도교윤리학》, vol. 1, pp.284-285.

14) K. H. Peschke, 김창훈 역, 《그리스도교윤리학》, vol. 1, pp.286-287. cf. J. Goldbrunner, *Individuation: A Study of the Depth Psychology of Karl Gustav Jung*(Notre Dame, Indiana: University of Notre Dame Press, 1964), p.130.

2. 토마스 아퀴나스

토마스 아퀴나스는 자연법에 대해서 설명하면서 행동을 위한 외적 원칙인 자연법과는 달리 현재 여기에서 무엇을 어떻게 행할 것인지 판단해 주는 주관적이며 실천적인 판단 기능인 양심에 대해서도 설명하고 있다. 인간의 이성은 사색적일 뿐 아니라 실천적이기도 하므로 인간에게는 사색적인 성품과 병존하는 실천적인 성품이 내재되어 있다. 토마스 아퀴나스는 이 실천적 성품을 양지양능(synderesis, 良知良能: 선은 행하고 악은 피하도록 지시하는 성품)이라고 부른다. 그리고 이 성품이 도덕적 형성 과정을 거쳐 행동을 위한 올바른 사고인 '신중함(prudence)' 이라는 덕으로 발전한다고 생각한다. 또한 양심은 이 신중함이 실제적인 상황에 구체적으로 적용된 것이라고 여긴다. 그는 양지양능과 신중함, 그리고 양심이 모두 내재적인 행동 원칙들이며 이성의 실천적 기능들이라고 본다.[15)]

자연법(natural law)은 '영원한 법(eternal law)에 참여하는 것' 인데, 엄격히 말해서 행동을 위한 외적 원칙이다. 자연법은 이성의 표현인 양지양능이나 신중함과는 다른데, 이는 이 둘이 자연법과는 달리 내재적 성품이기 때문이다. 자연법은 양심과도 다른데, 이는 양심이 외적인 법칙이 아니라 현재 여기에서 무엇을 해야 할 것인가를 판단하는 주관적이며 실천적인 판단이기 때문이다. 인간의 행동을 결정지어 주는 요소들을 차례대로 나열하자면 다음과 같이 말할 수 있다. 모든

---

15) Thomas von Aquinas, *Summa Theologiae*, I–II, Qu. 94. 1.

판단의 힘이 되는 이성(reason), 선을 행하고 악을 피하도록 해주는 내적 성품인 양지양능(synderesis), 덕성으로서의 신중함(prudence), 외적 행동 원칙인 자연법(natural law), 초자연적이며 외적 행동 원칙인 은혜(grace), 그리고 이 모든 것을 종합하여 실제 결정을 내리는 힘인 양심(conscience)이다. 물론 인간 행동의 통합성(unity)을 고려할 때 이러한 구분이 완전히 명확한 것이라고 볼 수는 없을 것이다.[16]

이렇게 볼 때, 토마스 아퀴나스에게 있어서 양심은 첫째 계율(the first precept)인 양지양능이나 그것이 도덕적인 형성 과정을 거쳐서 발전한 신중함과 같이 내재적인 행동 원칙이기는 하지만, 그 둘과는 구별되며 구체적인 상황에서 그 모두가 종합적으로 적용된 판단력인 것이다.

이상에서 양심을 이성과 동일시하거나 이성의 한 기능으로 보거나 양심을 양지양능과는 다른 종합적 판단력으로 보는 견해들에 대해서 살펴보았다. 그러나 이러한 견해에는 무리가 있다. 일단 양심을 이성과는 다른 독립적 속성으로 보는 견해들에 대해서 살펴보면서 이 문제에 대해서 점검해 보기로 하자.

---

16) *Ibid*.

제4절 양심을 독립적인 속성으로 보는 관점

1. 성경과 현대 신학

유대교에 있어서 양심에 가장 가까운 말은 '선한 본능(good in-stinct, yetzer ha-tov)'이다. 양심은 초자아(super-ego)와는 다른 것이며, 개인의 내부에 심어져 있는 것으로서 선을 행해야겠다고 느끼는 개인적 책임 의식으로 이해한다.[17]

성경에 있어서 양심(syneidesis)이라는 어휘는 히브리적이기보다는 헬라적 기원을 가지고 있다.[18] 구약 성경에는 양심이란 어휘가 외경 〈지혜서〉 17장11절 외에는 나타나지 않는다. 그러나 양심의 실재성 자체에 대해서는 구약 성경 저자들도 인식하고 있었다. 이것을 보여 주는 단어는 '마음(또는 뱃속)'과 '심장'이다.(시 26:2, 렘 11:20, 17:10, 20:12, 창 20:5, 시 7:10, 24:4, 렘 17:1, 31:33) 구약 성경에 있어서 양심은 죄를 범한 사람에 대한 단죄 또는 올바르게 산 사람에 대한 칭찬의 모습으로 나타나고 있다.(선악과를 따먹은 아담과 하와: 창 3:7-10, 동생을 죽인 가인: 창 4:9-14, 의인 욥의 행위: 욥 27:6, 시 17:3, 26:2-3, 139:23-24) 구약 성경은 양심을 궁극적으로 각자의 행위를 힐책하거나 칭찬하는 하나님의 심판의 목소리로

---

17) R. L. Katz, 〈Conscience(Judaism)〉 in *Dictionary of Pastoral Care and Counseling*, ed., by Rodney J. Hunter(Nashville, TN: Abingdon Press, 1990), p.218.

18) E. C. Gardner, 〈Conscience(Protestantism)〉 in *Dictionary of Pastoral Care and Counseling*, ed., by Rodney J. Hunter(Nashville, TN: Abingdon Press, 1990), p.218.

이해한다.[19]

신약 성경에 있어서 예수님 자신과 복음서들에는 양심이란 단어가 사용되고 있지 않다. 그러나 바울 서신에는 양심이란 말이 많이 사용되고 있으며 양심에 대한 교리를 발전시키고 있다.(롬 2:14-15, 9:1, 고후 1:12, 4:2, 5:11 등)[20] 바울은 그리스도 이전부터 그 시대의 철학과 윤리학에서 자주 사용되었던 συνειδησις(syneidesis)라는 말을 도입하여 사용하였다. 바울은 〈로마서〉 2장 14-15절에서 양심이 이성과는 별개의 것으로 모든 사람에게 부여된 보편적 속성이라고 말하고 있다. "(…)이 사람은 율법이 없어도 자기가 자기에게 율법이 되나니 (…) 그 양심이 증거가 되어 그 생각들이 서로 혹은 송사하며 혹은 변명하여(…)." 바울은 또한 양심이 각자의 행동에 대하여 옳고 그름을 판단하는 '증인' 의 성격을 가지고 있으며(롬 2:15, 9:1, 고후 1:12), 어떤 행동을 하기 전에 과연 그 행동이 옳은 것인지를 판단해 주는 선행적 판단자와 행동 후에 칭찬하거나 질책하는 후속적 판단자의 역할을 하는 것으로 말하고 있다.(고전 8:7-13, 참조 10:23-30, 딤전 1:15-19, 행 23:1, 히 13:18, 벧전 3:16-21, 행 24:16, 딤전 3:9, 딤후 1:3, 디도서 1:15)[21]

이상에서 본 바와 같이 성경은 양심을 이성과는 별도로 존재하는 속성으로 이해하고 있음을 알 수 있다.

---

19) K. H. Peschke, 김창훈 역, 《그리스도교윤리학》, vol. 1, pp.279-280.

20) cf., Rudolf Schnackenburg, *The Moral Teaching of the New Testament*, trans., by J. Holland-Smith and W. J. O'Hara from the 2nd rev., German ed., 1962(New York: Herder, 1967), pp.287-96; Wolfgang Schrage, *Ethik des Newen Testament* (Göttingen: Vandenhoek und Ruprecht, 1982), pp.185-186.

21) K. H. Peschke, 김창훈 역, 《그리스도교윤리학》, vol. 1, pp.280-282. cf. Ronald Preston, 〈Conscience〉, p.117.

프란체스코학파의 전통을 되살린 현대 신학자들은 양심을 이성과 의지와는 구별되는 더 깊은 실재이며 인간의 중심이요 영혼의 섬광이며 영혼의 바탕이라고 본다.[22] 디어도어 뮌커는 양심이란 이성이나 의지와는 구별되는 능력으로 나타나는 특수 재능이라고 보았으며,[23] 빌헬름 에른스트는 "양심은 단순한 이성이나 의지·느낌 그 이상의 것이다. 그것은 인간 존재의 심저(心底)이며, 하나님을 향하여 나아가고 하나님에 의하여 자신을 궁극적으로 유지시켜 가는 인간의 내밀한 중심이다"고 말하였다.[24]

페쉬케는 양심이 프로이트나 융이 말하는 것처럼 인위적 산물이 아니라 원래부터 존재하는 내재적 속성이라고 말하고 있다.

자연의 질서나 목적, 하나님의 계획도 창조의 질서 안에서 인간이 차지하는 위치와 그가 수행해야 할 역할에 대하여 알게 되는 감각이 인간 안에 없다면 실현될 수 없다. 그러므로 양심 속에 들어 있는 옳고 그름에 대한 감각은 니체와 프로이트가 말하는 대로 인간이 처한 환경의 인위적 산물로 볼 수 없다. 그 감각의 기원은 목적론적 특성을 지닌 세계의 질서와 하나님 안에 있다. 하나님은 인간이 그러한 감각을 지닌 당신의 유능한 협력자가 되기를 원하고 있다.[25]

---

22) F. X. Linsenmann, A. Koch, T. Müncker, K. Gloser, F. Furger, A. Auer, J. Fuchs, J. Gründel 등이 이에 속하는 학자들이다. K. H. Peschke, 김창훈 역, 《그리스도교윤리학》, vol. 1, pp.272-273.

23) Theodor Müncker, *Die psychologischen Grundlagen der katholischen Sittenlehre*(Düsseldorf: L. Schwan, 1934), pp.130-69.

24) Wilhelm Ernst, 〈Gewissen in katholishcer Sicht〉, *Internationale katholische Zeitschrift*, 〈Communio〉, 11(1982), p.163.

25) K. H. Peschke, 김창훈 역, 《그리스도교윤리학》, vol. 1, p.188.

페쉬케는 양심의 기초적인 바탕과 핵심은 양지양능이라고 보며 다음과 같이 설명하고 있다.

양지양능은 더 이상의 기초적인 원칙으로 축소될 수 없고 실천적 이해력으로 직접 알게 되는 그러한 궁극적 윤리 원칙들을 지키려는 습성이다. 양지양능에서 나오는 가장 보편적 원칙은 "선은 행해야 하고 악은 피해야 한다"는 것이다. 인간의 실존적 목적과 거기에서 나오는 기초적인 윤리 원칙들에 대한 지식은 역시 이 양지양능의 내재적 기능에 속해 있는 것으로 보아야 한다.[26]

2. 장 칼뱅

양심에 대한 종교개혁가들의 이해는 양심을 순전히 이지적(noetic)으로 이해한 토마스 아퀴나스와는 전적으로 달랐다.[27] 칼뱅 역시 양심을 이성과는 별개의 속성으로 생각하였다.

모든 사람의 가슴속에는 어떤 면에서 십계명의 가르침을 나타내고 있다고 볼 수 있는 내적 법이 새겨져 있다. 그리고 이 법의 표현에 대한 내적 감시자(inner monitor)가 바로 양심이다. 그리고 양심은 우리를 도덕적 잠, 즉 도덕적으로 무감각한 상태로부터 깨워 준다.[28]

---

26) *Ibid.*, p.275.
27) E. C. Gardner, ⟨Conscience(Protestantism)⟩, p.219.

칼뱅은 하나님이 모든 사람의 마음속에 정의와 올바름에 대한 개념을 새겨 주었다고 본 것이다. 그는 모든 인간의 마음속에는 분별력과 판단력(양심)이 있어서 그것으로 정의와 불의, 정직함과 거짓됨을 분간하며, 이 양심이 선한 행실은 칭찬하고 추구하게 하며 악한 행실은 비난하고 고통을 느끼게 하고 심판하며 피하도록 한다고 말한다.[29]

그는 또한 "우리가 도덕법이라고 부르는 하나님의 법은 자연법이 표출된 것이고, 하나님에 의해서 모든 사람들의 마음에 새겨진 양심의 표현이므로 공평함에 대한 전체적인 설계가 그 안에 서술되어 있다"고도 말하고 있다.[30] 그는 어원적 설명을 통하여 양심이 일반적 지식에 '하나님의 정의에 대한 인식'이 가미된 것이라고 정의내린다.

사람이 어떤 사물에 대해서 마음속으로 이해하는 것을 '안다(scire)'고 하며, 여기에서 '과학 또는 지식(scientia)'이라는 어휘가 생겨났다. 그리고 여기에 더하여 궁극적 심판자의 법정에서 자신의 죄를 감추지 못하도록 하며, 또한 고발을 피하지 못하도록 하는 하나님의 정의에 대한 인식이 가미된 것이 '양심(conscientia)'이다. (…) 인간을 하나님의 신성한 법정에 세우는 양심은 인간을 감시하기 위해서, 어떤 비밀도 어둠 속에 묻혀 있지 못하도록 관찰하고 검사하기 위해서 주

---

28) Jean Calvin, *Institutes of The Christian Religion*. ed., by John T. McNeill, trans., by Ford Lewis Battles(Philadelphia, Pennsylvania: The Westminster Press, 1960), II, viii, 1.

29) Jean Calvin, 《신약 성경 주석》, 장 칼뱅 성경주석출판위원회 편역(서울: 성서교재간행사, 1990), vol. 7, pp.81-84.(롬 2:14-15)

30) Jean Calvin, *Institute*, IV, xx, 16, 〈On Civil Government〉 in *Calvin: On God and Political Duty*, ed., by John T. McNeil(Indianapolis: Bobbs-Merrill Educational Publishing, 1981), p.65.

어졌다.[31]

이상에서 살펴본 바와 같이 칼뱅은 양심이 이성의 한 기능이 아니라 독립적으로 존재하는 속성으로서 옳고 그름을 판단하는 기능을 한다고 생각했다. 그리고 양심의 기능은 하나님의 공의를 인식하고 인간의 행동을 감시하며 선을 행하도록 인도하는 역할을 하는 것으로 보고 있다.

3. K. H. 페쉬케

페쉬케는 양심을 이성·감성·의지와 구별되는 독특한 속성으로 보며 양심에 대해서 다음과 같이 설명한다.

양심은 단순한 이성이 아니다. 그것은 기존 도덕률을 지금 당장의 구체적 상황에 적용시키는 역할만을 맡은 집행자 그 이상의 것이다. 만일 그것이 단순한 이성일 뿐이라면 가장 예리한 지능을 가진 사람은 우연히 있을 수 없는 가장 올바른 양심을 가지고 있어야 할 것이다. 양심은 사람에게 가장 먼저 하나님의 창조 계획에 참여하도록 불리운 인격적 소명을 알려 준다……. 이성만으로는 양심의 판단에, 특히 의무를 지우는 양심에 연결되어 있는 감성적 특성의 강한 요소를 설명하기 힘들다.

31) Jean Calvin, 〈On Christian Liberty〉 in *Calvin: On God and Political Duty*, ed., by John T. McNeil(Indianapolis: Bobbs-Merrill Educational Publishing, 1981), p.42.

양심은 의지력과 동일시할 수 없다. 인간은 양심에 거스르게 행하기도 하고 행하려 할 수도 있기 때문이다. 또한 그것은 단순한 느낌도 아니다. 그것은 객관적 실재를 다루고 그 내용과 요구를 규정하기 때문이다. 따라서 양심은 이성이나 의지나 느낌과는 구별되는 고유한 능력을 가진 기능이다. 그것은 인간의 심저(心低)와 중심에 자리잡고 있는 기능으로서 인간의 의미와 목적에 대한 이해, 세계에 대한 하나님의 계획에 대한 인식, 하나님의 계획에 참여하도록 부름받은 인간의 소명 등을 인간에게 알려 주고 그러한 소명이 부과하는 의무적 특성을 경험하게 해준다.[32]

그러나 다음과 같은 설명은 페쉬케가 양심을 이성의 한 기능이나 부산물로 보는 듯한 느낌을 지우기 어렵게 만든다. 페쉬케는 양심은 유년기의 '맹목적 양심(must-conscience)'에서 성인의 성숙한 양심, 즉 '당위적 양심(ought-conscience)'으로 넘어간다고 말한다. 어린이들의 맹목적 양심은 부모와 사회의 명령·억제·금지·처벌 등을 따르면서 형성된다. 어린이들은 처음에는 처벌에 대한 두려움 때문에 부모의 통제하에서만 그 명령을 준수하지만, 점차적으로 그 외적인 목소리를 '내면화'하여 자기 혼자 있을 때에도 부모와 사회의 통제와는 무관하게 자발적으로 그 명령과 규범들을 지키게 되는 것이다. 이렇게 내면화된 자발적인 인격적 책임으로서의 양심이 바로 당위적 양심인 것이다.[33]

페쉬케는 양심이 이성이나 의지, 그리고 감성과는 다른 내재적 속성이라고 말하지만 그의 구분이 명확하지 않음을 볼 수 있다.

---

32) K. H. Peschke, 김창훈 역, 《그리스도교윤리학》, vol. 1, pp.273-274.

제5절 양심: 선천적 속성

이상에서 살펴본 바를 토대로 하여 양심이 독립적인 속성이며, 또한 후천적인 것이 아니라 선천적이고 내재적인 속성이어야만 하는 이유들을 살펴보기로 하겠다.

양지양능 즉 양심을 이성과는 별개의 속성으로 보지 않고 이성의 한 기능으로 보게 된다면, 이는 양심이 모든 인간에게 공통적으로 주어진 독특한 속성이라는 전제를 곤경에 빠트리게 된다. 예를 들어 보자. 어떤 한 동일한 도덕적 문제에 대해서 행위자가 1800년대 사람이냐 2000년대 사람이냐, 미국에 사느냐 한국에 사느냐, 기독교인이냐 불교인이냐에 따라, 즉 때와 장소에 따라 다른 판단을 내리게 된다고 한다면, 이는 개개인에 내재된 양심이 그리고 동일한 사람의 양심도 어제의 것과 오늘의 것이 서로 다르며, 또한 믿을 수 없는 판단 기준이라는 말을 듣게 될 것이다. 예를 들면 특정한 음식을 먹는 것, 혼전 성관계, 근친 결혼, 성직자의 결혼 등에 대한 옳고 그름의 판단이 적절한 예가 될 것이다. 그러므로 양심은 이성의 실

---

33) *Ibid.*, pp.289-290. cf. 최근에 와서는 어린이의 전형적이고 이상적인 가치관의 형성에 있어서 명령과 금지의 역할뿐만 아니라 모방과 동일시(同一視)의 원칙에도 많은 주의를 기울이고 있다. Robert Sears, et all, 〈How Conscience is Formed〉 in *Conscience*, ed., by C. Ellis Nelson; John W. Glaser, 〈Conscience and Superego: A Key Distinction〉 in *Conscience: Theological and Psychological Pers-pectives*, ed., by C. Ellis Nelson(New York: Newmann Press, 1973), pp.298-305. Jean Piaget는 정상아들의 경우 대게 7세 때에 '타율적' 양심에서 '자율적' 양심의 단계로 넘어가게 된다고 말한다. cf. Dorothea McCarthy, 〈Development of the Normal Conscience〉 in *Conscience: Its Freedom and Limitation*, ed., by W. C. Bier(New York: Fordam University. Press, 1971), p.46.

천적 기능이 아니라 별개의 속성이라고 보아야 한다. 다시 말해서 선을 행하고 악을 피하고자 하는 본능인 양지양능, 즉 양심은 시·공을 초월하여 모든 사람에게 공통적으로 내재되어 있으나 도덕적 판단을 위해 각기 다른 때와 장소(상황)에서 이성이 준비한 자료로 인해서 서로 다른 판단을 내리게 된다고 보아야 하는 것이다.

사람은 자기가 살고 있는 사회에서 통용되는 도덕률이나 법에 의해서 옳고 그름을 판단하는 것 이외에도 직관적으로 옳고 그름을 판단할 수 있는 내면적 능력을 가지고 있다. 그리고 때로는 그러한 도덕률이나 법이 잘못된 것이라고 여겨 그와는 다른 판단을 내리기도 한다. 그러므로 이것 또한 양심이 이성과는 별개의 것임을 보여 주는 예가 될 것이다.

앞에서 페쉬케가 지적하였듯이 양심을 이성과 동일시하게 되면 지능지수가 높은 사람은 필연적으로 더욱 도덕적인 사람이 되어야 할 것임에도 불구하고 현실에 있어서는 그렇지 못함을 보게 된다. 지능지수가 높은 사람일수록 오히려 인류 사회에 더 큰 해악을 끼치는 경우가 많다. 그러므로 양심을 이성과 동일시하는 것에는 커다란 모순이 생기게 된다.

하지만 양심은 분명히 이성의 사고력을 활용한다. 다음과 같은 예들이 이를 잘 보여 준다. 정신이 손상을 받은 정신장애자는 도덕적으로 옳은 판단과 행동을 할 수 없으며, 어린아이들은 남에게 무엇을 양보하거나, 남을 위해서 자신을 희생하는 행동을 자발적으로 하지 못하고 무엇이든 자기에게 필요한 대로 소유하려 한다. 이것을 볼 때 양심이 이성의 영향을 받고 있음을 알 수 있다.

세뇌를 받은 사람이거나 어떤 특정한 종교나 이데올로기를 신봉하는 사람들이 보편적으로 용납될 수 없는 행동을 주저하지 않고 행할 뿐만 아니라 오히려 옳은 행동이며 마땅히 해야 하는 일, 즉 양심의 보증을 받은 것이라고 생각하고 행하게 되는 것을 볼 때, 양심은 이성의 영향을 받는다고 보아야 할 것이다.

앞에서도 확인했듯이 양심의 판단은 때와 상황에 따라 형성된 이성의 자료에 크게 영향을 받는다. 그리고 양심은 때와 장소(상황)에 따라 융통성을 가지고 적절하게 판단하는 능력을 가지고 있다. 그렇지 않다면 양심은 시간과 공간을 초월하여 변함없이 적용할 수 있는 정형화된 틀과 판단 자료들을 모두 내장하고 있어야 한다는 말이 된다.

그러나 선악을 판단하는 데 사용하는 자료는 이성에 의하여 제공된 자료일 뿐 그것이 양심 자체는 아니다. 만약 양심이 그 자체 안에 선악 판단을 위한 모든 자료들을 가지고 있다고 하면, 양심은 유사한 사안에 대해서는 과거에나 현재나 미래에도 어디서나 변함없이 동일한 판단을 내리게 된다고 해야 할 것이다. 예를 들면 에스키모 문화에서는 귀한 손님이 오면 부인을 동침하게 하는데, 그 문화권 내에서는 이러한 행위가 도덕적으로 전혀 문제되지 않는다. 양심 자체 내에 선악 판단을 위한 모든 자료가 내장되어 있다면, 에스키모 문화에서 옳은 것으로 인정받는 행위는 한국에서도 옳은 것으로 판단해야 할 것이다. 그러나 과연 그런가? 아니다. 똑같은 행위가 한국에서 행해질 경우 그것은 지대한 비판을 받게 될 것이다. 그러므로 양심은 선악 판단의 자료가 아니라 선을 추구하고 악을 피하는 본능적 속성이며 이성을 활용한다. 그러므로 양심의 기초 위에서 이성에 의한 선악 판단의 자료가 형성되는 것이라고 보아야 한다.

제6절 양심은 하나님의 음성인가?

양심의 소리에는 항상 복종해야 하지만 양심을 하나님의 음성과 동일시해서는 안 된다.[34] 양심이 하나님의 음성이라고 한다면, 이는 각자가 시간과 공간을 초월하여 항상 도덕적으로 옳은 판단을 내릴 수 있는 능력을 갖고 있음을 의미하는 것이다. 그러나 인간은 동일한 사건을 가지고도 때와 장소에 따라 조금씩 또는 확연히 다른 판단을 내리는 경우가 있으며, 또한 잘못된 판단을 내리기도 한다. 결국 양심을 하나님의 음성과 동일시할 수 없다는 말이 된다. 그러므로 양심을 하나님의 음성과 동일시하기보다는 하나님의 뜻을 감지하며 그 뜻에 따르고자 하는 본능적 속성이라고 보는 것이 타당할 것이다. 그리고 인간의 양심은 완전하지 않기에 판단에 오류가 생길 수도 있다. 예를 들면 프레스턴은 다음과 같이 지적하고 있다.

양심도 다음 몇 가지 요인들로 인하여 오류를 범할 수 있다. 첫째, 우리의 판단이 개인적·사회적·문화적·종교적·정치적·경제적 이익 추구에 따라 왜곡될 수 있다. 둘째, 현실적 상황에 대한 잘못된 인식과 무지로 인해서 옳지 못한 판단을 내릴 수 있다. 셋째, 쟁점이 되고 있는 주제와 관련된 개인적·사회적 요소들에 대하여 충분히 민감하지 못함으로써 잘못된 판단을 내릴 수 있다. 넷째, 행하고자 하는 행동의 가능한 결과를 잘못 예측함으로써 무엇을 할 것인가 결정하는 데 있어 오류를 범할 수 있다.[35]

---

34) E. C. Gardner, 〈Conscience(Protestantism)〉, p.219.

양심은 이성이 특정 지역과 문화 등의 제반 여건과 상황에 따라 형성된 기준, 즉 규범이나 원칙에 의거하여 형성된 자료들을 활용하여 옳고 그름을 판단하게 된다. 그런데 양심의 판단에 오류가 생기는 이유는 무엇인가? 이 질문에 답하기 위해서는 '인간의 타락'과 관련한 기독교신학적인 관점이 고려되어야 할 것이다. 첫째, 인간의 이성이 타락하였으며 불완전하다는 점이 고려되어야 한다. 타락으로 인하여 불완전해진 이성이 형성하는 자료 역시 불완전할 가능성이 크다. 예를 들면 이성은 불완전하고 편협하며 이기적인 기준(풍습 · 가치관 · 도덕률 등——예: 인종 차별, 성 차별)에 의거하여 이기적인 자료를 형성할 수도 있는 것이다. 양심이 이러한 자료에 근거하여 판단하게 된다면, 당연히 올바르지 못한 판단이 되고 말 것이다.

둘째, 그렇다면 도덕적으로 옳지 못한 판단을 내리게 되는 책임이 전적으로 이성에게만 있다고 보아야 하는가? 그렇게 볼 수 없을 것이다. 인간의 타락은 이성뿐만 아니라 양심에도 그 영향을 끼쳤으므로 양심 또한 본래적인 판단 능력을 심각하게 손상당하였다고 볼 수 있다. 그러므로 양심이 이성의 옳지 못한 자료나 잘못된 습관 등에 지속적으로 지배당할 경우, 양심의 예민함과 판단력이 더욱 흐려지게 되고, 결국 그 힘과 영향력이 아주 미약하게 되어 버릴 수도 있다.

그럼에도 불구하고 양심이 흐려진 예민성과 약화된 힘을 (비록 완전하게는 아닐지라도 어느 정도) 회복할 수 있는 가능성을 생각해 볼 수 있을 것이다. 인간의 타락에도 불구하고 변함없이 작용하고 있

---

35) Ronald Preston, 〈Conscience〉, p.116.

는 하나님의 은총과 각자의 기도와 수양에 의하여 타락한 양심(이성 역시)은 치유되고 그 기능이 강화될 수도 있을 것이다.

결론적으로 말해서, 인간에게는 선을 행하고 악을 피하고자 하는 본능(양지양능, 양심)이 내재되어 있으며,[36] 이 양심은 '선한 본능' 또는 선을 추구하고 악을 피하고자 하는 '본능적 속성'이라는 본질적 측면과 이성의 사고력을 사용하여 '선악 판단의 자료와 기준'을 준비하고 그것을 토대로 하여 '선악을 판단하는' 기능적 측면을 가지고 있다. 그러므로 양심과 이성은 분명히 서로 구별되게 존재하는 것으로 보아야 한다.

그리고 양심은 이성뿐만 아니라 느낌과도 별개이며, 의지와도 다른 독립적인 것이다. 인간에게 내재되어 있는 선한 본능인 양심이 이성의 판단력을 사용하여 기준을 형성하고, 일단 결정한 일을 수행하도록 의지를 움직이며, 감성을 움직여 잘한 일에 대해서 기뻐하고 잘못한 일에 대해서 후회하도록 만드는 것이다.

【참고 문헌】

Allport, Gordon W., *Pattern and Growth in Personality*, New York: Holt,

---

36) 결의론자들은 양심은 기독교인에게만이 아니라 모든 인간에게 내재되어 있다고 보며, 선악을 구분할 줄 아는 능력을 소유하고 그 판단을 구체적인 상황에 적용하는 것이 인간의 일부라고 여긴다. 그들은 또한 양심의 실제적인 판단이 때와 장소(상황)에 의해서 크게 영향을 받는다고 보았으며, 상황에 부응하는 그리고 시의 적절한 판단이 되기 위해서는 그렇게 되어야만 한다고 보았다. 그러나 그들은 양심의 판단이 항상 외적 조건에 의해서만 좌우되는 것은 아니라는 점도 인식하고 있다. **Ronald Preston**, 〈Conscience〉, p.117.

Rinehart and Winston, 1963.

Calvin, John, *Institutes of The Christian Religion*, ed., by John T. McNeill, trans., by Ford Lewis Battles, Philadelphia, Pennsylvania: The Westminster Press, 1960.

— 〈On Christian Liberty〉 in *Calvin: On God and Political Duty*, ed., by John T. McNeil, Indianapolis: Bobbs—Merrill Educational Publishing, 1981.

— 〈On Civil Government〉 in *Calvin: On God and Political Duty*, ed., by John T. McNeil, Indianapolis: Bobbs—Merrill Educational Publishing, 1981.

— 《신약 성경 주석》, 존 칼뱅 성경주석출판위원회 편역(서울: 성서교재간행사), 1990.

Donnelly, John and Lyons, Leonard. eds., *Conscience*, Staten Island, N. Y.: Alba House, 1973.

Durpe, W., 〈Conscience〉, *New Catholic Encyclopedia* IV, 1967.

Ernst, Wilhelm, 〈Gewissen in katholishcer Sicht〉, *Internationale katholische Zeitschrift*, 〈Communio〉, 11(1982).

Fagothey, Austin, S. J., *Right and Reason: Ethics in Theory and Practice*, 3rd ed., Saint Louis: The C. V., Mosby Company, 1963.

Gardner, E. C., 〈Conscience(Protestantism)〉 in *Dictionary of Pastoral Care and Counseling*, ed., by Rodney J. Hunter, Nashville, TN: Abingdon Press, 1990.

Glaser, John W., 〈Conscience and Superego: A Key Distinction〉 in *Conscience: Theological and Psychological Perspectives*, ed., by C. Ellis Nelson, New York: Newmann Press, 1973.

Goldbrunner, J., *Individuation: A Study of the Depth Psychology of Karl Gustav Jung*, Notre Dame, Indiana: University of Notre Dame Press, 1964.

Hertz, Anselm, 〈Glaube und Gewissen〉 in *Handbuch der christlichen Ethik*, Freiburg: Herder, 1982.

Katz, R. L., 〈Conscience(Judaism)〉 in *Dictionary of Pastoral Care and Coun-*

seling, ed., by Rodney J. Hunter, Nashville, TN: Abingdon Press, 1990.

Maslow, Abraham, *Motivation and Personality*, New York: Harper and Row, 1970.

McCarthy, Dorothea, 〈Development of the Normal Conscience〉 in *Conscience: Its Freedom and Limitation*, ed., by W. C. Bier, New York: Fordam Univ, Press, 1971.

Müncker, Theodor, *Die psychologischen Grundlagen der katholischen Sitten-lehre*, Düsseldorf: L. Schwan, 1934.

Nelson, C. Ellis, ed., *Conscience: Theological and Psychological Pers-pectives*, New York, Newman Press, 1973.

Peschke, K. H., 김창훈 역, 《그리스도교 윤리학: 제2차 바티칸 공의회 정신에 의한 가톨릭 윤리신학》, vol. 1., 서울: 분도출판사, 1991.

Preston, Ronald, 〈Conscience〉 *in The Westminster Dictionary of Christian Ethics*, ed., by James F. Childress and John Macquarrie, Philadelphia, Pennsyl-vania: The Westminster Press, 1986.

Schnackenburg, Rudolf, *The Moral Teaching of the New Testament*, trans., by J. Holland-Smith and W. J. O'Hara from the 2nd rev, German ed., 1962. New York: Herder, 1967.

Schrage, Wolfgang, *Ethik des Newen Testament*. Göttingen: Vandenhoek und Ruprecht, 1982.

Sears, Robert, et all, 〈How Conscience is Formed〉 in *Conscience*, ed., by C. Ellis Nelson, New York: Newmann Press, 1973.

Thomas von Aquinas, *Summa Theologiae*.

제 III 부

제5장
목적론적 윤리방법론

    인간은 개인적·사회적으로 매 순간마다 윤리 도덕적 결정을 내리고, 그 결정에 의거하여 개인적으로 행동하거나 사회적인 정책을 수립하고 실행한다. 윤리 도덕적 결정은 선과 악, 옳고 그름을 판단해서 내리는 결정이다. 그렇다면 이러한 윤리도덕적 판단을 하는데 사용되는 근거는 무엇인가? 무엇인가를 선하고 옳은 것이라고 판단하거나 반대로 악하고 옳지 못한 것이라고 판단한다면, 우리는 어떠한 근거를 바탕으로 그러한 결정을 내리게 되는가? 이 질문과 관련해서 앞으로 대표적인 윤리방법론들에 대해 살펴보게 될 것이다. 먼저 본장에서는 가장 오랜 전통을 가진 목적론적인 방법론에 대하여 살펴보기로 하겠다.

제1절 목적론적 윤리방법론의 성격

    아리스토텔레스는 "모든 예술 또는 응용과학 그리고 모든 조직적 연구는, 그리고 이와 마찬가지로 모든 행동과 선택은, 어떤 선을 추구하는 것으로 보인다"고 말했다.[1] 그는 또 "만일 우리가 그것 자체로서 행동의 최종 목표가 되며 우리의 다른 모든 욕구들을 좌우하는 목표가 존재한다면…… 이 목표가 최고의 선이다"라고 말한다.[2] 공리주의자 밀도 인간의 모든 행동을 목적론적으로 이해하였다. 그는 "모든 행동은 어떤 목표를 위한 것이다. 그리고 행동 규범들은…… 그것의 성격과 특색을 그것이 기여하고자 하는 목표로부터 부여받아야 한다"고 주장한다.[3] 사람들은 다양한 것들을 궁극적인 목적으로 설정하곤 한다. 쾌락주의자들은 흔히 쾌락(pleasure)을 선(good)으로 간주하고 고통(pain)을 악(evil)으로 간주하여 쾌락 추구를 인생의 목적으로 설정한다. 그런가 하면 평화·권력·지식·자아 인식·마음의 평안을 선이나 목표로 간주하기도 하고, 인종·족벌·귀족·당파·국가 같은 특정 집단의 이익을 목적으로 하는 경우도 있으며, 공리주의자들처럼 최대 결과를 최종 목적으로 삼는 경우도 있다.

목적론적 방법론은 최종 목적과 결과에 의거해서 옳고 그름의 판단을 내리는 윤리방법론이다. 이 방법론에 의거하면 어떤 행동이나 규범이 최종 목적을 성취하는 데 기여하며, 최대 결과를 낳는 데 기여하면 그것은 도덕적으로 옳은 행동이나 규범이 되고 그 반대일 때

---

1) Aristotle, *Nicomachean Ethics*, trans by Martine Ostwald(Indianapolis, Indiana: Bobbs-Merrill/Library of Liberal Arts Press, Inc., 1962), p.3. Book 1, chap.1, 1094a 1-2.

2) "All actions have some end. If there exists an end in the realm of action which we desire for its own sake, an end which determines all our other desires…… this end is the highest good." *Ibid.*, p.4. Book 1, chap.2, 1094a 18-22.

3) Samuel Gorovitz, ed., *Mill: Utilitarianism*(Indianapolis: The Bobbs-Merill Company, Inc., 1971), p.14.

는 비도덕적이요 비윤리적인 것이 된다. 윌리엄 프랑케나는 목적론적 방법론에 의한 선·악 판단 방법을 다음과 같이 서술하고 있다.

어떤 행동에 있어 그 행동이 따르는 규범이 옳은 것이 되기 위해서는 그것이 생산하고 있거나, 생산할 가능성이 있거나, 생산하고자 시도하는 선(good)의 양이 악(evil)보다 최대 한도로 많은 양의 선을 생산해야 하는데, 어떤 다른 행동이나 규범이 생산하는 선의 양과 적어도 같은 양의 선을 생산하여야만 한다. 그렇지 못할 경우 행동이나 규범은 옳지 못한 것이 된다. 따라서 그 행동이나 그 행동이 따라야 할 규범이 생산하고 있거나, 생산할 가능성이 있거나, 생산하고자 시도하는 선의 양이 악보다 최대 한도로 많은 양의 선을 생산해야 하는데, 어떤 다른 행동이나 규범이 생산하는 선의 양과 적어도 같은 양의 선을 생산할 수 있을 때에만 실제로 행하여져야 한다.[4]

프랑케나는 목적론적 방법론에 의거한 윤리방법론이 선·악 판단의 기준으로 삼는 최종 결과의 성격에 대하여는 다음과 같이 설명해 주고 있다.

어떤 사람의 행동이나 성격의 도덕적 질이나 가치는 그것들이 생

---

4) "An act is right if and only if it or the rule under which it falls produces, will probably produce, or is intended to produce at least as great a balance of good over evil as any available alternative; an act is wrong if and only if it does not do so. An act ought to be done if and only if it or the rule under which it falls produces, will probably produce, or is intended to produce a greater balance of good over evil than any available alternative." William K. Frankena, *Ethics*(Englewood Cliffs, New Jersey: Prentice-Hall, Inc., 1973), p.14.

산하거나 생산하고자 하는 도덕적인 것과 무관한 가치(nonmoral value)의 비교적 분량(실과 비교한 득의 양)[5]에 따라서 결정된다. (…) 무엇이 옳은 것인지, 실행되어야만 할 것인지, 도덕적으로 선한 것인지를 알기 위해서, 우리는 먼저 도덕적인 것과 무관한 관점에서 무엇이 선인지를 알아야 하며, 그것이 증진시키거나 증진시키고자 시도하는 바가 이러한 관점에서의 선이냐 하는 것을 알아야만 한다.[6]

목적론적 방법론에 의거해서 윤리적 사고를 전개한 대표적 철학자로는 아리스토텔레스가 있으며, 이 방법론을 사용한 대표적인 이론 중에는 공리주의 이론이 있다. 그러면 먼저 아리스토텔레스의 논리에 대하여 살펴보기로 하자.

---

5) 도덕적인 것과 무관한 가치라는 말은, 옳으냐 그르냐 하는 도덕적 판단을 필요로 하지 않는 수량적 가치를 의미한다. 예를 들어서 한 공장의 상품 총생산량이라든지, 국민 총생산액, 이윤 총액과 같은 물량적인 금액 수치가 이에 해당되는 것이다. 비교적 분량이라 함은 손실과 이득을 비교한 후에 남는 이득의 수치를 의미한다. 그리고 최종 결과가 최대의 이득을 생산하게 되면 선하고 옳은 것이라고 보게 된다.

6) "The moral quality or value of actions, persons or traits of character is dependent on the comparative nonmoral value of what they bring about or try to bring about (…) In order to know whether something is right, ought to be done, or is morally good, one must first know what is good in the nonmoral sense and whether the thing in question promotes or is intended to promote what is good in this sense." William K. Frankena, *Ethics*, pp.4-5.

제2절 아리스토텔레스와 행복

아리스토텔레스는 인간 삶의 궁극적 목표는 행복 추구에 있다고
말한다.

> 우리는 그 자체가 목표로서 추구되는 것을, 다른 무엇인가를 위한
> 수단으로써 추구되는 어떤 목표보다도 더 궁극적인 것이라고 칭한
> 다. 우리는 다른 어떤 수단으로도 취해지지 않는 것을, 그 자체로 목
> 표이면서 동시에 다른 무엇인가를 위한 수단으로 취해지는 것보다
> 더 궁극적인 것이라고 칭한다. 다른 어떤 것을 위한 수단이 아니라
> 그 자체가 항상 목표로서만 선택되는 것을 절대적인 의미에서의 궁
> 극적인 것이라고 칭한다. 이 묘사는 행복에 가장 잘 적용된다고 볼
> 수 있는데, 그 까닭은 우리가 항상 행복을 그것 자체로서 최종적인
> 목표로 선택하며, 절대 다른 어떤 것을 위한 수단으로는 선택하지 않
> 기 때문이다.[7]

아리스토텔레스는 행복의 구성 요소로서 외적 요소(external
goods)[물질·친구·가족·자녀 등], 정신적 요소(goods of soul), 그리

---

7) "We call that which is pursued as an end in itself more final than an end which
is pursued for the sake of something else; and what is never chosen as a means to
something else we call more final than which is chosen both as an end in itself and as
a means to something else. What is always chosen as an end in itself and never as a
means to something else is called final in an unqualified sense. This description
seems to apply to happiness above all else: for we always choose happiness as an end
in itself and never for the sake of something else." Aristoteles, *Nicomachean Ethics*,
pp.14-15. Book 1, chap.7, 1097a 30-1097b 1.

고 육체적 요소(the goods of body)[건강·아름다움 등]를 들고 있다. 그러나 이 중에서 정신적 요소(정신적 행동과 활동)가 행복을 위한 최상의 그리고 최고로 충족된 조건이라고 말한다.[8] 그는 "한 사람에게 있어서 선, 즉 행복은 '덕에 부합되는 일종의 정신적 행동'인 것이다"[9]라고 말하며, 또한 "행복한 사람은 그 행위가 완전한 덕의 표현인 사람"[10]이라고 말한다.

아리스토텔레스는 또한 덕스럽게 행동하는 것을 과하지도 부족하지도 않은 적당함, 즉 중용(median, mean)에 비유하며 다음과 같이 이야기한다.

[덕스러운 행동은] 적합한 시간에, 옳은 목적을 위해, 올바른 대상(사람)에게, 정당한 이유를 가지고, 적합한 수단과 방법으로 행하여지는 행동을 의미한다. 이러한 행동이야말로 중용이요, 덕이 지향하는 가장 올바른 길이며 과녁이다.[11]

그렇다면 아리스토텔레스는 어떠한 것들을 덕이라고 간주하나? 그는 다음에 제시한 열두 가지, 즉 용기(courage), 절제(self-control), 관용(generosity), 당당함(magnificence), 고매함(high-mindedness), 부드러움(gentleness), 진실함(truthfulness), 재치(wittiness), 우정(friend-

---

8) *Ibid.*, p.19. Book 1, chap.8, 1098b 13-14.

9) *Ibid.*, p.17, Book 1, chap.7, 1098a 16-17, *Ibid.*, p.22. Book 1, chap.9, 1099b 25-26.

10) *Ibid.*, p.26. Book 1, chap.11, 1101a 14.

11) "A virtuous action has to be performed at the right time, toward the right object, toward the right people, for the right reason, in the right manner. This is the median and the best course, the course that is a mark of virtue." *Ibid.*, p.43. Book 2, chap.6, 1106b 20-23.

ship), 정숙함(modest), 의분(righteous indignation), 정의(justice)를 덕으로 제시하였다.[12] 이 덕들은 모두 다 두 극단들 사이의 중용이다. 예를 들면 용기는 만용(recklessness)과 비굴함(cowardice) 사이의 중용이고, 절제는 방종(self-indulgence)과 무감각함(insensitiveness) 사이의 중용이며, 관용은 낭비(extravagance)와 인색함(stinginess) 사이의 중용인 것이다. 그러나 각각의 덕은 저마다의 경우에 있어서 가장 탁월하고 적당한 상태에 도달한 것으로 가장 적절하게 기능하게 된다.

아리스토텔레스는 자기 스스로를 지식을 아는 철학자라고 생각하면서도 그 지식을 실천으로 옮기지 않는 사람은 의사로부터 처방전을 받고서도 그것대로 약을 지어먹지 않는 사람과 같다고 비유하면서, 덕이 무엇인지 아는 것도 중요하지만 덕스럽게 행동하는 사람을 본받아 끊임없이 노력하여 각자가 덕스러운 사람이 되는 것이 보다 중요하다고 강조한다.[13] 그는 "우리의 목표는 무엇이 덕인지 아는 데 있는 것이 아니라 선하게 되는 것이다"[14]라고 말한다.

아리스토텔레스는 모든 인간이 덕을 성취할 수 있는 능력을 가지고 태어나며, 교육과 지속적인 노력에 의해서 덕스러운 사람이 될 수 있다고 가르쳤다. 그는 다음과 같이 말하고 있다. "도덕적 덕들 중 어느 하나도 천부적으로 타고나는 것은 없다. 왜냐하면 천부적으로 존재하는 것은 습관에 의해서 고쳐질 수 없기 때문이다. (…) 우리는 그 덕을 수용할 수 있는 천부적인 능력을 가지고 태어나며, 습관에 의해서 이 능력이 성취되고 완성되어지는 것이다."[15]

---

12) *Ibid.*, pp.41-48.
13) *Ibid.*, p.40. Book 2, chap.4, 1105b 10-17.
14) *Ibid.*, p.35, Book 2, chap.2, 1103b 26-27, *Ibid.*, p.295, Book 10, chap.9, 1179a 33-1179b 3.

아리스토텔레스는 개인적인 차원에서뿐만 아니라 사회 전체적인 차원에서도 목적론적인 논리를 전개하고 있다. 그는 여러 학문 중에서도 정치학이 최상의 학문이라고 주장하는데, 이는 정치학은 다른 모든 학문들을 활용하며 시민들이 무엇을 하여야 하고, 무엇을 하지 말아야 할 것인지를 통제하는 역할을 하기 때문이다. 그리고 이렇게 하는 목적은 사람들을 선하게, 즉 행복하게 만들기 위해서이다.[16] 아리스토텔레스는 다음과 같이 말한다. "정치의 목표가 모든 다른 목표들 중에서 최상의 목표이다. 정치의 주된 관심은 시민들의 마음속에 특정한 성품을 배양시키는 것이요, 시민들을 선하게 만드는 것이며 고결한 행동을 하도록 훈련시키는 것이다."[17]

아리스토텔레스는 덕들 중에서는 정의[18]가 최고의 덕이라고 말한다. 왜냐하면 정의는 행위자 자신에게뿐만 아니라 통치자와 시민들을 포함한 다른 사람들에게도 유익을 끼치기 때문이다.[19] 국가는 정

---

15) "None of moral virtues is implanted in us by nature, for nothing which exists by nature can be changed by habit (…) We are by nature equipped with the ability to receive them, and habit brings this ability to completion and fulfillment." *Ibid.*, p.33. Book 2, chap.1, 1103a 18-19, 24-25. 여기에서 '습관'은 지속적인 교육과 노력을 의미한다.

16) *Ibid.*, p.4. Book 1, chap.2.

17) "The end of politics is the best of ends; and the main concern of politics is to engender a certain character in the citizens and to make them good and disposed to perform noble actions." *Ibid.*, p.23. Book 1, chap.9, 1099b 29-32.

18) 아리스토텔레스는 "Injustice is taking more than one's share of the good and taking less than one's share of the bad"라고 정의하고 있다. *Ibid.*, p.113. Book 5, chap.1, 1129b 10-11. 그리고 공평한 분배(just share)에 대해서는 "To each according to his deserts"라고 설명하고 있다. *Ibid.*, p.118. Book 5, chap.3, 1131a 24-25. 그렇다면 아리스토텔레스가 생각하는 정의는 각자가 자기에게 해당되는 만큼의 선(권리·기쁨·이득 등)과 악(의무·고통·손실 등)을 공평하게 담당하는 것이라고 볼 수 있을 것이다.

19) *Ibid.*, p.114. Book 5, chap.1, 1130a 3-5.

치를 통하여 시민들이 정의로운 사람들이 되도록 훈련시켜야 한다. 이렇게 함으로써 개인이 정의로운 사람이 되고, 국가 전체가 정의로운 사회가 될 것이며, 이로서 모든 개인들과 국가 전체가 행복하게 되는 것이다.

결론적으로 말해서 아리스토텔레스는 개인과 사회를 행복하게 만드는 데 도움이 되는 행위는 덕스러운 행동으로 도덕적인 것으로 보았으며, 그 반대의 행동은 비도덕적인 것으로 보았던 것이다.

제3절 윤리적 이기주의와 공리주의

아리스토텔레스처럼 목적론적인 윤리방법론을 사용한 또 다른 대표적인 예가 윤리적 이기주의와 공리주의이다. 이제 이 두 가지 이론의 특징과 두 이론이 안고 있는 취약성에 대해서도 살펴보기로 하겠다. 누구의 선을 증대시킬 것이냐에 있어서 윤리적 이기주의자들은 개인의 쾌락을 극대화하는 것이 행동의 목적이 되어야 한다고 주장하고, 공리주의자들은 다수의 행복을 극대화하는 것이 행동의 목적이 되어야 한다고 주장한다.

1. 윤리적 이기주의

윤리적 이기주의는 행위자 자신의 최대의 이익(선의 양이 악의 양보다 큰)을 추구하는 것이 삶의 목표이며, 그것을 보장하는 행위나

도덕률만이 도덕적으로 옳은 행동이라고 주장한다.[20]

물론 윤리적 이기주의는 하나의 윤리 이론일 뿐 이것을 주장하는 학자들이 반드시 일상적인 의미에서의 이기주의자들이라고 볼 필요는 없다. 예를 들면 겸손함, 다른 사람을 고려함, 정직함 등이 궁극적으로는 자기 자신의 삶에 도움이 된다고도 생각할 수 있는 것이다. 그러나 이들의 행동 원칙이 보편적인 규범("모든 사람은 궁극적으로 자기 자신에게 이득이 되는 기준에 의거하여 판단하고 행동해야 한다") 이 되었을 경우에는, 이 방법론은 자기 모순적임이 드러나게 된다. 모든 사람들이 다 자기 자신에게 유리한 쪽으로 행동하게 된다면, 그것은 결국 각 개인의 이익 성취에 위배될 것이기 때문이다.[21]

한 가지 예를 들어 보자. 친구 A가 친구 B에게 도덕적인 조언을 구했다고 가정해 보자. 그러면 B는 자기 자신에게 유리한 쪽으로 A가 행동하도록 조언할 것이다. 또 다른 경우를 가정해 보자. 친구 C와 D가 서로 다투었는데 친구 E에게 조언을 구하러 왔다고 가정해 보자. 그러면 E는 C와 D에게 보다는 E 자신에게 유리한 쪽으로 조언을 하게 될 것이다.[22] 이러한 점들을 고려해 볼 때 윤리적 이기주의는 보편적인 윤리 이론이 되기에는 부족함이 있음을 알 수 있다.

윤리적 이기주의에 속하는 키레네학파의 사상가들은 감각적·육체적 쾌락의 즉각적인 충족을 추구했다. 키레네학파의 사상가 중의 하나인 테오도루스 같은 사람은 이타적인 활동과 제도는 그것이 정치적인 것이든 혹은 종교적인 것이든 간에 모두 거부하고 오로지 감각적인 쾌락을 추구하는 데 몰두했다. 에피쿠로스학파의 사상가들

---

20) William K. Frankena, *Ethics*, p.18.
21) *Ibid.*, pp.18-19.
22) *Ibid.*, p.19.

도 이타적인 공공 생활 대신에 이기적이고 사적인 생활을 권장하며 개인적인 이익과 쾌락을 철저히 추구하도록 가르쳤다.[23] 심리학적 이기주의는 인간은 본래 자기 자신만을 사랑하는(self-love) 존재들로서 태어난다고 주장한다. 인간은 항상 자기 자신에게 최선이라고 생각하는 것(쾌락·행복·지식·권력 등)을 추구한다고 보는 것이다.[24]

그러나 이러한 논리를 하나의 윤리 이론으로 인정하는 데는 문제가 있다. 자기 자신만을 사랑한다고 하면 이 세상은 아수라장, 약육강식의 쟁투장으로 화하게 될 것이며, 결국 사회 구성원들의 이익을 보장할 수 없게 되므로 윤리 이론으로서의 위치가 약해지는 것이다. 특히 기독교의 '이웃 사랑'이라는 최대 명제와는 정면으로 대치되는 것이다. 뿐만 아니라, 인간이 항상 자기 자신의 이익만을 추구하고 타인의 복리를 추구하는 경우가 전혀 없다고 할 수는 없을 것이다.

버틀러는 다음과 같이 윤리적 이기주의의 논리를 반박하고 있다. 첫째, 인간의 행동을 관찰해 보면 자기 사랑(self-love)보다는 식욕·성욕·명예욕과 같은 '원초적 욕구'에 근거한 개인의 욕구 충족이 행위의 목표가 됨을 보게 된다. 둘째, 자기 사랑은 이러한 여러 욕구들 중의 하나일 뿐이다. 셋째, 사람들은 때로는 박애 정신에 의거하여 자기 자신보다도 타인의 복리를 추구하는 경우도 있다. 넷째, 어떤 경우에는 성욕이나 식욕 같은 원초적 욕구들이 개인으로 하여금 자신의 궁극적 이득에 위배되는 행위를 하게 할 수도 있으며, 자기 희생과 같은 박애 정신이 자신의 이익과는 다른 행동을 하도록

---

23) **William S. Sahakian**, 송휘칠·황경식 공역, 《윤리학의 이론과 역사》, 수정판 (서울: 박영사, 1988), pp.41-47.

24) **William K. Frankena**, *Ethics*, pp.20-21.

만들기도 한다.[25]

사하키언은 쾌락주의에 대하여 다음과 같이 비판하고 있다. 첫째, 쾌락주의자들은 적절한 증거도 제시하지 않고 "쾌락은 선이다"라고 주장한다. 음식이나 성적 쾌락이 건강을 해치는 경우가 있듯이 바람직하지 못한 대상도 많으며, 쾌락 자체가 반드시 선인 것도 아니다. 둘째, 쾌락에는 여러 종류가 있으며, 질적으로 서로 구별되어야 한다. 폭군이나 미친 사람의 쾌락이 건전하게 살고 있는 합리적인 사람의 쾌락과 동일시되어서는 안 된다. 셋째, 쾌락이 반드시 만족을 주는 것은 아니다. 예를 들어서 성적 욕구의 충족이 반드시 사랑을 충족시켜 주거나 정신적 만족을 가져다 주는 것은 아니다. 넷째, 인간 생활에서 일어나는 여러 가지 좋은 일들이 모든 사람들에게 공통적으로 추구되어지는 것도 아니며, 쾌락을 주는 것도 아니다. 예를 들어서 공부를 많이 해서 학자나 의사가 되는 것이 모든 사람들의 욕구는 아니며, 쾌락을 주는 것도 아니다.[26] 또한 존 클라크는 인간은 타인의 복리를 증진시키거나 타인의 행복함을 보는 것을 기뻐하도록 창조되었다고 말하며, 이것은 바로 우리 속에 심리적 이기주의자들이 부인하는 것과는 달리 박애 정신이 존재하고 있음을 보여 주는 것이라고 지적한다.[27]

이러한 점들을 고려해 볼 때 자기 사랑을 인간 행위의 궁극적인 목적으로 주장하는 윤리적 이기주의는 취약점들을 갖고 있으며, 하

---

25) *Ibid.*, p.21.

26) William S. Sahakian, 송휘칠 · 황경식 공역, 《윤리학의 이론과 역사》, pp.47-48.

27) William K. Frankena, *Etnics*, p.22. cf. 존 클라크의 견해를 더 자세히 보려면 다음 책을 참조하라. Lewis A. Selby-Bigge, ed., *British Moralists* (Oxford: Clarendon Press, 1897), Vol. II.

나의 윤리 이론으로 인정하기에는 문제가 있다고 보아야 할 것이다.

2. 공리주의

밀은 행동의 옳고 그름을 판단하는 기준으로 '공리성(utility)' 또는 '최대 행복의 원칙'을 제시한다.

'공리성' 또는 '최대 행복의 원칙'을 도덕성의 근거로 삼는 신조는 행복을 증진시키는 데 기여하는 행동은 옳고, 행복에 반대되는 것을 산출시키는 데 기여하는 행동은 그른 것으로 간주한다. 행복은 쾌락을 의미하고 고통의 부재를 의미하며, 불행은 고통을 의미하고 쾌락의 부재를 의미한다.[28]

윤리적 이기주의에 대비하여 공리주의는 최대의 일반적 선(선의 양이 악의 양보다 큰)의 성취를 최종적인 목표로 설정하며, 그것을 보장하는 행위나 도덕률만이 도덕적으로 옳은 행동이라고 본다.

옳고 그름 그리고 의무성을 판단하는 유일하며 최종적인 기준은 공리성의 원칙(the principle of utility)이다. 이 원칙에서 우리의 모든 행위에 있어서 추구해야 하는 도덕적 목표는 전체로서의 세계 속에서 악에 대한 가능한 한 최대치의 선(또는 선에 대한 가능한 한 최소의 악)을 성취하는 것이다.[29] 여기에서 '선'과 '악'은 도덕적인 것과는

---

28) Samuel Gorovitz, ed., *Mill: Utilitarianism*, p.18.

무관한(nonmoral) 의미에서의 선과 악을 의미한다. 다시 말해서 그 선과 악이 어떤 성격의 것이든 양적으로, 또는 적어도 수학적으로 서로 가감하여 측정할 수 있는 것임을 의미하는 것이다.[30]

예를 들어서 벤담은 쾌락과 고통을 계산하는 일곱 가지 기준을 제시한다. 그 기준은 강도(intensity), 지속도(duration), 확실성(certainty), 근접성(propinquity), 생산력(fecundity), 순도(purity), 그리고 범위(extent)이다.[31] 그러나 밀은 벤담의 이러한 측정 기준 제시에 대하여 비판적인 입장을 보이면서 쾌락을 측정함에 있어서 양적인 면뿐만 아니라 질적인 면도 고려하여야 함을 지적한다. 밀은 또한 육체적인 쾌락보다는 정신적 쾌락이, 그리고 쾌락의 양적인 면보다 질적인 면이 보다 중시되어야 한다고 주장하고 있다.[32] 그는 "우리는 양을 훨씬 능가하는 질적으로 뛰어난 것을 선호하는 것에 대한 정당성을 인정받았다"고 말한다.[33]

행동공리주의(act utilitarianism)

행동공리주의는 그때그때마다 직면한 특정 상황 속에서 취한 개인의 행동이 최대 결과, 즉 전체적으로 악보다 선의 양을 최대 한도로 많이 생산하는 데 기여를 하는지의 여부에 따라 그 행동의 옳고

---

29) 악(손실)을 제하고 난 뒤에 남는 선(이득)의 양이 최대치가 됨을 의미함.
30) William K. Frankena, *Ethics*, pp.34-35.
31) *Ibid.*, p.35.
32) Samuel Gorovitz, ed., *Mill: Utilitarianism*, pp.18-19.
33) *Ibid.*, p.19. 밀은 또한 "배부른 돼지보다는 배고픈 인간이 더 낫다. 만족한 바보보다는 만족하지 못한 소크라테스가 더 낫다"고 선언한다. *Ibid.*, p.20.

그름을 판단한다는 이론이다. 그러나 이 이론은 과거의 경험에 근거한 어떠한 일반화된 규범도 사용할 수가 없고, 그때그때마다 전체적인 결과를 생각하며 새로운 결정을 해야 한다고 주장하므로 사실상 비실용적인 이론이다. 그리고 사람들은 행동함에 있어서 일반화된 규범들을 필요로 하며 실재로 일반화된 규범들에 의거하여 행동하고 있다.[34]

이 이론의 모순점을 보여 주는 예는 다음과 같다. 둘 다 100이라는 결과를 낳은 A와 B 두 행동이 있다고 가정해 보자. 그런데 두 행동을 분석해 본 결과 행동 B는 약속을 어기거나 거짓말을 하는 등 옳지 못한 방법들이 사용되었음을 발견하였다. 객관적으로는 행동 A가 윤리적으로 옳은 행동이라고 해야 하지만, 행동공리주의의 입장은 두 행동이 똑같은 결과를 생산하였으므로 둘 다 옳은 행동이라고 할 것이다. 그런데 만약 행동 B가 더 많은 결과를 낳게 된다면 행동공리주의는 당연히 행동 B를 보다 도덕적이라고 할 것이다.

좀더 구체적인 예를 하나 들어 보자. 어떤 식당 주인이 한 학생에게 1개월간 일을 시키고 난 뒤에 약속한 임금 지불을 거부하였다. 그 이유는 식당 주인이 그 돈을 학생에게 주는 것보다는 다른 곳에 투자하는 것이 사회적으로 더 큰 결과를 생산하게 될 것이라고 믿었기 때문이다. 보다 큰 결과만 보장된다면 행동공리주의는 이 경우에도 식당 주인의 행동을 옳다고 할 것이다.

이 논리는 결국 다른 규범들(약속을 지켜라, 거짓말하지 마라 등)은 고려하지 않고 최대 결과의 생산에만 초점을 맞추어서 순간의 행동을 결정하므로 윤리적인 문제를 야기하게 되는 것이다.

---

34) William K. Frankena, *Ethics*, pp.35-36.

일반공리주의(general utilitarianism)

일반공리주의는 직면한 상황 속에서 어떤 규범을 따를 것인가를 묻거나 한 개인의 행동이 중심이 되는 것이 아니라, 모든 사람이 동일한 행동을 할 때 그것이 최대 결과를 생산하는 데 기여를 하는지의 여부에 따라 그 행동의 옳고 그름을 판단하는 이론이다. 이 이론은 그 이면에 어떤 특정한 상황 속에서 한 개인이 취한 어떤 행동이 도덕적으로 옳은 행동이라면 그와 유사한 상황 속에서는 다른 사람들도 그와 똑같은 행동을 하는 것이 도덕적으로 옳다는 논리가 깔려 있는 것이다.[35]

그러나 이 이론에는 약점이 있다. 이 이론의 모순을 보여 주는 예를 들어 보기로 하자. A라는 사람이 회사로부터 퇴직을 당하였다. 설상가상으로 퇴직금으로 받은 돈마저 사기를 당하여 다 잃어버렸다. 이 일 때문에 연로한 어머니와 아내는 화병이 나서 드러누워 버렸으며, 대학에 다니고 있던 아들과 딸은 휴학을 하고 나쁜 길로 빠져들게 되었다. 이러한 상황에 처하자 A는 한밤중에 어느 부잣집에 들어가서 장식장 속에 진열되어 있던 골동품을 훔쳤다. 그리고 그것을 팔아서 가족들의 문제를 해결하게 되었고, 남은 돈으로는 작은 가게를 차려서 잘살게 되었다. A의 행동을 과연 나쁜 행동이라고 할 수 있겠는가?

행동공리주의는 이 경우에 A의 행동에 문제가 없다고 할 것이다.

---

35) William K. Frankena, *Ethics*, pp.37-38. cf. M. G. Singer, *Generalization in Ethics*(New York: Alfred A. Knopf, 1961).

그러나 일반공리주의는 A의 행동이 도덕적으로 옳지 못한 행동이라는 것을 입증하기 위해서 '일반화의 원칙'을 사용할 것이다. 즉 A의 행동이 도덕적으로 옳은 행동이라고 한다면 그와 같은 상황에 처할 경우에 다른 사람들도 누구나 A가 한 것과 같은 행동을 해도 좋다는 원칙에 다다르게 된다. 그러나 이 원칙을 도덕적으로 옳은 것으로 받아들이게 된다면 우리 사회는 제대로 지탱될 수 없을 것이다.

그러나 우리가 이 일반화된 원칙을 그대로 받아들이든 아니면 거부하든지 간에, 이러한 결론을 도출해 내는 데 사용한 원칙이 '공리성의 원칙'이 아닌 "모든 사람이 도둑질을 할 경우에"라는 '일반화의 원칙'을 동원해야만 하게 되므로 일반공리주의가 완전한 윤리이론이 될 수 없음을 입증해 주는 것이다.[36]

규범공리주의(rule utilitarianism)

밀이 대표적인 학자이며, 이 이론은 어떤 특정한 상황 속에서 어떤 행동이 최대의 결과를 낳을 것인가를 묻는 것이 아니라, 특정한 상황 속에서 어떠한 규범을 적용하는 것이 최대 결과를 보장할 것인가를 묻는다. 그러나 이 경우에도 궁극적인 판단 기준은 최대 결과를 낳아야 한다는 공리의 원칙이며, 규범은 최대 결과를 위한 수단이 되는 것이다.[37]

프랑케나는 이 이론의 특징을 잘 보여 주는 예를 하나 소개하고

---

36) cf., William K. Frankena, *Ethics*, p.38.
37) *Ibid.*, p.39.

있다. "운전을 할 때는 항상 도로의 어느 한쪽(왕복 2차선인 길에서 추월할 때와 같은 경우는 예외로 하고)으로 운전하라. 이렇게 하는 것이 최대 결과를 생산하는 데 도움이 될 것이다." 다시 말해서 최대 결과를 위하여 어떤 특정한 규범을 지킨다는 말이다.[38]

규범공리주의가 앞의 두 이론보다는 안정성과 일관성이 있기는 하나, 여전히 여러 가지로 비판이 제기될 여지가 있다. 그럼 제기되고 있는 비판들에 대하여 살펴보기로 하자. 이 이론이 비록 최대 결과를 생산하기 위하여 규범을 적용할 것을 주장하고 있기는 하지만, 옳고 그름의 판단 기준은 여전히 공리성이며 규범은 수단일 뿐이다. 그러므로 최대 결과를 생산하고자 하는 목적에 기여하지 못하거나 위배된다고 생각되는 규범은 무시될 것이다. 또한 이렇게 되면, 이 이론은 그때그때 이로운 데로 행동하는 행동공리주의로 전락하게 된다.[39] 예를 들어서 '약속을 지키는 것'이 사업을 성공시키는 데 도움이 된다고 판단하고 그대로 이행한 사업가이지만, 다른 경우에 약속을 어기는 것이 사업을 위해서 도움이 된다고 판단이 설 때에는 쉽게 '약속을 지켜라'는 규범을 어기게 될 것이라는 말이다.

분배 정의와 관련하여 고찰해 볼 때, 규범공리주의는 옳고 그름을 판단하는 완벽한 윤리방법론이라고 인정받기에는 문제가 있음을 보게 된다. 한 가지 예를 들어 보기로 하자. 생산된 결과를 분배함에 있어서 우리는 두 가지 방법, 즉 1) 공로가 없을지라도 소수의 구성원들에게 그 결과를 나누어 줄 경우와, 2) 될 수 있는 대로 많은 숫자의 구성원들에게 보다 공평하게 나누어 줄 경우를 가정해 볼 수

---

38) *Ibid.*, pp.39-40.
39) Karen Lebacqz, *Six Theories of Justice*(Minneapolis, MN: Augsburg Publishing House, 1986), pp.24-25.

있을 것이다. 당연히 전자는 불공정하게 보일 것이고, 후자가 도덕적으로 더 선호할만한 것으로 보일 것이다. 그렇다면 어떤 원칙을 따를 것인가? 공리의 원칙은 결과의 공평한 분배를 위해서 어떤 방법을 선택해야 하는지 명확하게 알려 주지 못한다. 더 나아가서 앞의 예는 도덕적으로 옳고 그름을 판단하는 기준으로 공리의 원칙과는 별개인 정의의 원칙 또는 의무론적 방법론이 필요하게 됨을 보여 준다. 그러므로 공리주의는 옳고 그름을 판단하는 데 있어서 완벽한 이론이 되지 못함을 알 수 있다.[40]

여기에 대해서 밀은 '최대 다수의 최대 행복'이란 공리의 원칙에 따라 두번째의 방법을 따르라고 주장할 수도 있을 것이다. 이렇게 되면 공정한 분배 방법에 대한 비판이 해소된다고 볼 수도 있을 것이다. 그러나 이 논리는 여전히 문제의 핵심을 벗어날 수 없다. 이 논리는 공리의 원칙을 다음과 같은 이중 원칙으로 만들게 된다: 1) 선의 양이 악의 양보다 많은 최대 결과를 생산하라. 2) 이 결과를 가능한 한 많은 사람들에게 분배하라. 이렇게 되면 공리주의는 '공리의 원칙'과 '정의의 원칙'의 종합형이 되게 되고, 결국 순수한 공리주의를 포기하게 되는 것이다.[41]

한걸음 더 나아가 공리주의는 다음과 같은 문제점을 야기시킬 수도 있다. 공리주의는 공정한 분배가 최대 결과를 생산하는 데 방해가 될 경우에는 공정한 분배를 포기할 것이라는 점이다. 한 가지 예를 들어 보기로 하자. 개발도상국에 있어서 수출 증대는 국가 부흥을 위해서 매우 중대한 것이다. 그리고 수출 증대를 위해서는 세계

---

40) William K. Frankena, *Ethics*, pp.41-42.
41) *Ibid.*, p.42.

시장에서의 경쟁력을 확보를 위해 값이 저렴한 상품을 생산할 필요가 있다. 한 개의 상품을 만드는 데는 재료·설비(자본)·노동이 필요하다. 그런데 단가가 저렴한 상품을 만들어 내기 위해서는 필연적으로 노동자들에게 주는 임금을 절하시킬 수밖에 없어진다. 왜냐하면 재료와 설비에 들어가는 경비는 어느 한계 이하로는 낮출 수 없기 때문이다. 그리고 수출 증대를 통해서 이룩한 이윤을 분배함에 있어서도 똑같은 논리에 의거하여 노동자들이 소외당할 수 있는 것이다. 결국 수출 증대라는 목표를 달성하기 위해서 노동자들이 희생당하고 분배 정의가 무시당하게 되는 것이다.

이상에서 지적한 분배 정의의 문제점은 규범공리주의뿐만 아니라 모든 공리주의방법론이 공통적으로 안고 있는 문제점이라고 보아야 할 것이다. 이외에도 우리는 공리주의가 안고 있는 몇 가지 문제점을 더 지적할 수 있다.

첫째, 숫자적인 결과에 의한 선악 판단을 가정하는 공리주의의 논리에는 문제가 있다. 모든 결과를 숫자적으로 계산할 수는 없지 않은가. 때로는 양적인 결과보다는 질적 결과가 삶의 질을 판단하는 기준이 될 수 있다.[42] 둘째, 행복의 기준에 대한 질문이 제기되어야 할 것이다. 누구에 의한, 누구를 위한, 어떠한 기준에 의하여 판단되어진 행복인가를 물어야 한다. 이는 전체(또는 다수)를 위한 개인(또는 소수)의 인권 희생과 직접적으로 관련된 문제이다. 독재자나 대기업 소유주의 입장에서 강요되어진 행복의 기준은 피지배자나 고용인들에게는 받아들여질 수 없는 것일 수도 있을 것이다. 강대국에 의한 정치적·경제적 억압과 착취, 다수 인종에 의한 인권유

---

42) Karen Lebacqz, *Six Theories of Justice*, p.29.

린 등이 이에 해당한다. 셋째, 자신의 이기적인 목적 성취에 도움이 되지 못한다고 판단하면 약속과 신의, 그리고 마땅히 지켜야 할 규범 등을 저버릴 수 있다는 점이 지적되어야 한다. 이렇게 되면 사회 자체가 유지되기 힘들 것이다. 넷째, 많은 경우에 개인이나 소그룹의 쾌락이나 이윤의 극대화에 방해가 되더라도 선하게 행동하기를 원하는 사람들도 있음을 기억하여야 한다. 모든 사람들이나 집단이 이기적인 목적이나 공리의 원칙에 의해서 행동하는 것은 아니다.

이상에서 우리는 목적론적인 방법론에 대하여 살펴보았다. 목적론적인 방법론이 분명히 인간의 행동 양태를 설명할 수 있으며, 또한 어떻게 행동할 때에 올바른 행동이 될 수 있는가를 판단할 수 있게 해주는 유익한 윤리 원칙임에는 반론의 여지가 없을 것이다. 그러나 목적론적인 방법론은 완전한 윤리방법론이 아니며 여러 가지 약점을 안고 있다.

다음 장에서는 목적론적인 윤리방법론을 비판하고 교정 또는 대체하고자 하는 시도로서 제기된 방법론인 의무론적 윤리방법론에 대해서 살펴보자.

【참고 문헌】

Aristotle, *Nicomachean Ethics*, trans., by Martine Ostwald, Indianapolis, Indiana: Bobbs—Merrill/Library of Liberal Arts Press, Inc., 1962.

Frankena, William K., *Ethics*, Englewood Cliffs, New Jersey: Prentice—Hall, Inc., 1973.

Gorovitz, Samuel, ed., *Mill: Utilitarianism*, Indianapolis: The Bobbs—Merill

Company, Inc., 1971.

Lebacqz, Karen, *Six Theories of Justice*, Minneapolis, MN: Augsburg Publishing House, 1986.

Sahakian, William S., 송휘칠 · 황경식 공역, 《윤리학의 이론과 역사》, 수정 판, 서울: 박영사, 1988.

Selby-Bigge, Lewis A., ed., *British Moralists*, Oxford: Clarendon Press, 1897.

Singer, M. G., *Generalization in Ethics*, New York: Alfred A. Knopf, 1961.

제6장
의무론적 윤리방법론

제1절 의무론적 윤리방법론의 성격

'의무'를 의미하는 그리스어 'deon'에서 그 이름이 유래된 의무론적 윤리방법론은 무엇이 윤리적인 것인가를 결정하기 위하여 규범 준수와 행위자의 의무 이행에 주목한다. 의무론적 윤리방법론은 목적 성취와 최대 결과 생산에 기여하느냐의 여부에 따라 옳고 그름을 판단하는 목적론적인 윤리방법론과는 매우 상반되는 논리를 사용하는 이론이라고 볼 수 있다. 어떤 행동은 그것이 생산하게 되는 결과나 가치와는 상관없이 그 행동 자체가 가지는 속성 때문에 옳은 행동이 되며, 또한 마땅히 그렇게 행하여야만 하는 행동(obligation, duty)이 될 수도 있는 것이다. 그러므로 의무론적 방법론에서 도덕적으로 옳은 행동은 인간이 마땅히 지켜야 할 특정한 또는 보편적 규범을 준수하기 위하여 하는 행동, 즉 의무를 수행하는 행동이라고 보며, 목적을 전제하지 않을 뿐만 아니라 궁극적인 결과도 고려하지 않는다. 목적론적인 방법론이 목적이나 결과를 충족시키는 수단으로서의 행동을 주장하는 반면에, 의무론적인 방법론은 행위의 동기가 목적이나 결과를 충족시키는 데 있는 것이 아니라 '약속을 지켜라' '거짓말하지 마라' 같은 규범 자체를 지키는 데 있다. 공리주의의 경우에는 수출 증대 같은 목표 달성이나 최대 이윤 산출이라는 결과를 성취하기 위하여 노동자들의 임금을 착취하거나 약속을 어기는 등의 행동을 행할 수가 있지만, 의무론적 방법론은 비록 수출 증대나 최대 이윤 산출에 방해가 되더라도 공평한 임금을 지급하고 약속을 이행하는 것이 도덕적으로 옳은 행동이라고 본다. 의무론적 방법론을 두 종류로 세분하여 살펴보기로 하자.

제2절 행동의무론

행동의무론은 각각의 특정한 상황 속에서 행위자가 보편적인 규범에 의거하거나, 그 행동이 산출하게 될 결과를 계산하여 어떻게 행동할까 판단하는 것이 아니라, 매 상황마다 자신의 주관적이고 직관적인 판단에 의거하여 그 상황에 적합한 행동을 결정하여야 한다고 주장한다. 이 이론은 어떤 특정한 상황 속에서 취한 행동의 옳고 그름을 판단하는 데 사용할 어떤 기존의 기준도 제시하지 않는다. 그러므로 각 행위자가 옳고 그름과 어떻게 행동해야 할 것인가를 판단하는 데는 각각의 상황에 대한 분명한 인식과 뛰어난 직관(intuition)을 토대로 한 주관적 판단에 의존할 수밖에 없다.[1]

보다 덜 극단적인 행동의무론자들은 각각의 구체적인 상황을 토대로 하여 일반적인 규범들을 만들어 내고, 그것들을 다음에 사용할 수 있을 것이라고 인정한다. 그러나 그들은 이 일반적인 규범들이 그때그때의 구체적인 상황 속에서 내려진 뛰어난 판단에 우선하거나 그 판단을 좌우해서는 안 된다고 주장한다. 왜냐하면 엄격히 따지고 들자면 모든 상황들은 서로 다르며 또한 독특성을 지니고 있기 때문이다. 결국 이 이론은 그때마다 필요한 일시적인 행동 규범(rules of thumb)은 제공할 수 있을지 모르나, 실제적으로는 다른 유사한 상황에서 모든 사람들이 따를 수 있는 보편적 판단 기준이나 행동 지침(guiding principles)을 제시하지는 못하는 것이다.[2]

헤어는 다음과 같이 행동의무론의 논리에 대해서 논박하고 있다. "무엇인가를 행할 것을 배운다 함은 항상 어떤 특정한 종류의 상황 속에서는 그에 적합한 특정한 종류의 행동을 하도록 배우는 것을 의미한다. 이는 바로 어떤 원칙(principle)을 배우는 것을 의미한다. (…) 원칙이 없이는 우리는 이전 세대로부터 아무것도 배울 수가 없다."[3] 사람들은 대게 한번 어떤 특정한 상황 속에서 어떤 도덕적 판단을 내리게 되면, 다음에 그와 유사한 상황에 처했을 때 비록 그 상황이 다른 시간과 공간에서 발생하고 또한 행위자가 다를지라도 자신이 이전에 내렸던 판단과 동일하게 판단내리며, 이전과 유사한 형태의 행동을 취하는 경향을 가지고 있다는 말이다.[4] 매번 직관적인 판단에 의거해서 독특한 결정을 내리지는 않는다. 옳고 그름을 판단하거나 어떻게 행동할 것인지를 결정할 때에는 기존하는 일반적 또는 보편적인 규범들을 참고로 하여 이성적이고 합리적인 판단

---

1) William K. Frankena, *Ethics*(Englewood Cliffs, New Jersey: Prentice-Hall, Inc., 1973), pp.16, 23.

2) *Ibid.*, pp.17, 23-24.

3) R. M. Hare, *The Language of Morals*(Oxford: Clarendon Press, 1952), pp.60-61.

4) William K. Frankena, *Ethics*, p.25.

을 내리게 된다. 행동의무론의 논리는 이러한 점을 간과하고 있다고 보아야 할 것이다.

행동의무론의 이론을 따를 경우 다음과 같은 문제도 발생할 수 있다. 한 개인이나 그룹이 주장하는 도덕적 가치 또는 정책은 객관적이고 보편적인 기준에 의한 것이 아니라 개인이나 그룹의 주관적이고 직관적인 결정에 의한 것이므로 그것이 과연 참으로 옳은 것인지에 대한 문제가 제기될 수 있다. 인종 차별적인 그룹에 의해서 만들어진 법이나 가치관, 그리고 종교적인 율법 또는 가치관 등이 이에 해당하는 적절한 예가 될 수 있을 것이다.

그러므로 프랑케나가 지적하고 있듯이, "이렇듯 일관된 기준을 갖지 못한 결정을 윤리라고 부르기는 힘들 것이다. 그리고 그렇게 불확실한 기초 위에다 그때그때 적용될 수 있는 행동 규범을 확립한다는 것 자체가 가능할지 의심된다"[5]고 보아야 할 것이다.

제3절 규범의무론

임마누엘 칸트·새뮤얼 클라크·리처드 프라이스·토마스 라이드·W. D. 로스 같은 학자들이 이 이론을 주장한 사람들이다. 행동의무론과는 달리 이들은 매 상황마다 각기 다른 규범에 의거해서 행동하는 것이 아니라 특정한 상황하에서는 보편적인 규범에 의거하여 항상 같은 방식으로 일관되게 행동하여야 된다는 주장이다.

---

5) *Ibid.*, p.23.

또한 이들은 목적론적 방법론과는 달리, 그것들이 최대 결과를 생산하느냐 않느냐와는 무관하게 정당성을 갖는다고 주장한다. 다시 말해서 규범의무론에 의하면 목적이나 결과는 고려하지 않고 보편적인 규범을 준수하는 의무 수행의 행동만이 도덕적으로 옳은 행동이 되는 것이다.[6]

이 이론에 의하면, 옳고 그름을 판단하는 기준은 하나 또는 여러 개의 규범으로 구성된다. 이 기준은 "항상 진실만을 이야기해야 한다"와 같은 매우 구체적이고 명료한 규범으로 이루어질 수도 있고, "B가 A에게 행한 방법이 옳지 못하다면 A가 그와 똑같은 방법으로 B에게 행하는 것은 옳지 못하다"라는 시지윅의 정의의 원칙처럼[7] 추상적이며 우회적인 것들로 구성될 수도 있다. 이 규범들은 기본적인 것이며 특정한 경우들로부터 추론에 의하여 도출되어진 것이 아니라, 오히려 각각의 경우에 어떻게 행동하여야 할 것인가를 항상 이 보편적 규범들에 의거하여 결정하여야 하는 것이다. 칸트의 이론을 살펴봄으로써 규범의무론의 특징과 문제점에 대해 살펴보기로 하겠다.

---

6) 참고: ① 규범의무론의 일종으로서 '신명론(divine command theory)'이 있는데 이는 하나님의 뜻이나 율법을 옳고 그름의 판단 기준으로 삼는다. 따라서 만약 하나님이 잔인함이나 부정직함이나 불의함을 명령한다고 해도 신명론을 주장하는 사람들에게는 이 명령이 옳은 것으로 간주될 것이다. 그러나 이것을 과연 도덕적으로 옳은 것으로 받아들일 수 있겠는가? 하나님이 잔인함을 명령한다면 이는 하나님 스스로의 본성에도 어긋나는 명령이다. 결국 신명론은 윤리 이론으로 받아들이기가 어렵다고 보아야 할 것이다. *Ibid.*, pp.28-30.

② 양심을 도덕률의 기준으로 강조하는 사람들은 주로 행동의무론자이거나 규범의무론자이다. 전자는 양심이 특정한 상황 속에서 특정한 판단을 내리는 역할을 한다고 보는 것이며, 후자는 양심이 옳고 그름 판단과 행동을 위한 보편적인 규범을 제시한다고 보는 것이다. *Ibid.*, p.17.

7) Henry Sidgwick, *The Methods of Ethics*, 7th ed.(London: Macmillan and Co., Ltd., 1907), p.380.

제4절 칸트의 정언명법과
도덕적으로 옳은 행동

1. 정언명법

칸트는 "모든 사람이 항상 지켜야 할 보편적인 법으로 일관되게 주장할 수 있는 준칙(maxim)에 따라서만 행동하라"(또는 당신이 보편적인 법이 되기를 바랄 수 있는 준칙에 따라서만 행동하라)는 정언 명법[8]을 주장하였다. 도덕적 명령인 이 정언적 명령은 모든 상황에 있어서 예외 없이 모든 사람에게 구속력을 갖는 절대적 명령이며, 어떤 특정한 목적 성취를 위한 가정적인 조건에도 좌우되지 않는다. 특정한 상황에 따른 정상 참작 때문에 도덕적 규범에 대한 의무가 변화하는 것이 아니다. 옳은 것은 상황과 무관하게 옳으므로 반드시 실행되어야 하는 것이다. 한 사람에게 옳은 것은 모든 사람에게 옳은 것이며, 한 사람에게 그른 것은 모든 사람에게 그른 것이다. 보편적인 구속력을 가지는 도덕 규범은 어떤 상황에서건 추후의 결과와 상관없이 모든 사람이 존중하고 수행해야만 하는 도덕적 의무가 된다. 왜냐하면 의무란 우리의 욕구를 충족시키는 어떤 결과나 목적을 위해서가 아니라 의무 그 자체를 위해서 수행하는 것이

---

8) "Act only on that maxim through which you can at the same time will that it should become a universal law." Immanuel Kant, *Groundwork of the Metaphysic of Morals*, translated and analysed by H. J. Paton(New York: Harper & Row, Publishers, 1964), pp.30, 69-71.

기 때문이다.

칸트가 제시하고 있는 약속을 지켜야 한다는 의무 수행과 관련한 예를 보자. 어떤 사람이 어려움을 피하기 위해 갚을 능력이 없음을 뻔히 알면서도 정해진 기간 내에 갚겠다는 약속을 하고 돈을 빌렸다면 이는 과연 도덕적으로 옳은 행동이 될 수 있는가? 이 사람의 행동 원칙은 다음과 같이 정리될 수 있을 것이다. "돈이 필요할 때는 언제든지, 돈을 갚지 못할 것이 분명해도 갚겠다는 약속을 하고 돈을 빌리겠다." 이 사람은 결국 필요할 때는 약속을 어기겠다고 생각하면서 거짓 약속을 한 것이다. 그런데 이 사람의 행동 원칙이 모든 사람이 따라야 하는 보편법이 된다고 가정해 보자. 그것은 "누구나 거짓 약속을 해도 좋다"라는 규범이 될 것이다. 그러나 이렇게 되면, 아무도 다른 사람이 자기에게 한 약속을 믿지 않을 것이므로 약속의 목적 자체가 무의미해진다. 결국 이 규범은 모두가 약속을 어겼을 경우의 결과가 나쁠 것이기 때문이 아니라, 약속이라는 의미 자체를 부인하는 자기 모순적인 규범이 되므로 보편적인 규범이 될 수 없는 것이다. 그러므로 "거짓 약속을 해도 좋다"는 규범은 허용될 수가 없으며, "언제든지 예외 없이 약속을 지켜야 한다"가 보편적 규범이 되어야 하는 것이다.[9]

2. 도덕적으로 옳은 행동

칸트는 어떤 행동이 도덕적으로 옳은 행동이 되기 위해서는 다음

---

9) *Ibid.*, pp.70-71, 89-90.

세 가지 조건을 충족시켜야 한다고 주장한다.

　1) 의무 수행에 의한 동기: 도덕적으로 옳은 인간의 행위는 개인의 직접적인 기호나 취향에 의거한 것이 아닐 뿐더러 개인의 이득을 고려하여 행해지는 것은 더더욱 아닌, 의무이기 때문에 행하는 행동을 의미한다. 어떤 행동이 도덕적인 가치를 갖게 되는 것은 그 행동이 개인의 취향에 의한 동기에서가 아니라 의무감이라는 동기에 의거하여 행하여졌기 때문이다.[10]

　2) 의무의 공식적 원칙: 의무이기 때문에 행한 행동만이 도덕적 가치를 지니게 되는데, 그 가치는 그 행동이 낳는 결과나 기대하는 결과에서 유래되는 것이 아니라 공식적 준칙(formal maxim), 즉 스스로의 의무(그 의무가 무엇이든지 간에)를 이행하도록 하는 원칙에서 나오는 것이다.[11]

　3) 규범에 대한 경외심: 규범에 대한 경외심에 의거해서 행동하기 위해서는 의무는 필수 조건이다. 다시 말해서 의무 그 자체를 수행하기 위한 준칙에 의거해서 행동한다는 것은 바로 규범에 대한 경외심으로 인해서 행하는 것을 의미한다.[12]

　그는 공리주의자들과는 달리 결과와는 상관없이 '선한 의지(good will)'에 더 큰 비중을 두고 있다. 칸트는 "선한 의지 이외에 무조건적으로 선하다고 할 수 있는 것은 이 세상은 물론이고 이 세상 밖에서도 전혀 생각할 수 없다"고 말한다.[13] 이때 선한 의지라 함은 칸트

---

10) *Ibid.*, pp.18-19, 65-67.
11) *Ibid.*, pp.20-21, 67-68.
12) *Ibid.*, pp.21-22, 68-69.

가 위에서 제시한 세 가지 조건에서 보듯이 행동의 동기가 이득 추구(욕구 충족, 행복 성취, 이윤 취득)나, 그 행동이 낳을 결과나 영향을 고려한 타산적 계산에 의한 것이 아니라 '보편적으로 인정된 도덕률에 합당한 행동이므로' 행하는 철저한 의무 수행의 동기일 경우를 의미한다. 그러므로 모든 상황에서 예외 없이 철저하게 의무 수행의 동기에 의해 행해지는 행동에서 나타나는 이 선한 의지는 그것 자체로서 항상 선한 것이다. 그리고 이러한 동기와 의지에 의한 행동일 경우에만 도덕적 가치를 가지며 옳은 행동이 되는 것이다.[14]

칸트는 다음과 같은 예들을 들고 있다. 식료품 가게의 주인이 어린아이든 경험이 부족한 미숙한 손님이든 속이지 않고 일반 손님에게 하듯이 같은 상품의 값을 똑같이 받는다고 하면, 그는 정직하여야 한다는 의무를 수행하였다고 볼 수 있을 것이다. 그러나 그 행동이 사실은 이웃 가게들과의 경쟁에서 이기고, 사업을 번창시키고자 하는 의도 때문이었다면, 이는 진정한 의미에서의 의무 수행이라 볼 수 없고 선한 의지에 의거한 행동이라고 말할 수 없으며 도덕적으로 옳은 행동이라고 볼 수 없는 것이다.[15]

이웃을 돕는 것은 의무이다. 그러나 의무감에서 돕는 것이 아니라, 비록 허영심이나 이기심 같은 동기는 아니라 할지라도 매우 동정적인 기질(inclination) 때문에 이웃을 도울 수도 있을 것이다. 그리고 이러한 사람은 주변 사람들에게 행복을 나누어 주고 타인을 만족하게 하는 것에서 즐거움을 느낄 수가 있을 것이다. 그러나 칸트는 이러한 경우에 그러한 행동들이 아무리 옳고 호감을 주는 것일

---

13) *Ibid.*, p.69.
14) *Ibid.*, pp.17-18, 62.
15) *Ibid.*, p.65.

지라도 참다운 도덕적 가치는 없다고 본다. 왜냐하면 순수한 의무감에서가 아니라 행위자의 기질이나 성향에 의거한 행동은 도덕적 행동이라고 볼 수 없기 때문이다. 행위자의 기질에 의거한 이러한 행동은 역시 성향과 욕구(inclination)들 중의 하나인 명예에 대한 추구의 경우에 비교될 수 있다. 명예를 얻기 위한 행동은 운이 좋을 경우 유익하고 옳으며, 결과적으로 명예를 얻게 되고 칭찬과 격려를 얻게 될 수는 있지만 도덕적 가치를 인정받지는 못한다. 왜냐하면 그러한 행위는 욕구에 의한 행동일 뿐 의무 수행을 위한 행동이라는 도덕적 조건을 결여하고 있기 때문이다.[16]

자기 자신을 행복하게 만드는 것 역시 의무에 속한다. 그러나 칸트는 행위자가 자기 자신이 처해 있는 상황에 대한 불만과 충족되지 못한 욕구들 속에서 스스로를 돌보고자 하는 욕구 때문에 순수한 의무 수행이라는 궤도에서 이탈하고 싶은 유혹에 쉽게 빠질 수가 있다고 말한다. 칸트는 자기 자신을 행복하게 만드는 것도 욕구에 의해서가 아니라 철저한 의무감에서 행해져야만 도덕적인 가치가 있으며 도덕적으로 옳은 행동이 된다고 보았다.[17]

칸트는 성경에 제시된 원수를 포함한 이웃에 대한 사랑의 명령에 대해서도 언급한다. 그는 사랑 역시 하나의 성향(inclination)으로 볼 때에는 명령되어질 수는 없는 것이며, 의무 수행 차원의 친절로 이해할 때에만 명령되어질 수 있는 것으로 본다. 의무 수행 차원에서 행해진 친절로써의 사랑은 병리적인(pathological) 행동이 아니라 실천적인(practical) 행동이다. 사랑은 감정이라는 성향에 속하는 것이

---

16) *Ibid.*, p.66.
17) *Ibid.*, p.67.

아니라 의지에 속하는 것이며, 뜨거운 동정심에 속하는 것이 아니라 행동의 원칙에 속하는 것이기 때문이다. 그리고 이러한 실천적인 사랑만이 명령의 대상이 될 수 있는 것이다.[18]

칸트는 또한 어떤 행동이 도덕적인 것이 되기 위해서는 외적인 힘에 의해서가 아니라 자율적인 의지에 의해서 도덕 규범을 준수하는 것이어야 한다고 주장한다. 비록 어떤 행동이 도덕적인 행동으로 보인다 할지라도 기계적인 행동에 불과하거나 외적인 강요에 의한 행동이라면, 이는 도덕적 의무 수행과는 무관한 행동이다. "한 행위가 내면적인 동기와는 상관없이 단순히 도덕적 법칙에 부합되느냐의 여부는 그 행위의 '적법성(legality)'이라 불린다. 그러나 법칙으로부터 비롯되는 의무의 개념이 동시에 행위의 동기가 될 경우에는 그러한 부합성은 행위의 '도덕성(morality)'이라 불린다."[19] 그러므로 선한 의지에 의한 내적 도덕성으로부터 기인한 것이 아니고, 도덕성에 부합되기만 하는 행동은 도덕적 의미를 갖지 못하는 것이다. 예를 들자면 역경에 처한 사람들을 돕고자 하는 자율적인 선택에 의해서 수재의연금을 내는 것은 도덕적으로 옳은 행동이지만, 정부의 강요나 사회적인 분위기 때문에 수재의연금을 낸다면 이는 도덕성에 부합하기는 해도 도덕적 가치는 없는 행동이 되는 것이다. 한걸음 더 나아가서, 기업의 이미지 홍보와 그로 인한 미래의 기업 이윤을 계산해서 수재의연금을 내게 된다면 이는 비도덕적인 행동이 된다.

이상에서 보았듯이 칸트는 한 행동이 도덕적인 가치를 가지기 위

---

18) *Ibid.*

19) Immanuel Kant, 〈Fundamental Principles of the Metaphysic of Morals〉, in *Kant's Critique of Practical Reason and Other Works on the Theory of Ethics*, trans., Thomas Kingsmill Abbout, 3rd ed.(London: Longmans, Green, & Co., 1883), p.275.

해서는 기질이나 성향, 이해 타산, 목적 추구나 결과의 계산은 철저히 배제되고 순수하게 규범 준수와 의무 수행을 위한 선한 동기에 의해서 자율적으로 행해져야 한다고 주장하고 있다.

제5절 규범의무론과 칸트의 윤리 이론의 문제

그러나 규범의무론과 칸트의 윤리 이론 역시 문제점을 안고 있음을 직시해야 한다. 이 이론은 목적이나 결과를 극단적으로 무시하는 문제점을 안고 있다. 도덕적으로 옳은 결정을 내림에 있어서 규범을 준수하는 것이 물론 중요하지만 목적이나 결과를 근본적으로 무시하는 데에는 문제가 있다. 예를 들어 보자. 침략자에게 쫓기고 있는 독립운동가를 숨겨 준 사람에게 침략자들의 군인들이 찾아와 독립운동가의 행방을 묻는다고 가정해 보자. 어떻게 할 것인가? '거짓말하지 마라' 또는 '정직하라'는 규범을 지키는 것 이상으로 결과를 고려해 볼 필요가 있을 것이다. 독립운동가를 보호해 줌으로써 얻게 될 정의 성취, 불의한 세력으로부터의 독립 성취와 그 결과로서 얻게 될 번영과 발전, 수많은 사람들의 무고한 생명과 재산 보호 등이 더욱 중요한 요소들이 될 수도 있는 것이다. 이에 더하여 정직하게 대답을 하였을 경우에 생기게 되는 결과도 고려해 보아야 한다. 독립운동가의 생명이 위태로울 뿐 아니라 위에 열거한 것들을 성취하는 데 어려움을 겪게 될 것이다. 결국 의무론적 방법론만으로는 어떤 행동의 옳고 그름을 판단하는 데 무리가 있음을 보게 된다.

칸트는 (내가 한 약속의 내용보다는 남을 돕는 것이 더 위급한 상황일 때에도) "남을 돕기 위해서 약속을 어겨야 한다면 약속을 어기라"고 하지 않는다.[20] 즉 규범의 예외 없는 적용을 주장하고 있으나, 이는 실제 상황에서는 그렇지 못한 경우가 얼마든지 발생할 수 있다는 점을 간과하는 것이라고 볼 수 있다. 예를 들어서 한 외과 의사가 친구와의 약속을 지키기 위해서 약속 장소로 가던 중에 교통사고로 많은 사람들이 심하게 부상당한 현장을 지나가게 되었다고 가정해 보자. 칸트의 말대로라면 이 의사는 부상자들을 무시하고 친구와의 약속을 지키기 위하여 약속 장소로 가야 한다. 그러나 만약이 의사가 약속을 지키기 위하여 가버린다면 과연 그의 행동을 도덕적으로 옳다고 할 수 있을까? 오히려 친구와의 약속을 어기고 부상자들을 돌보는 것이 보다 도덕적인 행동이 되지 않겠는가? 그러므로 "피치 못할 경우에는 약속을 어길 수도 있다"는 예외 규범을 필요로 하게 된다고 보아야 할 것이다.

칸트의 무조건적인 의무 수행 주장에 대하여 밀은 인간의 행동은 의무 이외에도 수많은 동기를 가질 수 있다고 지적하며 다음과 같은 예를 들고 있다. 물에 빠져 죽어가고 있는 사람을 구하는 것은, 그의 동기가 의무 수행에 의한 것이건 보상을 바라는 것이건 상관없이 도덕적으로 옳은 행동이다.[21]

타이터스와 키톤은 칸트가 두 가지 이상의 규범들이 충돌할 때에는 어떤 것을 지킬 것인가에 대한 지침을 제시하지 못한다고 지적한다.[22] 예를 들어 보자. 연쇄살인범이 (비밀 준수를 서약한) 가톨릭

---

20) William K. Frankena, *Ethics*, p.32.

21) Samuel Gorovitz, ed., *Mill: Utilitarianism*(Indianapolis: The Bobbs-Merill Company, Inc., 1971), p.25.

신부에게 와서 그동안의 범죄 행적에 대해서 고백하고 오늘 밤에도 또 다른 사람을 죽이려고 한다고 말했다. 그런데 잠시 후에 수사관이 이 신부를 찾아와서 조금 전에 다녀간 사람에 대해서 질문하였다. 이 경우에 신부는 "(비밀 준수 서약) 약속을 지켜라" "거짓말하지 마라" 그리고 "생명을 존중하라"는 규범 중 과연 어느것을 지켜야 하는가? 앞에서 든 외과 의사의 경우에도 같은 문제를 제기할 수 있을 것이다. "약속을 지켜라"는 규범과 "생명을 구하라"는 두 규범 사이에서 과연 어느것을 선택해야 하는가? 이 질문에 대해서 (칸트의) 규범의무론은 명쾌한 대답을 제시하지 못한다.

칸트의 윤리학이 목적이나 결과를 전혀 고려하지 않고 규범 준수와 의무 수행에 극단적으로 치우침으로 인하여 발생하는 문제점에 대해서도 고려해 볼 필요가 있다. 유잉은 상충하는 의무들간에 선택을 하기 위해서 칸트의 윤리 이론은 공리주의적 도움을 반드시 필요로 한다고 주장하였다.[23]

위에서 본 바와 같이 두 가지 또는 그 이상의 의무들이 상충하게 될 때에는 사회 전체의 유익과 최대 결과를 고려하여 어떤 규범을 따를 것인지를 결정해야 한다는 것이다. 폴슨도 칸트의 이론이 강화되기 위해서는 목적론적인 보완이 필요하다고 주장한다. 그는 칸트와는 달리 거짓말이 나쁜 것은 그것이 가지는 자기 파괴성 때문이 아니라 모든 사회적 삶의 기본 조건인 신뢰라는 본질적인 선을 파괴하기 때문이라고 말한다.[24] 다시 말해서, 거짓말하는 것은 사회를 지탱하는 근본이 되는 신뢰를 깨뜨리게 되고, 이는 결국 사회 전

---

22) Harold H. Titus and Morris Keeton, *Ethics for Today*, 4th ed.(New York: American Book Co., 1966), p.146.

23) A. C. Ewing, *Ethics*(London: English Universities Press, 1953), p.63.

체의 행복이라는 목적 달성에 해를 끼치는 결과를 낳게 되므로 회피해야 하는 것이다.

어떤 경우에는 의무론적 방법론보다는 중용을 택함이 보다 나은 기준이 될 수도 있을 것이다. 예를 들어서 독신 생활을 명하는 경우와 무제한으로 아이를 낳는 경우를 가정해 볼 수 있는데, 전자를 보편적 규범으로 명하는 경우에는 인류의 멸종을, 후자를 보편적 규범으로 명하는 경우에는 인구 폭발로 인한 문제를 발생시킬 것이다. 이러한 경우에는 중용을 택하는 것이 보다 나은 기준이 될 수 있을 것이다.[25]

칸트와 의무론적 방법론은 철저한 의무 수행의 행동이 아닌 내적 경향성에 의해서 동기화된 행위는 도덕적인 가치가 없다고 주장한다. 그러나 아리스토텔레스 같은 고대 철학자들 및 페리나 듀이 같은 현대 철학자들은 이것을 비판한다. 이들은 내적으로 습득되어진 덕스러운 성품(자비로움·정의로움·용감함 등)을 표현하는 행동이야말로 가장 훌륭한 도덕적 행위라고 가르친다.[26]

칸트가 주장한 정언명법의 근거 자체에 대한 비판도 고려해 볼 필요가 있을 것이다. 칸트는 이성적인 인간이라면 누구나 마땅히 따라야 할 본질적이고 절대적인 도덕 법칙들이 존재한다고 생각하였다. 그러나 모든 도덕 법칙들이 한때는 조건부적인 명령들에서 시작하여 사회적인 필요에 따라 정언적(절대적)인 것으로 변화하였다

---

24) Friedrich Paulsen, *Immanuel Kant: His Life and Doctrine*(New York: Frederick Ungar, 1963), p.328.

25) William S. Sahakian, 송휘칠·황경식 공역, 《윤리학의 이론과 역사》(서울: 박영사, 1988), p.184.

26) *Ibid.*

고 볼 수도 있을 것이다. 브로드는 현재 어떤 사람에게 정언적(절대적)인 힘을 갖게 된 명령도 한때는 단지 가언적(hypothetical, 조건부적: "~한다면 ~하라" "~일 경우 ~하라")인 것에 불과했으며, 시간이 흐름에 따라 그것이 성공적으로 이용됨으로써 점차 어떤 사람과 사회에 대해서 정언적인 힘을 갖게 된 것이라고 생각하였다.[27]

브로드의 반론과 유사한 또 하나의 반론은 칸트의 정언명법이 사실은 가언적인 명법에 불과한 것이라는 논박이다. 독립적으로 원래부터 존재하는 도덕 법칙은 없으며, 모든 도덕 법칙은 경험적으로 도출된 것이라고 보는 견해이다. "만일 누군가 거짓말을 한다면 그는 손해를 끼치게 될 것이다"라는 가언적 진술에 바탕을 둔 조건부 명령이 오랜 세월에 걸친 경험에 의거하여 거짓말이 사회적인 해악을 끼치게 된다는 것이 확실하게 됨에 따라 "거짓말하지 마라"와 같은 정언적 명법으로 변하게 되는 것이다. 마찬가지로 "만일 당신이 죽고 싶지 않거든 죽이지 마라"는 가언적 명령이 "죽이지 마라"는 정언적 명령으로 바뀌게 되는 것이다.[28] "강도나 적군이 침입하여 생명을 위협할 경우, 자신과 가족의 생명을 보존할 다른 길이 없다면 위협자를 죽여도 좋다"는 가언적 명령은 비슷한 상황에 처하게 될 경우 누구나 채택할 수 있는 보편적 명령이 될 수 있으므로 "정당방위를 위해서는 죽여라"는 정언적 명령으로 변할 수 있는 것이다. 이렇게 본다면 모든 명령이 가언적인 것이라고 볼 수도 있다.

그런가 하면 에이어는 도덕적 신조들이 어떤 사람들에게 정언적 명령의 힘을 갖게 된 까닭은 그러한 신조들이 태초부터 자체적으로

---

27) C. D. Broad, *Five Types of Ethical Theory*(Paterson, N. J.: Littlefield, Adams, 1959), pp.123-124.
28) William S. Sahakian, 송휘칠 · 황경식 공역, 《윤리학의 이론과 역사》, p.181.

존재하고 있었기 때문이 아니라, 그 신조들이 가지고 있는 도덕적인 동기가 신의 노여움과 사회의 적대감을 두려워하는 데서 생겨났기 때문이라고 주장하였다.[29]

바이어는 어떤 행위가 옳은 것이 되는 경우는 그것이 가역성(reversability)의 조건을 충족시킬 수 있는 경우라고 생각하는데, 즉 주는 편에 있는 사람이 받는 편에 있는 사람과 입장이 바뀌어도 좋을 경우라고 생각한다.[30] 이렇게 본다면, 무조건적이고 예외 없는 규범 준수의 예로써 약속 이행을 주장한 칸트의 논리는 도전을 받게 된다. 다시 말해서, 우리가 약속을 한 상대방이 약속을 어겨도 좋다는 생각을 받아들일 수 있다면 약속을 어기는 일이 허용될 수 있다는 의미가 될 것이다. 칸트는 이러한 일이 결코 허용될 수 없다고 보는데, 그 이유는 우리가 돈을 빌리고서 나중에 그것을 갚지 않을 마음을 먹을 수는 없는데, 왜냐하면 어길 수 없는 계약이 이미 성립했다고 보기 때문이다. 그러나 칸트가 잘못 생각한 점은 계약에 있어서 쌍방이 변경이나 해약을 하기로 합의했을 경우에는 그 계약이 쉽사리 변할 수 있다는 것을 고려하지 못한 것이다. 칸트가 말한 도덕 원칙의 보편성(정언명법)은 가역성에 기초해서 확립된다. 칸트에 의하면 내가 약속 불이행을 비난하는 이유는 내가 나에게 행해진 약속의 불이행을 당하는 편에 있는 것을 원치 않기 때문이다. 그렇다면 만일 나의 편에서 반대 의사가 없을 경우에는 내게 행해진 약속이 어겨진다고 해도 전혀 문제가 없을 것이다.[31] 결국 칸트

---

29) A. J. Ayer, Language, *Truth and Logic*, 2nd ed.(London: Victor Gollancz, 1946), pp.112-113.

30) Kurt Baier, *The Moral Point of View*(Ithaca, N. Y.: Cornell University Press, 1958), p.202.

의 정언명법은 예외를 용납할 수밖에 없게 되는 것이다.

또한 폴슨을 위시한 몇 사람은 정언명법이 비도덕적인 명령으로부터도 생겨날 수 있음을 보여 준다. 예를 들면 특정 교리를 인정하지 않는 사람들을 죽이는 것이 도덕적 명령이라고 믿었던 종교인들의 경우가 여기에 해당한다. 그들은 자신이 고집하는 교리를 지키기 위해서는 다른 사람들이 자기를 죽이려고 해도 그것을 순교라고 생각하고 반대하지 않았을 뿐만 아니라 기쁘게 생각했던 것이다. 오늘날 거룩한 전쟁이라는 명목하에 타국을 침범하거나 테러를 자행하는 무리들의 경우도 이러한 경우에 해당한다고 볼 수 있다.

이상에서 살펴본 바와 같이 칸트의 정언명법과 규범의무론 역시 완벽한 윤리 이론이 되기에는 부족한 여러 가지 문제들을 안고 있다. 결국 전체적으로 볼 때 의무론적 윤리방법론 역시 목적론적 윤리방법론처럼 그것 자체만으로 도덕적으로 옳고 그름을 판단하기에는 완벽하지 못하다는 것을 알 수 있다.

오랜 인류 역사를 통하여 수많은 지성인들이 인간의 행동 양태와 도덕적으로 옳은 행동을 판단하는 기준이 무엇인지에 대하여 연구하였다. 목적론적 윤리방법론과 의무론적 윤리방법론은 그러한 노력 중에서 가장 광범위한 동의를 얻었으며, 나름대로 논리적 타당성을 갖고 있는 이론들이었다. 그러나 앞에서 살펴본 바와 같이 이들 중 어느것도 그것 자체만으로 완벽한 논리가 되지 못함을 알 수 있다. 그러므로 어떤 행동이나 정책의 옳고 그름을 판단할 때에는 이 두 방법론과 더불어 앞으로 소개될 다른 윤리방법론들을 상호보완적으로 사용할 때 오히려 더 적절한 판단을 내릴 수 있게 될 것

---

31) William S. Sahakian, 송휘칠 · 황경식 공역, 《윤리학의 이론과 역사》, p.182.

이다. 도덕적 판단을 내릴 때에는 어느 한 가지 방법론에만 집착하여서 모순에 빠지거나 비합리적이며 편중된 결정을 내릴 것이 아니라 다양한 방법론을 융통성 있게, 그리고 상호 보완적으로 사용할 수 있어야 할 것이다.

【참고 문헌】

Ayer, A. J., *Language, Truth and Logic*, 2nd ed., London: Victor Gollancz, 1946.

Baier, Kurt, *The Moral Point of View*, Ithaca, N. Y.: Cornell University Press, 1958.

Broad, C. D., *Five Types of Ethical Theory*, Paterson, N. J.: Littlefield, Adams, 1959.

Ewing, A. C., *Ethics*, London: English Universities Press, 1953.

Frankena, William K., *Ethics*, Englewood Cliffs, New Jersey: Prentice-Hall, Inc., 1973.

Gorovitz, Samuel, ed., *Mill: Utilitarianism*, Indianapolis: The Bobbs-Merill Company, Inc., 1971.

Hare, R. M., *The Language of Morals*, Oxford: Clarendon Press, 1952.

Kant, Immanuel, 〈Fundamental Principles of the Metaphysic of Morals〉, in *Kant's Critique of Practical Reason and Other Works on the Theory of Ethics*, trans., Thomas Kingsmill Abbout, 3rd ed., London: Longmans, Green, & Co., 1883.

— *Groundwork of the Metaphysic of Morals*, translated and analysed by H. J. Paton, New York: Harper & Row, Publishers, 1964.

Paulsen, Friedrich, *Immanuel Kant: His Life and Doctrine*, New York: Frederick Ungar, 1963.

Sahakian, William S., 송휘칠 · 황경식 공역, 《윤리학의 이론과 역사》, 수정판, 서울: 박영사, 1988.

Sidgwick, Henry, *The Methods of Ethics*, 7th ed., London: Macmillan and Co., Ltd., 1907.

Titus, Harold H. and Keeton, Morris, *Ethics for Today*, 4th ed., New York: American Book Co., 1966.

제7장
상황윤리적 방법론

제1절 상황과 아가페

어떤 행동이 과연 도덕적으로 옳은지 그른지를 판단하는 기준을 설정함에 있어서 사용된 가장 대표적이고도 전통적인 방법론은 목적론적인 방법론과 의무론적인 방법론이었다. 전자는 '무엇(what: 목적, 결과)'에 후자는 '당위(ought: 의무, 규범)'에 초점을 맞추고서 행동의 옳고 그름을 판단하고자 하였다. 다시 말해서 목적론적인 방법론은 정해진 목적과 결과를 성취하는 데 도움이 되는 행동이냐의 여부에 초점을 맞추었으며, 의무론적인 방법론은 목적이나 결과와는 상관없이 의무 이행과 규범 준수로서의 행동에 초점을 맞추었던 것이다.

의무론적 방법론은 목적론적인 방법론에 대한 비판과 대안으로써 제기된 방법론이었다. 그러나 의무론적 방법론 역시 결과와 가변적 상황을 전혀 무시한 규범 준수를 주장함으로써 실제적인 상황에 있어서의 옳고 그름 판단과 행위자의 창의적인 반응에 대한 문제점을 노출하게 되었다. 상황윤리는 의무론적 방법론이 안고 있는 이러한 문제점에 대한 비판과 아울러 하나의 새로운 대안으로써 일단의 기독교 신학자들에 의해서 제시된 윤리방법론이다. 상황윤리학자들은 일반적으로 각각의 상황이 가지고 있는 특이성을 중시하고, 그러한 상황 속에 처한 행위자가 규범에 얽매이지 않고 창의적으로 반응할 것을 강조하며, 매 상황 속에서 "아가페적인 사랑이 명하는 대로 행동하는 것"이 도덕적으로 가장 올바른 행동이며 각각의 상황에 가장 적절하게 행동하는 것이라고 주장한다.

상황윤리 이론은 1963년에 존 로빈슨이 그의 책[1]에서 처음으로 주창한 이래 1970년대초까지 기독교윤리학계의 지배적인 사조가 되었었다.[2] 이제부터 몇몇 학자들의 논리를 살펴봄으로써 상황윤리 이론의 특성과 문제점을 살펴보기로 하겠다.

윌리엄 프랑케나는 상황윤리 이론을 아래와 같이 네 가지 범주로 분류하였다. 1) 순수 행동-아가페주의(pure act-agapism): 매 상황마다 과거의 경험이나 규범에 일체 의존하지 않고, 그 상황에 대한 명확한 인식을 가지고서 어떻게 하는 것이 사랑을 실천하는 것인지를 판단하고 행동해야 한다는 입장이다. 2) 수정 행동-아가페주의(modified act-agapism): 이 논리는 과거의 경험에 근거한 규범들을 어느 정도는 인정하지만, 어디까지나 그때그때 일회적으로 사용할 수 있는 실용적인 규범(rules of thumb) 정도로만 인정할 뿐이다. 3) 순수 규범-아가페주의(pure rule-agapism): 앞의 두 논리와는 달리 어떤 행동이 사랑을 가장 잘 실천하는 것인가가 아니라, 어떤 행동 규범이 사랑을 가장 잘 실현하도록 해주는지를 판단하고, 가능하다

---

1) John A. T. Robinson, *Honest to God*(Philadelphia: Westminster Press, 1963).
2) 고범서, 〈상황과 규범〉 in 《기독교윤리학 개론》, 박봉배 외(서울: 대한기독교출판사, 1987), p.204.

면 매 상황 속에서 이 규범들에 의거하여 행동해야 한다는 입장이다. 4) 혼합 아가페주의(mixed agapism): 이것은 행동-아가페주의와 규범-아가페주의를 혼합한 것으로서 도덕적 규범에 의거하여 도덕적 결단을 내릴 수 있을 때는 도덕적 규범에 의거하고, 타당성을 가지는 규범이 없거나 규범들이 서로 상충되고 갈등을 일으킬 때에는 직접 사랑에 의거하여 도덕적 결정을 해야 한다는 입장이다.[3]

한편 프레데릭 카니는 프랑케나의 저술보다 몇 년 뒤에 쓴 그의 논문에서 상황윤리 이론을 주장한 사람들을 세 부류로 나누어서 설명한다.[4] 첫째 그룹은 계율주의를 초월한 방법론을 추구하며 사랑과 같은 하나의 궁극적 원리(norm, principle)를 기준으로 하여 옳고 그름을 판단하여야 된다고 주장한다. 이들은 각각의 상황 속에서 그 상황을 진지하게 분석하고 그 원리를 상황에 직접 적용함으로써 올바른 결정을 이끌어 낼 수 있다고 보는 것이다. 존 로빈슨과 조셉 플레처가 여기에 속하는 학자들이다. 로빈슨은 "사랑은 타인이 가장 필요로 하는 것에 대하여 직관적으로 응답할 수 있게 해주는 자체적인 나침반을 가지고 있다. 그러므로 사랑만이 상황에 따른 방향을 가장 완전하게 잡을 수 있다"[5]라고 말한다. 또한 플레처는 "사랑은 기독교윤리의 유일한 규정적 원리(regulative principle)이다"[6]라고 말한다. 이에 더하여 그는 "어떤 것이 악한가 아닌가는 그것이

3) William K. Frankena, *Ethics*, 2nd. ed.(Englewood Cliffs, New Jersey: Prentice-Hall, Inc., 1973, 1963), p.57; ⟨Love and Principle in Christian Ethics⟩ in *Faith and Philosophy*, ed., by Alvin Plantinga(Grand Rapids, Michigan: William B. Erdmans Publishing Co., 1964), pp.212-14.

4) Frederick S. Carney, ⟨Deciding in the Situation: What Is Required?⟩ in *Norm and Context in Christian Ethics*, ed., by Gene H. Outka and Paul Ramsey(New York: Charles Scribner's Sons, 1968), pp.3-5.

5) John A. T. Robinson, *Honest to God*, p.115.

행하여지는 상황 속에서 사랑에 얼마나 이바지하느냐에 달려 있다"[7]
고 한다.

두번째 그룹은 지시적인 규범(directive norms)[8]을 옹호한다. 이들은
단순한 직관에 의거한 결정을 지양하고 결정을 내림에 있어 객관적
인 기준으로써 규범들을 적용할 것을 주장한다. 폴 램지와 V. A.
데만트, 그리고 대부분의 로마가톨릭 윤리학자들이 여기에 속한다.
이들은 어떤 규범들은 절대적인 것들이라고 믿는다. 폴 램지는 "사
랑 그 자체가 보여 주는 것과 같이 보편적으로 유효한 행동 규범들"
에 대하여 말하면서, 이 규범들에 의거할 때 "사랑이 무조건 옳은
것처럼 어떤 행동들은 무조건 옳지 못한 것도 있다"고 말한다.[9]

세번째 그룹은 첫번째 그룹처럼 스스로를 상황주의자들이라고 칭

---

6) Joseph Fletcher, 이희숙 역, 《상황윤리: 새로운 도덕》(서울: 종로서적, 1989),
p.45.

7) Ibid., p.49.

8) 지시적 규범은 궁극적인 원리와는 다른 것으로서 특정한 상황을 위한 구체적
인 기준을 의미하며, 성적 규범들이 사랑이란 원리의 구체적인 표현이듯이 원리
를 특정한 상황에 맞게 나타낸 것이다. Frederick S. Carney, 〈Deciding in the
Situation: What Is Required?〉in Norm and Context in Christian Ethics, ed., by Gene
H. Outka and Paul Ramsey(New York: Charles Scribner's Sons, 1968), p.4. 램지는
'원리'와 '규범'을 구별함으로써 보편적 규범(genral rule)과 요약적 규범(summary
rule)의 차이를 명확히 한다. 보편적 규범은 보편적 타당성을 가지는 포괄적인 원
리이며 요약적 규범은 과거의 경험을 요약하여 나타내는 규범으로써 행동에 대한
지침(guideline)의 역할을 한다. "행위를 지배 혹은 규제하는 원리들과는 대조적으
로 규범들은 구체적인(definite) 행동을 명령하거나 금지하는 특이한 지시들
(directives)로 볼 수 있을 것이다." Paul Ramsey, 〈The Case of the Curious
Exception〉in Norm and Context in Christian Ethics, ed., by Gene H. Outka and
Paul Ramsey(New York: Charles Scribner's Sons, 1968), p.74. 원리는 '한정적 행동
원리(defined-action principles)'를 의미하며 규범은 '명시적 행동 규범(definite-action
rules)'을 의미한다. Ibid., pp.74-75.

9) Paul Ramsey, Deeds and Rules in Christian Ethics(New York: Charles Scribner's
Sons, 1967), pp.34-35.

하며 규범에 반대하는 편견을 가지고 있다. 이 둘이 서로 다른 점은, 첫번째 그룹이 상황에 궁극적 원리를 적용하는 것을 강조하는 반면에, 세번째 그룹은 상황에 덕(virtue)을 적용할 것을 강조한다는 점이다. 다시 말해서, 세번째 그룹은 행위자가 각 상황 속에서 올바른 결정을 내릴 수 있도록 해주는 성품을 기르는 데 중점을 두는 것이다. 폴 레만·디트리히 본회퍼·조셉 시틀러 등이 여기에 속하는 학자들이다. 레만은 '성숙성'과 '새로운 인간성'에 대해서 관심을 가지며, "예수 그리스도 안에서의 하나님의 특정한 행동에 의거해서 변화된 인간, 그리고 인간성의 구체적인 윤리적 실재"[10]에 대해서 강조한다. "기독교인의 삶의 목표는 '성숙한 사람'이 되는 것이다. 우리는 '신앙의 일치와 하나님의 아들을 아는 것'을 통해서 성숙한 사람이 된다."[11]

제2절 존 로빈슨

로빈슨은 항상 정해진 규범대로만 행동할 것을 주장하는 계율주의는 각 상황이 가지고 있는 특성을 무시하게 되므로 그 상황이나 그 상황에 관련되어 있는 사람들이 필요로 하는 것이 무엇인지를 구체적으로 파악하고, 또 각각의 필요에 맞도록 유효적절하게 응답하는 것을 어렵게 만든다고 본다. 그는 매 상황이 새로운 창조적 결단

---

10) Paul L. Lehman, 심일섭 역, 《기독교 사회윤리원론》(서울: 대한기독교출판사, 1988), p.14.
11) *Ibid.*, p.48.

을 필요로 하는 독자적 상황이라고 생각한다. 그렇기 때문에 상황에 관계 없이 보편적인 규범을 적용하는 것은 합리적이지 못한 방법으로 여기는 것이다.

그렇다면 각각의 상황이 가지는 독특성을 충분히 고려하며, 각각의 상황과 거기에 관련된 대상들의 개별적이고 구체적인 필요에 가장 적절하게 응답할 수 있도록 하는 방법은 무엇인가? 로빈슨은 '아가페적인 사랑'에서 그 해답을 찾는다. 규범이나 율법이 아니라 사랑이야말로 율법의 어느 계율보다도 융통성이 있고, 각각의 상황에 적절한 반응이 가능하며, 관련된 대상들의 개별적 필요에 더욱 깊이 있게 응답하도록 해준다. 로빈슨은 "사랑은 모든 순간을 그 순간 자체를 위한, 그리고 아마도 선례가 전혀 없는 반응을 요구하는, 하나님의 손으로부터의 새로운 창조의 순간으로 볼 준비가 되어 있다"[12]고 말하며, "사랑은 모든 개개의 상황이 가지는 독특하고 고유한 길을 발견할 것이다"[13]고 말한다.

로빈슨은 도덕적 규범의 필요성을 완전히 무시한 것은 아니었다. 그러나 그는 사랑에 의거한 행동이 규범을 따르거나 의무를 이행하기 위해서 하는 행동보다 훨씬 더 힘을 가지고, 적극성을 가지며, 책임성을 가지게 된다고 하며 사랑이 규범보다 우위에 있다고 한다. 그는 사랑은 규범의 도움을 받지 않고도 "사랑 자체가 가지고 있는 능력으로 모든 상황에 대처하는 철저한 책임성의 윤리를 포용할 수 있다"[14]고 한다.

---

12) John A. T. *Robinson, Honest to God*, p.115.
13) *Ibid.*, p.112.
14) *Ibid.*, p.115.

제3절 조셉 플레처

플레처 역시 도덕적 규범이 가지는 윤리적 기능과 역할을 부정하지는 않았다. 그는 법률이 사람들의 행동을 자제토록 하여 윤리적으로 보다 나은 방향으로 인도해 줄 수도 있다는 점을 인정하면서 다음과 같이 말하고 있다.

상황윤리학자들은 법률이나 질서가 사랑의 표준에는 도달하지 못한다고 해도 인간 사회에는 필요할 뿐만 아니라 실제로 좋은 것이라고 생각한다. 기독교윤리학은 흑인에 대한 인종 차별과 같은 죄(도덕적 악)를 치유하는 데 관심을 갖고 있다. 그러므로 사랑·정의도 필요하며 법·질서도 필요하다. 이 양자는 서로 병존해야 한다. 상황윤리학은 때때로 사랑을 실현하기 위하여 법이 존재할 필요가 있다는 점을 인정한다.[15]

그러나 플레처는 이러한 법도 아가페적인 사랑을 실현하는 데 도움이 될 경우에 한해서만 그 존재 가치를 인정한다. 이 말은 사랑을 실현하는 데 방해가 되는 규범은 어길 수도 있음을 의미하는 것이다. 그는 다음과 같이 말한다.

흑인 차별 대우 폐지법이나 시민의 기본권은 정의의 개념을 아가페적으로 이해하기 위하여 필요한 것이다. 만일 민법이 사랑의 목적

---

15) Joseph Fletcher, 《상황윤리: 새로운 도덕》, p.84.

을 달성할 수 없다면 그것은 쓸모없는 것이므로 내버려야 할 것이다. (…) 국가와 국가의 법률은 상황윤리학자들에게 절대적 권위를 갖고 군림하지는 못한다. 국가의 법과 사랑의 법 사이에 대립이 생긴다면, 상황윤리학자는 주저 없이 사랑의 법을 우위에 둔다.[16]

또한 플레처는 몇 가지 평범한 규범들의 존재를 인정하기는 하지만 의무론적 윤리방법론자들이 주장하는 것과 같은 보편적인 규범의 존재와 그것의 예외 없는 준수에 대해서는 강한 반론을 제기한다. 그는 다음과 같이 말하고 있다.

어느 시대에 있어서나, 또 어느곳에서나 모든 사람들이 동의할 수 있는 '보편적 법칙'은 있을 수 없다. 모든 사람들이 동의할 수 있는 율법의 몇 가지 조항들은 "선을 행하며 악을 피하라" 또는 "각자에게 그가 마땅히 받아야 할 몫을 주라" 등과 같이 매우 평범하고 진부한 것 뿐이다. 선한 것이 무엇이며, 각자가 받아야 할 몫이 무엇이며, 또 그것을 언제 어떻게 나누어 주느냐 하는 문제는 항상 논란이 되고 있고, 또 구체적인 경우에 있어서 열띤 논쟁이 뒤따르게 된다.[17]

더 나아가 플레처는 한 예를 통하여 율법주의적 윤리가 야기시킬 수 있는 모순을 잘 보여 주고 있다.

일상 생활의 질서 안에서 율법주의가 어떤 일을 하는가 알아보려

---

16) *Ibid.*, pp.84-85.
17) *Ibid.*, p.60.

면, 우리는 영국의 재판정에서 몇 해 전에 일어났던 몇 가지 일들을 회상해 보면 알 수 있을 것이다. 법률에 따르면 결혼은 반드시 성적 결합에 의해서만 완전히 인정받게 된다. 그러나 발기 불능의 남편을 가진 젊은 부인이 성적 결합을 거치지 않고 인공 수태의 방법으로 아이를 가진 사건이 있었다. 재판소는 법조문에 충실하려고 애썼기 때문에 정상적인 성행위에 의하지 않은 경우에 태어난 어린아이를 사생아로 규정하였다. 그 어머니는 간통을 한 사람으로 인정되었으며, 어린아이를 낳았을지라도 남편이 없는 사람이며, 아버지는 그 아들이 자기의 아들이 아니게 되므로 아이는 자연히 공민권 상실자가 되어 버리고 말았다. 비록 그 아들이 자기의 씨요 살덩이임에도 불구하고 자기의 아들이 아니라는 결론에 도달하게 되었다.[18]

사제들의 비밀 준수 서약과 관련하여 플레처는 상황을 고려하지 않는 일률적인 행동의 잘못을 지적한다. 예를 들어서 한 살인자가 신부에게 와서 오늘 밤 무고한 사람을 죽이려 한다고 고백할지라도 교회법은 신부가 그것을 비밀로 지키도록 하고 있다. 이것은 결국 비밀 준수의 서약을 지키기 위해서 한 무고한 생명의 희생을 방관하는 것이다. 이러한 행동은 자기 보존이 최우선이고, 서약 준수가 그 다음이며, 이웃에 대한 사랑이 가장 소홀하게 취급되고 있음을 보여 주는 것이다. 플레처는 사랑을 실천하기 위해서는 비밀 준수의 서약을 어겨야만 한다고 주장한다.[19]

플레처는 상황윤리는 최상의 규범으로서 단 하나의 원리, 즉 사랑

---

18) *Ibid.*, p.62.
19) *Ibid.*, pp.116-117.

의 원리만을 인정한다고 주장하며, 기타의 모든 원리나 격률들은 여하한 것이든 간에 개개의 구체적 상황에서는 상대적인 것으로 간주된다고 주장한다.[20] 그는 다음과 같이 말하고 있다.

기독교 상황윤리는 단 하나의 규범 또는 법칙을 가지고 있다. 이 규범은 환경에 상관없이 항상 선하고 바른 것으로 예외가 있을 수 없다. 이 규범은 곧 '사랑'이다. 즉 이 사랑은 하나님을 사랑하고 이웃을 사랑하는 계명의 요약으로서의 아가페이다. 예외 없이 그밖의 모든 다른 것들, 즉 모든 법률·규칙·원리·이상·규범은 모두 우발적인 것일 뿐이며, 또한 어떤 상황에서나 사랑을 실천하는 데 도움이 될 때에만 타당한 것이다.[21]

상황윤리학자들은 모든 법칙들, 원리들, 그리고 미덕들(즉 모든 보편적인 것들)을 사랑의 종들로 취급한다. 만일 이것들이 자기의 위치를 망각하고 주인의 자리를 차지하려고 하면, 이들은 집으로부터 추방해 버려야 할 종들로 취급되어야 한다.[22]

플레처는 사랑을 실천하기 위해서 규범을 어길 수도 있는 예외적인 경우들을 제시하고 있다. 그 중 몇 가지를 살펴보기로 하자. 첫째, "거짓말하지 마라"는 규범을 어길 수도 있는 경우이다. 그는 사랑을 실천하는 것을 목적으로 하는 거짓말은 정당화될 수 있다고 생각할 뿐만 아니라 "사랑에 근거한 거짓말이라면 그것은 선이다"[23]

---

20) *Ibid.*, p.21.
21) *Ibid.*, p.16.
22) *Ibid.*, p.61.

라고 주장한다. 플레처는 말한다. "칸트는 A라는 사람을 살리기 위하여 A를 죽이려고 하는 B라는 사람에게 거짓말하는 것도 그릇된 일이라고 하였다. 그러나…… 살인 사건을 예방하는 데 거짓말이 필요하다면 거짓말을 할 수도 있다."[24]

둘째, "간음하지 마라"는 규범을 어길 수도 있는 경우이다. 다음의 예를 보자. 우크라이나에 있는 러시아군 수용소에 잡혀 있던 베르그마이어라는 독일 여인은 남편이 자기를 찾고 있다는 것을 우여곡절 끝에 알게 되었으며 가족들의 품으로 돌아가기를 간절히 원하였다. 그러나 석방되기 위해서는 후방 병원까지 후송해서 치료해야 할 병이 있거나 임신을 했거나 둘 중 어느 한 경우에 해당되어야 한다는 것을 알았다. 그녀는 후자의 경우를 택하였고, 수용소의 보초병에게 임신을 시켜 달라고 부탁하여 마침내 임신을 하게 되었다. 그녀는 석방이 되어 베를린에 있는 가족들의 품으로 돌아갔다. 남편과 아이들도 그녀가 어떻게 하여 돌아올 수 있었는지를 알았지만 그녀를 탓하지 않았으며, 그 아이가 태어난 다음에 잘 키웠다.[25] 플레처는 또한 애국적 간첩 행위를 위해서는 순결을 바칠 수도 있다고 본다.[26]

셋째, "살인하지 마라"는 규범을 어길 수도 있는 경우이다. 18세기 서부 개척 시대의 일인데, 한 흑인 여자는 자기의 어린아이가 갑자기 울자 인디언들에게 일행들의 위치가 발각되어 모두가 살해당하는 것을 피하기 위해 우는 자기 아이의 입을 막아 질식사시켰다.

---

23) *Ibid.*, p.49.
24) *Ibid.*, p.113.
25) *Ibid.*, pp.149-150.
26) *Ibid.*, p.149.

그리고 그 일행은 발각당하지 않고 살아남을 수 있었다.[27]

넷째, 자살을 인정하는 경우이다. 마리아라는 여인은 제2차 세계대전 당시 나치 수용소에서 어린 소녀 대신에 가스실에 들어가 죽는 것을 택했다.[28] 또한 플레처는 포로로 잡힌 군인이 아군의 비밀을 누설치 않으려고 자살을 하는 경우의 예를 들며, 생명을 걸고 국가에 충성하는 행동은 인정할 수 있다고 주장한다.[29]

플레처는 상황윤리가 공리주의적 요소를 지니고 있다는 것에 대해서도 언급하고 있다. 그는 상황윤리학이 밀의 공리주의에 대하여 충분히 공감하고, 최대 다수의 사람들을 위하여 가장 유익한 것을 선택하며, 사랑의 실천으로서의 선한 목적 성취를 중시하고, 수단은 그것이 목적 성취에 기여할 때에만 그 정당성을 인정한다고 주장한다.[30] 그는 다음과 같은 예들을 통하여 상황윤리가 가지고 있는 공리주의적 특성을 보여 준다.

만약 어떤 집에 불이 나서 급하게 되었을 때 그 집 안에 자신의 아버지와 불치병의 치료법을 발견한 명의가 있다고 하고 둘 중 한 사람을 택하여야 한다면 누구를 구해야 할 것인가? 플레처는 아가페적 사랑을 이해하고 있는 사람이라면 명의를 구해내야 할 것이라고 주장한다.[31]

미국 의회가 루마니아인과 유대인의 혼혈인 한 여의사에게 시민권을 주는 특별법안을 가결한 적이 있었다. 그녀는 3천 명의 유대

---

27) *Ibid.*, p.109.
28) *Ibid.*, p.58.
29) *Ibid.*, pp.50-51.
30) *Ibid.*, p.99.
31) *Ibid.*

인 여자들에게 낙태 수술을 해준 일이 있었다. 그 당시는 유대인 여자가 임신한 사실이 발각되면 화형당하던 때였다. 물론 그녀는 태아의 생명권을 인정하고 있었다. 그러나 그 상황 속에서 3천 명의 태아의 생명을 희생시킴으로써 이미 세상에 살고 있는 다른 3천 명의 생명들을 구해 낼 수가 있었던 것이다. 그렇게 하지 않았더라면 6천 명의 생명이 죽음을 당했을 것이다.[32]

그렇다면 플레처가 보여 주는 취약점은 무엇인가? 플레처는 보다 넓은 차원의 사회 전체로서의 상황을 고려하지 않고 상황을 너무 협소하게 이해하여 고립된 특정적 순간으로만 간주하기 때문에, 극한적 상황에서 정당성을 인정받는 예외적인 행동(규범을 무시한)을 근거로 하여 일반화된 논리를 전개하게 되며, 결국에는 모든 규범을 무시하는 도덕률 폐기론에 이를 수 있는 약점을 가지고 있다.

플레처가 사용하고 있는 예들의 경우에 예외적인 행동들이 허용되는 까닭은 거짓말하지 마라와 같은 기존하는 규범 자체가 타당하지 못한 것이기 때문이 아니라, 비정상적인 상황이 규범으로 하여금 정상적으로 기능할 수 없도록 만들기 때문이다. 그러나 극한적인 상황 속에서 어느 규범을 어기는 것이 용납된다고 해서 규범 전체를 총체적으로 무용한 것이라고 할 수는 없는 것이다. 예를 들자면 전쟁과 같은 비정상적인 극한 상황 속에서는 살인이나 간음, 거짓말하는 것 등이 예외적으로 인정될 수도 있을 것이다. 그러나 이러한 비정상적인 극한적 상황에서 인정되어지는 예외적 행동들을 기초로 하여 일반적 논리를 만들고, 그 논리에 의거하여 정상적이고 일상적인 상황에서조차도 규범을 무시하게 되는 오류를 범해서는

---

32) *Ibid*., p.117.

안 될 것이다.

플레처는 좁은 의미에서의 한계적 상황에 관심을 기울임으로써 그 상황 속에서의 행동의 정당성을 주장하는 데에 초점을 맞추게 되었다. 그 결과 그는 사회 전체 차원에서 고려하여야 할 일반적인 윤리를 고려하지 못하였고, 비정상적인 한계적 상황 자체를 제거하여 보편적 규범이 정상적으로 기능할 수 있게 되도록 사회 전체를 변화시키고 개조시키는 작업의 필요성에 대해서는 관심을 갖지 못하는 아쉬움을 남겼다.

제4절 폴 레만

레만은 기독교윤리를 '코이노니아윤리(koinonia ethics)'라고 부른다. 그는 다음과 같이 말한다. "코이노니아는…… 하나님이 이 세상에서 예수 그리스도를 통해서 특별히 의도한 행위의 구체적인 결과를 나타낸다. 그러므로 기독교윤리는 코이노니아 윤리라고 말할 수 있는 것이다. 이것은 예수 그리스도를 믿는 자로서 그리고 교회의 한 성원으로서 내가 무엇을 해야만 하는가라는 질문에 대한 답을 코이노니아로부터, 그리고 코이노니아 안에서 얻게 된다는 것을 의미한다."[33] 코이노니아는 그리스도를 믿는 이들로서 '한몸'이 된 회중이 그리스도의 사랑 안에서 나누는 성숙한 교제를 의미하며, 동

---

33) Paul L. Lehman, 심일섭 역, 《기독교 사회윤리원론》(서울: 대한기독교출판사, 1988), p.42.(원명 *Ethics in a Christian Context*)

시에 그러한 교제를 나누는 교회 공동체를 의미한다.[34] 그리고 이 코이노니아(교회 공동체)는 "예수가 이 세상에 살 동안 하나님이 그의 안에서, 그리고 그를 통해서 행하신 것에 대한 제자들의 응답이 역사적으로 나타난 것"[35]이다.

레만은 그리스도인이 된 개인들이 자신의 행동을 위한 지침을 교회 공동체라는 상황에 참여함으로써 발견하게 된다고 보며, 다음과 같이 말한다. "하나님은 세상에서 무엇을 행하고 있는가? ……이 질문은 코이노니아 안에서만 적절하게 대답될 수 있다. 코이노니아 안에서 볼 때만 하나님이 세상에서 행하시는 것이 하나님의 뜻이라는 말이 가능하다."[36] 그러므로 레만은 로빈슨이나 플레처와는 달리 한 개인으로서의 행동뿐만 아니라 모든 믿는 자들이 한몸을 이룬 회중, 즉 교회 공동체로서의 행동에 관심을 가지고 있으며, 상황을 협소하고 단편적인 의미에서의 상황적 결단의 순간으로 보는 것이 아니라 세상 속에서 역사하시는 하나님의 활동 전체(즉 역사적 상황)로 보는 경향을 가지고 있다.[37] 레만은 다음과 같이 말한다.

윤리적 관심의 초점은 의도적으로 하나님의 뜻을 따라 행하는 것과 관련되어 있는 역설적인 실재와 생동성에 집중된다. 실제로 하나님의 뜻을 찾고 행하는 것에 윤리적 의미와 내용을 부여해 주는 것은 기독교윤리의 코이노니아적 정황과 특성이다. 왜냐하면 인간은 코이

---

34) Paul L. Lehman, 심일섭 역, 《기독교 사회윤리원론》(서울: 대한기독교출판사, 1988), p.42.(원명 *Ethics in a Christian Context*)

35) *Ibid.*, p.41.

36) *Ibid.*, p.76.

37) 고범서, 〈규범과 상황〉, p.210.

노니아 안에서, 그리고 코이노니아로 인해서 세상에서 하나님이 일하시는 것과 대체적이며 불가피한 관련을 맺게 되기 때문이다.[38]

레만은 종교개혁의 신앙과 사상이 "서구의 문화적 전통에 인간을 다루는 하나님의 방식에 대한 자유를 가져다 주는 이해와, 세상 안에서의 하나님의 활동이 지닌 역동성 및 인간화시키는 특성에 언제나 새롭고 실험적으로 반응할 수 있는 가능성을 도입시켰다"고 주장한다. 다시 말해서, 종교개혁의 윤리 사상이 "윤리학에 대한 제반 요구에 대한 명령적이고 절대적인 진술을 하나님이 이 세상에서 인간의 삶을 인간답게 만들고 계속 그러한 상태로 유지시키기 위하여 행하시는 것에 대한 정황적인(contextual) 이해로 대치되도록 했다"는 것을 의미한다.[39] 레만은 도덕적 원리나 계율들이 중요한 것이 아니라 인간의 삶을 인간답게 하기 위해서 하나님이 무엇을 하고 있느냐에 관심을 가지고 그것에 동참하는 것이 중요하다. 계율주의는 세상 속에서 역동적인 인간화 활동을 전개하는 하나님의 자유와는 맞지 않으며 모순된다. 또한 하나님의 그러한 활동에 대답하고 거기에 동참하는 인간의 자유와도 맞지 않고 모순된다.

레만은 코이노니아 안에 있는 신자들과 코이노니아 밖에 있는 비신자들과의 사이에 또는 다양한 종교들과의 사이에 임신중절과 같은 쟁점이 대두될 때에 어떤 기준에 의거해서 결정을 내릴 것인가 하는 문제를 제기하면서[40] 규범이 가지는 한계성을 지적한다.

---

38) Paul L. Lehman, 《기독교사회윤리원론》, p.74.
39) *Ibid.*, p.10.

법에도 윤리적 의미가 없을 수는 없다. 그러나 법이 가지는 윤리적 의미는 기능적이지 규범적이 아니다. 어떠한 법도 하나님의 뜻에 일치되는 행위의 규범이나 기준이 될 수는 없다. 법은 인간 관계에 영향을 미치는 위험한 요소들을 노출시킴으로써 인간 관계를 질서 있게 해주며 인간화의 방향을 제시하기도 한다. (…) 법은 이러한 기능을 가지고 있으며 그런 의미에서 하나님의 활동에 대한 도구로서 사용된다. 이것이 법의 윤리적 의미이다."[41]

규범이 필요하기는 하다. 그러나 어떤 규범도 상황의 변화를 초월해서 활동하는 하나님의 뜻을 담아낼 수는 없다. 모든 경우에 변함없이 적용될 수 있는 규범은 없다. 그러므로 레만은 각각의 상황에서 하나님의 뜻에 따라 창의적으로 응답할 수 있는 성숙한 성품을 가지게 되는 것을 강조하는 것이다.

레만은 구체적 상황을 고려하지 않는 절대윤리[42]를 주장하는 칸

---

40) 레만은 하나님의 행동을 어떤 특정한 집단의 계율로 보편화하거나 구속할 수 없음을 다음과 같이 설명하고 있다. "사실상 세상에서의 하나님의 행위의 역동성은 하나님의 뜻에 대한 추상적인 이해와 교훈적인 이해를 모두 배제시킨다. 기독교인의 행위가 보편화될 수 없기 때문에 기독교인의 행위에 대한 규범적 원리는 없다. 그리고 하나님의 뜻이 보편화될 수 없기 때문에 기독교인의 행위도 보편화될 수 없다. (…) 또한 계약 공동체에 의해서 채택된 행동에 관한 아무리 계율적이며 엄한 설명이라 할지라도 신의 뜻에 대한 계율적 설명이 될 수 없다는 사실을 간과해서는 안 된다." *Ibid.*, pp.71-72. 폰라드 역시 다음과 같이 말한다. "〈신명기〉는 법전화된 형태인 하나님의 율법이 아니라 계명들에 관한 설교이다." Gerhard von Rad, *Studies in Deuteronomy*, trans., by David Stalker(Naperville: Alec, R. Allenson Inc., 1953), p.15.

41) Paul L. Lehman, 《기독교 사회윤리원론》, p.140.

42) 윤리학적인 의미에서 절대적인 것이란 어떤 상황하에서도 모든 사람에게 똑같은 방법으로 적용할 수 있고 적용해야 하는 행동의 기준을 의미한다. *Ibid.*, p.118.

트의 주장에 대해서 비판한다.[43] 레만은 다음과 같이 말한다. "절대 윤리는 모든 윤리적 정황에 본질적으로 내재되어 있는 윤리적 요구와 윤리 행위 사이의 실재적인 불일치를 피할 수도 없으며 다룰 수도 없다. 절대윤리에서는 환상에 의해서나 위선에 의하지 않고는 계율과 그것의 실제를 조화시킬 수가 없다."[44]

칸트가 박애적인 동기에 의해서 거짓말하는 것도 옳지 못한 행동이라고 주장하는 한 논문에 등장하는 M. 콘스탄트라는 학자는 "진실을 말하는 것은 의무이다"라는 격률이 어떤 상황에서도 예외 없이 적용되어야 하는 절대적인 것으로 채택되어 실천된다면 어떤 사회도 형성될 수 없다고 주장한다.[45] 콘스탄트는 진실을 말하는 것이 의무라는 사실을 부인하는 것은 아니지만, 이러한 의무 이행이 안고 있는 중요한 한계를 지적한 것이다. 예를 들면 자신의 친구가 집에 있는지를 묻는 살인자에게 진실대로 말하는 것은 죄라고 그는 주장했다. 그러나 칸트는 콘스탄트의 이러한 견해가 잘못된 것이라고 반박한다. 칸트는 진실을 말하는 것이 무조건적인 의무로 지켜지지 않는다면 모든 선언이 신용을 잃게 되고 모든 계약이 깨지게 되면 결국 사회를 형성하고 지탱하기 위한 어떠한 기반도 있을 수 없게 된다는 것이다. 칸트는 말한다. "그러므로 모든 선언에서 진실을 지키는 것은 어떤 편의에 의해서도 제한을 받지 않는 이성의 신성하고 절대적인 명령이다."[46]

---

43) *Ibid.*, pp.117-121.

44) *Ibid.*, p.119.

45) Immanuel Kant, ⟨On a Supposed Right to Lie from Altruistic Motives⟩ in *Kant's Ethical Writings*, ed., by Lewis E. Beck(Chicago: University of Chicago Press, 1949), p.346.

레만은 구체적 상황을 고려한 새로운 방안을 제시하는 본회퍼의 논리를 통하여 절대윤리로서 해결할 수 없는 상황윤리적 대안을 모색한다.[47] 본회퍼는 진실을 말한다는 것은 "실제적인 상황을 정확하고 신중하게 고려하는 문제"라며, "인간의 삶의 상황이 복잡해질수록 더 책임이 무거워지며 진실을 말하는 것이 더 어렵게 된다……윤리적인 것은 실제적인 상황과 유리될 수 없으며, 상황에 대한 보다 정확한 지식은 윤리적 행동을 위한 필수적 요소"[48]라고 한다. 각각의 경우에 있어서 진실을 말한다고 하는 것은 본회퍼에 의하면 '올바른 말,' 즉 '살아 있는 말'을 하는 문제이다. 그는 "살아 있는 말은 삶 자체와 같이 살아 있는 것이다"[49]라고 말한다.

이 말은 구체적인 상황하에서 사람들이 서로의 입장을 이해하고 서로를 위해, 그리고 서로에게 개방적인 자세를 취하는 것을 의미한다. 레만은 자동차를 팔고 사는 두 당사자의 예를 통하여 본회퍼가 한 말의 의미를 설명한다. 차를 파는 사람이 과연 차를 사고자 하는 사람에게 차의 상태에 관한 모든 것을 진실하게 말해 주어야만 하는가? 세 가지 가능성을 고려해 볼 수 있을 것이다.

첫째, 차의 소유자가 구매자에게 차의 상태에 관해서 아무것도 말하지 않는다. 이 경우 구매자는 '그대로' 사며, 그에 대한 위험 부담을 스스로 지게 된다. 둘째, 차의 소유자가 구매자에게 차에 관한 모든 것을 말해 준다. 이 경우 차의 소유자는 차를 팔지 못할 위험

---

46) Immanuel Kant, *Critique of Practical Reason*, Beck edition(Chicago: University of Chicago Press, 1949), p.348.

47) Paul L. Lehman, 《기독교 사회윤리원론》, pp.121-123.

48) Dietrich Bonhoeffer, *Ethics*, trans., by Neville Horton Smith(New York: The Macmillan Company, 1955), p.327.

49) *Ibid.*, p.328.

부담을 안게 된다. 셋째, 차의 소유자가 중간적 입장을 취한다. 즉 그는 구매자가 묻는 것에 대해서만 대답하고 차가 매매된 후에는 차의 성능에 따라 구매자의 칭찬이나 비난을 받는다. 절대윤리는 당연히 차의 소유자가 두번째 행동을 취해야 한다고 주장할 것이다. 그러나 진실을 전부 이야기할 수 있을까? 소유자가 차의 상태에 대해서 알지 못하는 것도 있을 것이며, 또한 잊어버려서 말하지 못하는 부분도 있을 것이다.

그러므로 이 상황에서 두 사람이 규범 준수만을 따지거나 그 일을 단순한 사업상의 거래로만 치부할 것이 아니라, 차의 거래를 통하여 서로의 곤경을 진실하게 고려함으로써 인간적으로 서로 결합하게 된다면, 이 거래는 서로를 인간으로서 그리고 생의 동지로 발견할 수 있게 해주는 도구가 될 것이다. 그리고 차에 대해서 많은 말을 하든 또는 어떤 부분은 모르거나 잊어버려서 다 말하지 못하게 되든 그들이 하는 모든 말은 서로에 대한 신뢰 안에서 진실이 될 것이다.

본회퍼는 "우리의 말은 원리적으로가 아니라 구체적으로 진실에 부합되어야만 한다. (…) 우리는 (…) 하나님이 결코 일반적인 원리가 아니라 살아 계신 분, 즉 생동적인 상황 안에 나를 보내시고 나의 순종을 요구하시는 분이라는 사실을 잊어서는 안 된다"[50]고 말한다. 진실을 말하는 것이 각자가 처한 입장에 따라 실제로 서로 다를 수가 있는 것이다. 예를 들면 부모와 자식과의 관계, 친구들 사이의 관계, 선생과 학생과의 관계, 친구와 적과의 관계 등 각각의 관계에 있어서 말로 표현된 진실은 서로 다를 수 있다. 결국 레만은 구체적

---

50) *Ibid.*, p.327.

이고 인간적인 상황을 고려하지 않는 절대윤리가 아니라 삶의 정황을 고려한 상황윤리적인 접근이 더 적절한 윤리방법론임을 주장하고 있는 것이다.

레만은 예외를 논리적 규범의 효력을 정지시키는 예외와, 기존의 규범을 개혁하는 변혁자로서의 예외로 구분한다. 그리고 예외적인 상황에서의 행동이 기존의 도덕적 규범을 어긴다는 측면보다는 예외적 상황에 적용할 수 있는 새로운 윤리적 토대를 개척하는 계기를 제공한다는 측면에 더욱 관심을 가진다.[51] 그는 다음과 같이 말한다.

어떤 예외가 원래의 규칙을 중단하는 경우에는 이전에 받아들였던 윤리적인 판단들이나 행동 양식에 도전하고 새로운 윤리적인 근거를 개척하는 것이다. 그 예외는 구체적으로 벌어진 일을 고려하기 위해서 기존의 규범과 가치에 대한 재평가를 요구하기 때문에 새로운 윤리의 근거를 개척하는 것이다. 재평가가 의미하는 바는 기존의 가치와 규범이 윤리적으로 부적절하다는 사실이 구체적인 결정 상황과 전체적으로 관련된 윤리적 통찰들과 명령들에 의해서 노출되었다는 것이다.[52]

레만은 인간의 생활을 하나님이 원하시는 차원으로 보다 가까이 변화시키기 위해서 기존의 도덕적 규범의 의미를 재해석할 필요가 있으며, 예외적 상황에 적절하게 대응할 수 있도록 기존의 규범을

---

51) Paul L. Lehman, 《기독교 사회윤리원론》, pp.239-249.
52) *Ibid.*, p.242.

변혁할 필요가 있다고 본다. 그는 도덕적 규범의 유지 기능을 등한 시하고 예외의 변혁적 역할을 해명하는 데 관심을 기울였다. "그러나 정상적 상황 속에서의 규범의 역할과 극한적인 상황 속에서 발생하는 예외를 모두 제외해 버리고는 포괄성이 있는 윤리를 형성할 수 없을 것이다."[53]

또한 레만은 인간적인 사회의 실현을 위해서 사회 변화를 추구하며, 역사와 사회 속에서 하나님의 뜻대로 기독교인들이 말과 행동으로 확실하게 실천할 것을 강조한다. "하나님의 행위에 대해서……기독교인들이 말과 행동으로 확실히 증거하는가의 여부에 따라 기독교 선교의 성공과 실패가 좌우된다. 윤리가 없는 복음주의란 복음이 예리한 면을 상실했음을 의미한다. 곧 인간의 행위가 생명을 주는 신앙의 성취력에 의해서 변화되지 않았음을 의미한다."[54]

그러나 레만의 사회적 변화에 대한 관심은 포괄적이고 형식적인 차원에 머물기 때문에 사회적 구조와 도덕적 규범의 기능을 구체적으로 다루지 못하고 있다는 비판을 받기도 한다. 고범서는 다음과 같이 말한다. "윤리의 사회적 차원에 대한 그의 관심은 사회적 구조와 규범이 가지는 윤리적 의의를 구체적으로 다루지 않는다. 이같이 사회적 구조와 도덕적 규범의 기능을 무시한 사회윤리적 관심은 미비하고 불충분하다고 볼 수밖에 없다."[55]

---

53) 고범서, 〈규범과 상황〉, p.239.
54) Paul L. Lehman, 《기독교사회윤리원론》, p.76.
55) 고범서, 〈규범과 상황〉, p.210.

제5절 폴 램지

램지도 초기에는 계율주의에 반대하는 상황윤리적인 측면을 보였으나,[56] 나중에는 도덕적 규범의 중요성을 인식하고 상황윤리에 반대하게 된다. 그는 기독교윤리의 근원과 힘은 분명히 규범들이 아니라 사랑이지만 사랑은 그것의 구현을 위해서 규범들을 필요로 한다고 생각하였다.[57]

램지의 윤리는 본장의 서두에서 구분한 바에 의거하면 혼합-아가페주의라고 규정할 수 있다. 그는 "확고한 원리들을 통해서 행동하는 동시에 또한 필요하다면 그것들 없이 행동하는 아가페의 자유"를 주장한다.[58] 램지는 당시의 상황윤리학자들이 도덕적 규범들을 무시하고 아가페적인 사랑에 의해서만 결정을 내려야 한다고 주장하는 것에 대하여 비판한다. 그리고 이러한 논리가 공리주의와 마찬가지로 선과 악의 양적 계산에 의거한 결과에만 의존하여 정치적 결단을 내리는 오류를 범한다고 지적한다. 그리하여 램지는 '규범에 의해서 통솔되는 사랑의 윤리(rule-governed love-ethic)'를 주장한다. 그는 사랑이 요구하는 목적을 달성하기 위한 수단은 어떤 근본적 원리들에 비추어 거기에 적합한 것이어야 한다고 주장하면서, 원

---

56) 그의 초기 저서 *Basic Christian Ethics*(New York: Charles Scribner's Sons, 1950)의 〈크리스천의 자유: 법칙 없는 윤리학(Christian Liberty: An Ethics Without Rules)〉이라는 장에서 계율주의에서부터 자유로운 예수와 바울의 윤리를 강하게 강조한다.

57) 1961년에 쓴 그의 책 *War and the Christian Conscience*에서 규범의 역할을 강조하고, 사회 및 정치적 윤리가 원리들을 요청한다고 주장한다.(New York: Charles Scribner's Sons, 1961)

58) Paul Ramsey, *Deeds and Rules*, p.107.

리에 비추어 수용하거나 수용할 수 없는 수단을 선택하거나 버릴 수 있는 윤리의 필요성을 주장하였다.[59]

램지는 윤리에 있어서 원리와 규범이 모두 필요함을 역설하며, 윤리에 있어서 규범의 역할을 무시하는 신학자들을 생각이 부족하고 감정적이라고 비판한다. 램지는 로빈슨·플레처·레만을 프랑케나가 제시한 아가페주의의 네 가지 논리적 타입에 의거하여 로빈슨의 윤리를 수정적 아가페주의로, 플레처의 윤리를 극단적 행동-아가페주의로, 레만의 윤리를 행동-코이노니아윤리로 분류하며 그들이 도덕적 규범을 무시하고 있다고 비판한다.[60]

앞에서 언급한 바와 같이 램지는 규범과 사랑에 의거한 행동의 선택을 적절하게 함으로써 규범윤리와 상황윤리의 장점을 조화롭게 살릴 수 있는 기틀을 가지고 있었지만, 도덕적 규범의 중요성을 너무 강조하게 됨으로써 가변적인 상황에 창의적이고도 자유롭게 대응할 수 있는 길을 열어 준 상황주의 윤리가 가지는 도덕적 개혁의 장점마저 무시해 버리게 된다. 그리고 그는 상황주의자들의 규범 개념을 순전히 프랑케나가 제시한 범주에 의거하여 논리적 입장에서만 비판하며 도덕적 규범의 사회적 기능에 대해서는 관심을 두지 않는 실수를 범하게 된다.[61]

램지는 예외적인 상황도 규범 속에 수용함으로써 규범의 보편적 타당성을 유지하려고 노력한다. 물론 정상적인 상황이라면 규범의

---

59) Paul Ramsey, *War and the Christian Conscience*(New York: Charles Scribner's Sons), p.14.

60) Paul Ramsey, *Deeds and Rules in Christian Ethics*(New York: Charles Scribner's Sons, 1967), p.5.

61) 고범서, 〈규범과 상황〉, pp.215-6.

적용을 일반화시키는 것에 문제가 없을 것이다. 그러나 램지는 가변적인 사회적 현실이 때로는 규범에 역행하는 선택을 할 수밖에 없도록 만드는 상황이 발생한다는 사실을 심각하게 고려하지 않는다. 결국 그의 윤리는 의무론적 윤리 이론과 마찬가지로 시간과 공간에 따라 다양하게 변화하는 사회적 상황에 창의적이고 융통성 있게 대응하는 데는 미흡한 논리가 되고 말았다.[62]

제6절 상황윤리적 방법론에 대한 종합적 비판

상황윤리가 안고 있는 문제점에 대한 종합적 비판으로는 제임스 차일드레스의 다음과 같은 평가가 도움이 될 것이다.[63]

첫째, 상황윤리학자들은 계율주의에 대한 반발이 지나쳐서 도덕적 규범들의 긍정적 기능을 너무 일방적으로 무시하는 오류를 범한다. 중심적인 범주가 사랑(플레처)이든지 또는 인간화(레만)이든지 간에, 이것들은 십계명의 금지 사항과 같은 특정한 규범들을 필요로 한다. 많은 규범들이 인간을 보호하기 위해서 만들어진 것들이므로 사랑이나 사람을 규범들과 맞서게 하는 것은 부적절하다.

둘째, 만일 원칙이나 규범들이 단순히 계몽적(illuminative)일 뿐이고 규정적 또는 처방적(prescriptive)인 역할을 하지 못한다고 하면,

---

62) *Ibid.*, p.234.

63) James F. Childress, 〈Situation Ethics〉 in *The Westminster Dictionary of Christian Ethics*, ed., by James F. Childress and John Macquarrie(Philadelphia: The Westminster Press, 1986), pp.586-588.

상황 속에 처해 있는 행위자는 절대로 그것들을 믿고 의지할 수 없게 된다. 그렇게 되면 상황윤리는 도덕률 폐기론에 떨어지게 된다.

셋째, 상황윤리 중 어떤 것은 인간에게 존재하지 않거나 또는 완벽하지 못할 수도 있는 직관적 능력이나, 결과에 대한 합리적인 계산력 또는 통찰력을 전제로 한다. 예를 들면 인간이 과연 플레처의 생각처럼 행위의 결과를 명확하게 예측하거나, 통제하거나, 계산할 수 있을까? 또는 기독교인들은 레만이 생각하듯이 하나님의 행동을 통찰하고 따를 수 있도록 변화될 수 있을까? 인간의 유한성, 타락한 이성, 그리고 은혜의 한정성 등에 대한 기독교 교리는 인간이 윤리적 원칙과 규범들을 필요로 함을 강하게 보여 준다. 더 나아가 몇몇 결과론자들과 공리주의자들은 신뢰를 생성해 내고 유지하게 해주며 자기 기만에 떨어질 위험을 줄여 주기 위한 필요 때문에, 특정한 행동보다는 어떤 규범을 따르는 것이 최상의 결과를 낳게 해줄 것인가에 보다 큰 관심을 가진다. 인간이 상황을 자기 자신의 관점에서 해석하고 이기적으로 이익을 추구하는 경향이 있음도 객관적인 원칙과 규범들을 필요로 하는 이유에 포함시켜야 할 것이다.

넷째, 또한 우리는 상황 자체가 해석을 필요로 한다는 사실을 지적해야 할 것이다. 상황윤리학자들은 상황이 때와 장소, 관계성 속에서 가지게 되는 범위에 대해서 분명하게 설명하지 않는다. 상황에 대해서 분명하게 정의하고자 하면 신학적 측면과 인류학적 측면, 그외의 다양한 측면들뿐만 아니라 도덕적 원칙과 규범들이 고려되어야 할 것이다.

다섯째, 행동들(그것이 가지는 다양한 여건을 포함하여)은 몇몇 상황윤리학자들이 주장하듯이 그렇게 독립적이거나 특이하지 않을 수도 있다. 도덕적인 관점에서 볼 때 행동들은 흔히 유사성을 가진다.

그리고 보편화의 원칙은 그러한 유사한 경우들은 비슷하게 취급할 것을 요구한다. 유사성을 인정하는 것은 그에 상응하는 규범을 만들고 적용하는 것과 관련된다.

여섯째, 우리는 또한 기독교 전통이 천편일률적으로 계율적인 것이 아니며, 그것이 상황을 해석하고 상황에 원칙과 규범들을 적용하기 위한 자료들을 가지고 있다는 사실을 인식해야 한다.

상황윤리학자들이 순수 규범윤리학자들의 절대주의적인 논리가 가지는 문제점, 즉 상황의 독특성과 가변성을 고려하지 않고 무조건적으로 동일한 원칙이나 규범을 적용해야 한다는 주장이 가지는 문제점을 비판하는 것은 타당하다. 또한 몇몇 도덕적 원칙이나 규범의 내용이나 중요성, 그리고 적용에 대해서 문제를 제기한 것 역시 타당하다고 보아야 할 것이다. 그러나 피임 금지와 같은 한 가지 특정한 규범을 거부하는 것과 규범 자체를 모두 부정하는 것은 별개의 문제임을 상황윤리학자들은 분명하게 인식하여야 한다.

이상의 지적에 더하여 다음 사항들 또한 고려되어야 할 것이다. 첫째, 광범위한 사회적 상황과 완전히 분리된 극한적 상황에서의 예외적 행동에 너무 치중할 경우 행위자가 감당하여야 할 일반적인 사회적 책임을 도외시하는 오류를 범할 수 있다. 둘째, 상황윤리학자들은 상황이 모든 것을 좌우하는 것으로 강조함으로써 행위자가 아니라 마치 상황이 결정을 내리는 것처럼 오도할 위험을 안고 있다. 이에 대해 로저 쉰은 "상황이 결정을 좌우하는 것이 아니라 상황 속에 처해 있는 행위자가 결정을 내리는 것이다"[64]라고 강조한다.

---

64) Roger L. Shin, 〈The New Wave in Christian Thought〉 in *Encounter*, 28, No. 3(Summer, 1967), p.253.

결론적으로 말해서, 절대주의적인 계율주의에 대한 반발로써 제기된 상황윤리 이론은 상황의 특이성을 고려하고 창의적인 행동을 할 수 있는 가능성을 제공했다는 점에 있어서는 큰 기여를 하였다. 그러나 이 이론 역시 너무 극단적인 방향으로 나아가게 됨에 따라서 필요 이상으로 규범을 무시하는 오류를 범하게 되었고, 결국 그 자체만으로는 옳고 그름에 대한 도덕적 판단을 내리는 데 완벽한 방법론이 되지 못하게 되었다. 그러므로 우리는 옳고 그름을 판단함에 있어서 여러 가지 방법론들을 상호 보완적으로 사용할 필요가 있음을 명심하여야 한다.

【참고 문헌】

박봉배 외, 《기독교윤리학개론》, 서울: 대한기독교출판사, 1987.

Bonhoeffer, Dietrich, *Ethics*, trans., by Neville Horton Smith, New York: The Macmillan Company, 1955.

Carney, Frederick S., 〈Deciding in the Situation: What Is Required?〉 in *Norm and Context in Christian Ethics*. ed., by Gene H. Outka and Paul Ramsey, New York: Charles Scribner's Sons, 1968.

Childress, James F., 〈Situation Ethics〉, in *The Westminster Dictionary of Christian Ethics*, ed., by James F. Childress and John Macquarrie(Philadelphia: The Westminster Press), 1986.

Fletcher, Joseph, *Situation Ethics: the New Morality*, Philadelphia: Westminster Press, 1966.

— 이희숙 역, 《상황윤리: 새로운 도덕》, 서울: 종로서적, 1989.

Frankena, William K., *Ethics*, 2nd. ed., Englewood Cliffs, New Jersey:

Prentice—Hall, Inc., 1973.(1963)

— 〈Love and Principle in Christian Ethics〉 in *Faith and Philosophy*, ed., by Alvin Plantinga, Grand Rapids, Michigan: William B. Erdmans Publishing Co., 1964.

Kant, Immanuel, *Critique of Practical Reason*, Beck edition, Chicago: University of Chicago Press, 1949.

— 〈On a Supposed Right to Lie from Altruistic Motives〉 in *Kant's Ethical Writings*, ed., by Lewis E. Beck, Chicago: University of Chicago Press, 1949.

Lehman, Paul L., 심일섭 역, 《기독교 사회윤리원론》, 서울: 대한기독교출판사, 1988.

Ramsey, Paul, *Deeds and Rules in Christian Ethics*, New York: Charles Scribner's Sons, 1967.

— *War and the Christian Conscience*(New York: Charles Scribner's Sons, 1961).

Robinson, John A. T., *Honest to God*, London: SCM Press, 1963.

Shin, Roger L., 〈The New Wave in Christian Thought〉 in *Encounter*, 28, No. 3(Summer, 1967).

von Rad, Gerhard, *Studies in Deuteronomy*, trans., by David Stalker, Naperville: Alec, R. Allenson Inc., 1953.

제8장

응답론적 윤리방법론

제1절 H. 리처드 니부어와 응답적 존재

앞에서 목적론적 윤리방법론, 의무론적 윤리방법론, 상황윤리에 대해서 심도 있게 살펴보았다. 본장에서는 이상에서 살펴본 방법론들과 더불어 윤리방법론의 또 다른 한 축을 이룬다고 볼 수 있는 H. 리처드 니부어의 '응답론적 윤리방법론'에 대해서 살펴보기로 하겠다. 니부어의 윤리방법론을 '책임윤리'라고 명명할 수도 있겠으나, 그의 《응답적 자아》에서 인간을 '응답적 자아(responsible self)'로 해석하고 있는데, 이는 '하나님의 부르심과 뜻에 응답하는 존재'와 '하나님 및 이웃과의 지속적인 대화 관계 속에 있는 응답적 존재'를 의미한다. 그렇기 때문에 그의 윤리방법론을 '응답론적 윤리방법론'이라고 부르는 것이 더 적합할 것이다. 그러나 하나님의 부르심과 이웃의 필요에 응답하는 것이 바로 책임을 다하는 것과 같은 의미가 된다고 볼 수 있기 때문에 그의 윤리방법론을 '책임윤리'라고 불러도 반드시 틀렸다고 말할 수는 없을 것이다.

니부어에게 있어서 인간의 행동이 윤리적으로 옳은 것이 되기 위해서는, 개인적으로든 사회적으로든 하나님의 부르심과 이웃의 필요에 적절하게 응답하는 것이다. 니부어는 상황, 즉 우주의 주관자인 하나님이 역사의 중심에서 무엇을 하시고 있는가를 분석하는 데 지대한 관심을 기울인다. 왜냐하면 그것을 이해할 수 있어야만 어떻게 응답할 것인가를 결정할 수 있기 때문이다. 그러므로 니부어의 윤리방법론을 좀더 구체적으로 명명하자면 '하나님 중심의 응답론적 윤리'라고 할 수 있다.

니부어는 하나님과의 관계가 다른 이웃들과의 관계를 결정하고 좌우한다고 본다. 그러므로 이웃과의 관계에 문제가 있다는 것(윤리적 타락)은 그 전에 이미 하나님과의 관계에 문제가 있음(신학적·종교적 타락)을 의미하는 것이다. 니부어는 다음과 같이 말한다.

궁극적으로 윤리는 그것 없이는 윤리가 불가능해지며, 또한 모든 윤리에 우선하는 기준을 수용하는 원점으로 항상 돌아가게 되어 있다. 그리고 그 기준의 원천은 항상 윤리가 아니라 종교이다. 그 기준은 인간이 전적으로 경배할 수 있으며 본질적인 가치를 가진 것이라고 생각하는 것, 즉 각자의 신이 되는 것에 근거한다.[1]

니부어의 신학적 사고는 윤리학적으로 표현되고 있으며, 그의 윤리학적 사고는 종교적인 토대 위에서 전개되어진다. 그러므로 니부어의 윤리방법론을 이해하기 위해서는 그의 신학적 토대를 먼저 이해하여야 한다.

---

1) H. Richard Niebuhr, 〈Man the Sinner〉, *The Journal of Religion*, XV, July(1935): 275.

제2절 H. 리처드 니부어 윤리학의 신학적 근거

니부어는 모든 사람이 각기 신을 가지고 있으며, 그 신에 대한 믿음에 의거해서 살아가기 때문에 인간 삶의 모든 영역은 그 사고와 행동에 있어서 종교적인 토대 위에서 전개된다고 보았다.[2] 그러나 신에는 참된 신과 거짓 신 두 종류가 있다. 많은 사람들이 유한한 사물이나 이념들을 자신들의 신으로 선택하고, 그것들에 의거하여 자신들의 삶을 엮어 나간다. 이러한 거짓 신들은 절대로 무한한 가치를 지니거나 보편적이며 절대적인 의무를 강요할 수 없는 것들이다. 그것들은 단지 한정된 기간 동안에만 삶에 의미를 제공할 수 있으며 삶을 타락시키고 혼란스럽게 만드는 것들에게 헌신하도록 강요할 뿐이다.

니부어는 유한한 사물이나 가치들을 신봉하는 '자연신앙(natural faith)'의 형태로써 두 종류의 병적인 신앙을 지적한다. '단일신 숭배주의(henotheism)'와 '다신 숭배주의(polytheism)'가 그것이다.[3] 단일신 숭배주의에 있어서는 가족·국가·교회 또는 인류 같은 사회 집단 중의 하나가 신이 되는 것이며, 이것들이 구성원들에게 삶의 가치를 부여하는 동시에 그들의 충성을 요구하게 된다. 다신 숭배주의 있어서는 쾌락·부·명예 같은 다양한 가치들이 함께 신이 되어 삶의 가치와 윤리의 근거가 되고 신봉자들의 충성과 헌신을 강

---

2) cf. H. Richard Niebuhr, *Radical Monotheism and Western Culture*(New York: Harper & Bros., 1960), p.119.

3) *Ibid.*, pp.24-31; H. Richard Niebuhr, *The Responsible Self*(New York: Harper & Row, 1963), pp.98-100, 106, 121-23, 137-40; 〈Man the Sinner〉, pp.278-80.

요하게 된다. 이러한 두 종류의 병적 신앙은 개인과 사회의 삶 속에 화합과 통일성, 고결함과 진정한 중심축, 의미를 제공하지 못한다.

단일신 숭배주의는 하나의 사회적 집단을 절대화시키고, 그것에 대한 절대적인 충성을 요구하게 되므로 배타적이고 폐쇄적인 사회를 형성하며 같은 울타리 안에 들지 못한 사람들을 가혹하게 대하도록 만든다. 각 집단은 자신들의 이기적인 욕망을 충족시키기 위해서 타집단을 억압하고 착취하게 되며 최악의 경우에는 그들을 완전히 제거해 버리기도 한다. 역사상 가장 잔혹한 파괴와 살상들이 이러한 단일신 숭배주의에 의해서 자행되어졌다. 그러므로 특정 사회 집단을 신으로 숭배하는 단일신 숭배주의는 모든 인류와 자연 세계를 하나의 큰 공동체로 포용할 수 있는 우주적인 중심을 제공할 수 없다. 또한 다양한 가치들을 동시에 숭배하는 다신 숭배주의는 하나의 중심축을 제공하지 못하므로 개인과 사회로 하여금 삶의 중심을 잃게 하고 혼란에 빠트린다. 결국 단일신 숭배주의와 다신 숭배주의가 신으로 섬기게 되는 유한한 사물과 이념·가치들은 인간을 참된 자아와 이웃들로부터 분리 또는 소외되게 만들며, 인류 공동체를 분열시키고 파괴하게 된다.[4]

화이트헤드에 의하면, "종교는 공허함으로서의 신에서 적대자로서의 신으로, 그리고 적대자로서의 신에서 동료로서의 신으로 변천시킨다."[5] 모든 종교적인 욕구와 종교적인 공동체는 삶의 중심에서 느끼게 되는 극단적인 불충만감과 이질감으로부터 생성된다. 사실상 모든 자연종교들과 문화 체계들은 영구불변의 내용과 의미로 이

---

4) H. Richard Niebuhr, *Radical Monotheism*, pp.25-31, 35-37, 56-60, 75-76; 〈Man the Sinner〉, pp.278-79. *The Responsible Self*, pp.140-41.

5) H. Richard Niebuhr, *Radical Monotheism*, pp.123-24.

공허함을 채우고자 하는 노력이다. 그러나 사람들은 그들의 이성적인 노력과 사회적인 대참사들의 와중에서 경험한 좌절과 절망의 체험들을 통하여 이런 모든 노력들과 유한한 신들에 대한 신앙이 아무런 효력이 없을 뿐만 아니라 오래 지속되지도 못한다는 것을 깨닫게 된다. 그것들은 결국에는 사람들이 탈피하고자 애썼던 공허함으로 함몰되어 버린다. 그리고 사람들은 거짓 신을 향한 자신들의 신앙을 파괴하는 분이 바로 참 신이신 하나님이라는 것을 알게 되는 궁극적인 깨달음에 이르게 된다. 그러므로 하나님은 그들의 자연신앙에 대한 적이 되는 것이다.[6]

사람들은 하나님의 선하심을 믿지 않으며, 그의 뜻을 부인하기 때문에 유한한 신들에 대한 자신들의 신앙을 계속 고집한다. 모든 것 속에 활동하고 있는 생명과 죽음의 최종 권능자에 대한 깊은 의심과 적개심이 모든 자연종교의 핵심에 스며 있다. 유한한 신들에 대한 신앙과 충성심은 모든 것들에게 생명을 부여하고 또한 소멸시키는 '무서운 하나님'으로부터의 도피이거나 도전이다.[7]

그러나 사람들은 영적·도덕적 노력을 통하여, 그리고 예수 그리스도와의 확실한 만남을 통하여 적대자로서의 하나님이 사실은 보살피고 생명을 주는 분임을 깨닫게 된다. 사람들은 유한한 신들에 대한 자신들의 신앙과 희망을 파괴시키는 적대자로서의 하나님이 사실은 자신들을 근거 없는 희망과 끝이 없는 절망 사이에서 방황하는 악순환으로부터 구원하기 위해 그렇게 행위한다는 것을 깨닫게 된다. 하나님은 신뢰할 수 없고 충성스럽지 못한 인간들을 자신

---

6) *Ibid.*, p.124.
7) H. Richard Niebuhr, *The Responsible Self*, pp.142-5.

과 화해시키시고, 유한한 거짓 신들 사이에서의 방황을 끝내게 하시며, 개인적·사회적 삶에 완전함을 부여하신다. 예수 그리스도의 삶과 죽음과 부활을 통해서 계시되었으며 생명을 부여하는 분이신 하나님을 만남으로써 사람들은 하나님의 선하심과 사랑과 권능을 믿는 '획기적인 신앙' 또는 '전적인 믿음(radical faith)'에로 초대된다.[8]

사람들의 가슴속에 자리잡게 된 획기적이고 전적인 신앙이 하나님과 이웃 사이의 부서진 관계 회복을 위한 열쇠가 된다. 이 신앙이 죽음의 악순환을 생명을 향한 여행으로 변화시킨다. 이 획기적인 신앙은 공동체의 경계를 동료 신앙인들과 자신들이 사랑하는 이들을 넘어 친구이거나 적이거나, 생물이거나 무생물이거나, 가깝거나 멀거나를 막론하고 존재하는 모든 이웃들에게로 확장함으로써 윤리적 규범의 강도와 범위를 심화시키고 넓혀 준다.[9]

1. 죄와 구원

자연신앙을 구원한다는 그의 생각과 관련하여, 니부어는 사람들이 자연종교의 거짓 신들에 대해서 가지는 왜곡되고 참되지 못한 신앙을 죄라고 보았다. 그러나 이 잘못된 신앙이 가지고 있는 문제는 자연종교의 신들이 유한하다는 데(즉 그 신들의 유한함이 본질적으로 악하거나 하나님에게 대적하기 때문에) 있는 것이 아니다. 오히

---

8) H. Richard Niebuhr, *Radical Monotheism*, pp.124-6.

9) H. Richard Niebuhr, *Radical Monotheism*, pp.122-6; *The Responsible Self*, pp.142-5; H. Richard Niebuhr, *Meaning of Revelation*(1941; first paperback ed., New York: Macmillan Co., 1960), pp.59-66.

226 기독교윤리학

려 자연종교가 가지고 있는 문제들은 그 거짓 신들이 하나님의 자리를 빼앗고, 하나님만이 받을 수 있는 충성과 헌신을 가로채는 데 있다. 그렇다면 죄는 유한한 것들에 가치를 부여하거나 그것들을 위해서 일하는 데에 있는 것이 아니다. 유한한 사물과 목적에 대한 무한한 헌신이 바로 죄이다. 이렇게 볼 때, 구원은 자연신앙의 거짓 신들에 대해서 바치는 우상 숭배적이고 맹목적인 헌신을 참 하나님에 대한 전적인 신앙으로 바꾸는 것이다. 니부어가 이 바꾼다는 말에 의해서 의미하는 것은 자연종교의 유한한 신들을 파괴하거나, 그 자리에서 몰아낸다는 뜻이 아니다. 획기적이고 전적인 신앙은 모든 유한한 신들을 참 하나님에게로 예속시키고 그에게 헌신하도록 만든다.[10]

그러나 니부어는 인간은 스스로를 죄악됨으로부터 구원할 수 없다고 생각한다. 인간은 중보자인 예수 그리스도의 도움을 필요로 한다. 오직 하나님의 절대적인 선하심에 대한 전적인 믿음과 하나님의 우주적인 뜻에 대한 전적인 헌신을 가능케 하는 획기적인 신앙의 구체적인 체험만이 거짓 신들에 대한 우상 숭배적인 예배를 깨트릴 수 있다. 니부어는 예수 그리스도가 이 획기적인 믿음과 충성을 역사적으로 실천하였다고 말한다. 그러므로 이 전적인 믿음을 갖기 위해서는 죄악된 사람들이 의심과 적대감에 조금도 물들지 않은 예수 그리스도와 하나님과의 관계를 맺게 되어야 한다.[11]

---

10) H. Richard Niebuhr, 〈Man the Sinner〉, p.277; *The Responsible Self*, pp.139, 142-5; *Radical Monotheism*, pp.122-6; *Meaning of Revelation*, pp.59-66.

11) H. Richard Niebuhr, *Radical Monotheism*, p.42; *The Responsible Self*, pp.142-5.

사람들은 예수 그리스도 안에서 하나님을 만나며, 이 만남을 통하여 하나님의 용서하시는 은혜를 체험하고, 하나님의 뜻을 이해하며, 하나님의 일에 헌신하게 된다. 예수님은 하나님 아버지의 뜻에 순종하시기 때문에, 그는 인간들에게 자기 자신의 뜻이 아니라 하나님의 뜻에 순종하도록 명령함으로써 주권을 행사하신다. 또한 하나님 안에서 소망을 가지기 때문에 인간에게 소망을 주신다. 그는 신실한 하나님을 완전히 믿기 때문에 인간을 향해서도 신실하시며, 그리하여 신뢰할 수 있는 분이시다. 예수님은 인간의 완전한 겸손을 가지고 하나님을 높이기 때문에 인간에게 그들의 공적을 뛰어넘는 좋은 선물을 주심으로써 인간을 겸손하게 만드신다……. 예수님이 하나님의 아들 되심은 두 방향의 활동을 내포하고 있는데, 인간으로부터 하나님을 향한 측면과 하나님으로부터 인간을 향한 측면, 세상으로부터 하나님을 향한 측면과 하나님으로부터 세상을 향한 측면, 행위로부터 은혜로의 측면과 은혜로부터 행위로의 측면, 한정된 시간으로부터 영원을 향한 측면과 영원으로부터 한정된 시간을 향한 측면이 그것들이다. 하나님의 윤리적인 아들이 되심에 있어서, 예수 그리스도는 반신반인의 중간적인 존재가 아니라 하나의 독립된 인격체이다. 한 인간으로서 전적으로 하나님께로 방향지어져 있으며, 하나님 아버지와 하나됨 속에서 전적으로 인간을 향해 방향지어져 있다. 그는 중간자(median)가 아니라 중재자(mediatorial)이다……. 그는 오히려 하나님으로부터 인간에게로 그리고 인간으로부터 하나님에게로의 지속적인 쌍방향 행위에 있어서 초점(focusing point)으로써 존재한다……. 예수 그리스도가 인간에게 행사하는 권능과 친화력은 그의 하나님의 아들되심 안에서 두 방식으로 나타나는데, 인간으로서 하나님을 향하여 사는 것과 하나님으로서 인간과 더불어 사는 것으로 나타난다.

예수님을 믿는 믿음과 그의 일에 충성하는 것은 사람들로 하여금 세상으로부터 하나님에게로, 그리고 하나님으로부터 세상으로의 쌍방향적인 행위를 하도록 만든다……. 그들은 하나님을 위하여 모든 것을 버리도록 영원히 도전받으며, 예수님으로부터 명령받은 것들을 실천하고 가르치기 위해 세상으로 영원히 되돌려보내진다.[12]

우리는 예수 그리스도를 통하여 그의 삶과 죽음, 부활과 통치를 통하여 인도함을 받아왔으며 화합으로 인도되고 있으며 생명과 죽음에 대한 우리의 해석을 재해석하게 되었다.[13]

예수님은 그 자신과 모든 피조물들에 대한 하나님의 선하심과 신실하심을 온전히 확신하고 믿었다. 그리고 그 응답으로써 그는 하나님의 모든 피조물에 대해 전심을 다한 충성과 사랑을 베풀었다.[14] 하나님의 우리를 향한 선하심과 신실하심에 대한 절대적인 신뢰의 회복과, 그에게 절대적인 충성을 바치는 것, 그리고 우리를 향한 하나님의 은혜에 대한 응답으로써 우리의 이웃에게 사랑을 베푸는 것이 우리를 우상으로부터 떠나게 만들고, 죄와 윤리적 악으로부터 구원하고, 서로서로 화해하게 만들고, 분열과 소외를 치유하고, 궁극적으로는 생명을 부여하는 관계를 회복하도록 할 것이다.

---

12) H. Richard Niebuhr, *Christ and Culture*(New York: Harper & Row, Publishers, 1975), pp.28-9.

13) H. Richard Niebuhr, *The Responsible Self*, p.143.

14) H. Richard Niebuhr, *Radical Monotheism*, p.42.

2. 계시

니부어는 절대 주권자인 하나님이 개인 및 공동체들의 실제적인 역사 속에 그리고 그 역사를 통해서 계시되어졌으며, 또한 체험되어졌다고 생각한다. 그러므로 기독교인이란 예수 그리스도가 그들을 위하여, 그들의 공동체가 역사 속에서 경험한 독특한 하나님 체험의 토대를 제공하고 또 체험을 가능케 한 '사건 그 자체'가 되어준 사람들이다. 니부어는 이러한 체험을 '내적 역사(internal history)'라는 관점에서 설명한다.

'외적 역사(external history)'는 밖에서 그것을 관찰하는 관객 또는 구경꾼에 의해서 알려진 역사이다. 이 역사는 순수 이성에 의해서 행해진 객관적인 관찰이다. 그것은 광범위한 문화적 입장을 가진 사람이면 자연과 사회 속에서 누구나 인지할 수 있는 그러한 측면에서의 경험과 사실들을 모은 것이다. 이러한 측면들은 감각으로 감지할 수 있으며, 신체적·생물학적·심리학적·사회학적 힘들과 기능들의 관점에서 설명할 수 있는 모든 사건들과 실체들을 포함한다. 그러나 하나님의 계시는 이러한 방식으로는 이해될 수 없다.

반면에 '내적 역사'는 어떤 특정한 사건들이 그들의 삶에 끼치는 지속적인 영향 때문에 그 사건들을 기억하는 참여자들에 의해서 내부로부터 알려진 역사이다. 어떤 특정한 역사나 사건들을 내적 역사의 관점에서 이해하는 사람들은 역사 속의 사람들을 '우리 어머니, 우리 아버지'라 부르고, 그 역사를 '우리의 이야기'라고 말한다. 그것은 관찰이 아니라 실천 이성을 통한 참여이고 체험이다. 이러한 측면들은 각자의 직접적인 상호 작용을 통하여 발견할 수 있고, 공동체의 독특한 언어와 논리를 가지고 설명할 수 있는 형이상학적 통일성과 윤리적 가치들, 영적 의미들과 개인적 경험들을 포함한다.

하나님과 인간 사이에 새로운 관계를 만들어 주었고 만들어 주는 중매자인 예수 그리스도는 기독교 공동체의 살아 있는 기억 속에 있는 역사적인 존재이다. 니부어는 하나의 역사적인 공동체에 현재 참여하고 있는 사람들의 삶이 그 공동체가 기억하고 있는 과거에 의해서, 그리고 그 과거를 통해서 분명하게 형성된 이러한 종류의 역사적 기억만이 계시적인 것이라고 생각한다. 기독교인들이란 예수 그리스도를 계시자로, 그리고 하나님과 인간을 화해시키는 분으로 기억하는 신앙 공동체이며 자신들이 체험하였고 또한 체험하고 있는 사건들을 이야기하고 또 그대로 살아가는 사람들이다. 니부어는 계시가 예수를 기억하는 공동체가 기억하고 있는 예수를 통해서 전달된다고 생각한다. 그러나 그 계시의 내용은 역사적 예수의 내적 깨달음이나 본보기적인 삶(그의 메시아 의식)도 아니요, 초대 교회의 보편적인 삶이나 해석적인 비전(사도적 증언)도 아니요, 바로 하나님이다. 더 나아가서 하나님의 실제적인 임재와 힘은 오늘날의 신자들에 의해서 순전히 내적이거나 신비로운 방식으로 체험되지 않는다. 오히려 하나님은 그들의 일상 생활의 실질적인 활동들과 그 일상 생활에 대한 구체적인 해석 속에서, 그리고 그것을 통해서 조우하게 된다.

니부어에게 있어서 계시의 가장 중요한 기능은 역사 속에 나타나는 하나님의 뜻을 기독교적으로 이해하기 위한 변환 작업이다. "계시의 기능은 우리의 자연종교를 발전시키는 것도 그것을 제거하는 것도 아니다. 계시의 기능은 종교적인 삶의 혁명이다."[15] 계시는 공동체와 개인의 역사 속에서 신성과 의무, 의미와 목적에 대한 우리의 자연적인 이해를 변화시켜 주는 그러한 특별한 경우들이다. 그렇다면 계시의 효과는 단지 신앙 체계나 신앙 공동체를 형성하는 데 있는 것이 아니라 인간들이 이미 가지고 있는 사상과 관계를 변화시키는 데 있다. 계시는 역사적인 믿음이 세계를 합리적으로 재해석하고 윤리적으로 재편성할 수 있게 만들고, 또 반드시 그렇게 하도록 만드는 새로운 패턴과 패러다임을 제공한다. 그러나 이 재구성은 역사적인 믿음으로 하여금 하나님의 변환 작업이 하나님과 그 믿음의 역사적인 만남에 국한되거나, 그 만남에 의해서 설명되어지는 것이 아니라는 점을 인정하도록 요구한다. 역사적인 믿음에 계시된 하나님은 언제 어디서나 영원한 혁명을 원하고 실천하는 분이다. 그러므로 역사적인 믿음은 자신이 하나님 나라에 대한 단서는 가지고 있지만 열쇠는 가지고 있지 못하다는 것을 인정하도록 명령받는다.

기독교 공동체에게 예수 그리스도는 하나님의 말씀으로써 그 공동체의 과거·현재·미래의 모든 이해하기 어려운 싸인과 소리들을 풀고 해석할 수 있도록 해주는 '로제타의 돌'이다.[16] 예수 그리스도는 하나님의 행동의 불변성과 어디서나 항상 전적인 믿음을 가질 수 있는 가능성을 계시하신다.

비상 사태에 처하게 되면 사람은 이전에 나타나지 않았던 특성을 드러나게 만드는 행동을 할 수도 있다. 그러한 계시적인 순간을 통하여 그의 친구는 이상해 보였던 과거의 행동들을 이해할 수 있게 되

---

15) H. Richard Niebuhr, *Meaning of Revelation*, p.138.

16) H. Richard Niebuhr, *Meaning of Revelation*, p.113. Rosetta stone: 1799년에 로제타에서 발견된 비석인데, 고대 이집트 상형문자 해독의 단서가 되었다.

며, 그 사람의 미래 행동을 예언할 수 있게 된다. 그러나 계시적인 순간은 그 사람의 행동에 있어서 그때까지는 드러나지 않았던 일관된 특성들을 밝혀 주었을 뿐만 아니라, 사람들 사이에 새로운 관계를 형성하게 해주었고 그들의 역사 속에 하나의 독특한 점으로 남는다.[17]

예수 그리스도 사건은 "그것에 의해서 이후의 사진들이 비교되고, 서투른 모방들이 교정될 수 있게 해주는 원래적인 초상화이다."[18] 계시적인 사건에 대한 기독교 공동체의 주관적인 기억은 과거와 현재 그리고 원근에 있는 총체적인 교회의 교정을 받아야 하며 보강 증거에 의한 수정을 받아야 한다.[19] 영적인 우선권과 초교파적 대화에의 호소 역시 계시의 의미의 지나친 왜곡에 대한 강력하고 지속적인 검증이다. 그러나 궁극적으로 계시의 원시적인 체험과 현재적인 체험 사이의 연속성과 일치성은 그 계시 속에서, 그리고 그 계시를 통해서 알려진 하나님에게 의존한다.

3. 공동체의 이해와 반응: 상대주의

니부어가 기독교인들이 고백적이 되어야 한다고 주장하는 데는 또 하나의 중요한 이유가 있다. 그것은 역사적이고 종교적인 상대

---

17) H. Richard Niebuhr, *Meaning of Revelation*, p.94. Cf. *Christ and Culture*, p.255; *The Responsible Self*, pp.154-57, 175-78.

18) H. Richard Niebuhr, *Christ and Culture*, pp.12-13.

19) H. Richard Niebuhr, *Christ and Culture*, pp.231-56; *Meaning of Revelation*, p.15.

주의이다. 신학은 역사적 상대주의에 의해서 제시된 문제들을 회피하지 말고 다루어야 하며 적응해야만 한다:

　　그렇다면 어떤 형태의 신학이라고 할지라도 신학이 역사적인 상대주의의 딜레마로부터 탈출할 어떤 명백한 가능성도 없어 보인다. 어떤 관찰자도 역사로부터 빠져나와서 시공을 초월하는 영역으로 들어갈 수 없기 때문에 관찰자의 역사적인 관점은 모든 경우에 고려되어야만 한다. 만약 이성이 조금이라도 작동한다면 역사적인 이성으로 작용하는 것에 만족해야만 한다.[20]

　　신학은 항상 하나님을 어떤 특정한 방식으로 체험하는 특정한 공동체 안에서 형성된다. 그러므로 신학은 그 하나님에 대한 공동체의 체험을 명확히 하고 기리기 위해 노력한다. 신학의 궁극적인 과제는 어느 한 역사적인 공동체의 신앙과 실천을 단순히 기록하는 것이 아니다. 신학적 숙고는 그보다는 그들 중에 계시는 하나님에 대한 공동체의 이해와 반응을 심화시키는 것을 목적으로 삼는다. 그러므로 신학적 작업은 항상 특정한 종교적 관점과 역사적 관점에 상대적이다.

4. 종교적 상대주의

기독교 신앙은 하나의 특정한 역사적 공동체로부터 들어왔으며,

---

20) H. Richard Niebuhr, *Meaning of Revelation*, p.12.

그 공동체 속에 구체화되었다. 그렇다면 기독교 신학은 항상 신앙의 공동체적이고 역사적인 성격을 반영해야만 한다:

신학은 사회적 역사 속에 있기 때문에 개인적인 신학이어서는 안 되며, 정치적·문화적 역사 같은 비교회적인 영역에서 살 수도 없다. 그것의 집은 교회이며, 그것의 언어는 교회의 언어이다. 신학은 교회와 더불어 우주적인 차원을 지향한다. 교회는 이 우주적인 차원으로부터 자신의 존재를 운용해 나가며 자신의 믿음과 모든 사역 속에서 우주적인 차원을 지향한다.[21]

신학적 사고는 믿음에서 시작해서 믿음에서 끝난다. 이 믿음은 영감을 받은 책자(성경)를 믿느냐, 또는 권위 있는 교리(정통파)를 인정하느냐 하는 문제가 아니다. 믿음은 오히려 하나님을 중심으로 삼고 개인과 사회의 모든 활동들에로 퍼져 가는 인간 관계의 역동적인 구조이다.[22] 그러나 기독교 신앙은 모든 사람이 인정하는 우주적인 신앙이 아니다. 계시와 그들의 교리에 대한기독교회의 이해는 공동체의 확증과 하나님의 독립적인 실체에 의한 평가를 통과해야만 한다. 그리고 이 과정은 교회를 회의주의와 주관주의로부터 보호해 준다.

---

21) *Ibid.*, p.15.

22) H. Richard Niebuhr, 〈The Triad of Faith〉, *Andover Newton Bulletin* 47 (1954): 3−12; 〈On the Nature of Faith〉 in Sidney Hook, ed., *Religious Expe-rience and Truth*(New York: New York University Press, 1961), pp.93−102; *Radical Monotheism*, pp.16−23.

5. 역사적 상대주의

신학은 역사적인 신앙의 제약 아래서 작업하기 때문에 '고백적'일 수밖에 없다고 니부어는 주장한다. 고백적인 방식으로 행해지는 신학은 기독교인의 생활과 생각을 신앙 대상(하나님)의 관점에서 비판적으로 평가한다. 신학은 또한 인간의 경험에 대한 비기독교적인 관점을 그들의 내적 취약점을 탐색하고 건설적인 대안을 제시함에 의해서 비판적으로 다룬다. 고백적 접근은 어떤 특정한 신학의 관점이 가지는 '역사적' 한계성에 의해서만 요구되는 것이 아니다. 특정한 신학의 고백적 접근은 또한 그러한 관점을 가지고 있는 사람들의 '죄악됨'에 대한 무언의 인정이기도 하다.[23] 고백적 접근을 거부하는 신학들은 자신들이 가지고 있는 본질적인 불완전함에다가 자화자찬과 자기 방어를 추가한다.

니부어는 인간이 자신들의 역사 및 종교적 상대성의 발견에 어떻게 반응하는가에 대해서 아래와 같이 적절하게 요약한다.

그들 자신의 엄연한 상대성 아래서 인간은 세 가지 가능성을 가지는 것으로 보인다. 먼저 그들은 어느것에도 의존할 수 없다고 생각하는 허무주의자와 지속적인 회의주의자가 될 수 있다. 다음은 교회나 철학이나 가치가 자신의 삶을 위해서 절대적인 것이라고 확신함으로써 그러한 상대적 관점이 가지는 권위 속으로 도망치거나, 또는 그들의 모든 상대적 관점과 가치와 의무가 귀속되는 무한한 절대자에 대

---

23) H. Richard Niebuhr, *Meaning of Revelation*, pp. 27-31.

한 믿음을 가짐으로써 자신들의 상대성을 받아들이게 될 수도 있다. 마지막 경우 인간은 자신들이 절대자와 맺고 있는 것과 똑같은 관계를 절대자와 맺고 있는 다른 사람들이 자신들의 부족을 채워 주고 교정해 주는 것과, 심지어는 그들과의 불일치까지도 수용하는 겸손함과 신뢰를 가지고 고백할 수 있으며 어떻게 행동할 것인지를 결정할 수 있다. 그럴 때에 그들은 단편적인 지식 속에서 그들이 보고 들은 것이 진리라는 확신을 가지고 주장할 수 있게 될 것이다. 그러나 그들은 자신들이 주장하는 것이 완전한 진리 그 자체라고 주장하지는 않을 것이며, 단편적으로 알고 있는 동일한 대상에 대해 다른 사람들이 보고들은 것을 탐구하려고 하지 않는 교조주의자들이 되지 않을 것이다.[24]

세번째 입장을 취하고 있는 니부어는 그 자신이 '신중심적인 상대주의'[25]라고 적절하게 명명한 신학을 전개한다. 니부어는 이전의 신학들이 전형적으로 행했던 것처럼 자연이나 성경이나 또는 직관에 직접적으로 호소하는 것은 더 이상 가능하지 않다고 확신한다. 기독교 신학에 있어서 이 세 가지는 역사와 신앙 속에서 기독교적인 관점에서 해석되었을 때만 신학적 이해를 위한 자료가 된다.[26]

오늘날 기독교 신학은 인간이 오로지 믿는 자의 입장에서 하나님을 역사적이고 공동체적인 존재로서만 생각한다는 것을 알기 때문에 '계시'로부터 시작해야만 한다. 신학은 계시가 언제 어디서나 모든 인류에게 해당되고 인정받는 어떤 의미를 가져야만 할 것인가

---

24) H. Richard Niebuhr, *Christ and Culture*, p.238.
25) *Ibid.*, p.x.
26) H. Richard Niebuhr, *Meaning of Revelation*, pp.29-31.

를 묻기보다는 기독교인들에게 무엇을 의미하는지 물어야만 한다. 그리고 신학은 기독교인들의 삶의 이야기들을 되새겨봄으로써 그리고 기독교인들이 역사와 믿음에 대한 제약된 관점을 가지고 본 것을 분석함에 의해서만 그 일을 수행할 수 있을 것이다.[27]

결론적으로, 자연신앙의 악한 상상은 인간을 자신들 내부에서와 상호간에 분열되도록 만든다.[28] 그러나 계시로부터 도출해 낸 적절한 상징들과 은유들을 사용하여, 기독교 공동체는 인류의 모든 삶과 역사 속에서 타협을 가능케 해주는 패턴들이나 의미들을 찾아낼 수 있을 것이다. 모든 사건들 속에서 동일한 하나님의 활동을 추적함으로써 기독교 공동체는 인류 전체의 과거 속에서 하나님의 준비(provision)를, 인류 전체의 현재 속에서 하나님의 목적(purpose)을, 인류 전체의 미래 속에서 하나님의 가능성(possibility)을 감지할 수 있을 것이다.[29]

'통합된' 추억과 관심과 희망이 없이는 개인적인 고결함이나 인류 공동체도 있을 수 없다. 궁극적으로 인류 역사와 자연 과정 전체를 하나의 거대한 서사시로 봐야만 한다. 생물과 무생물, 자연적인 것과 역사적인 것, 개인과 집단 모두를 포함한 전체 우주는 하나의 가족으로서 그리고 절대자 하나님의 하나의 나라로서 취급하여야만 한다. 기독교인은 개인의 자아와 우주적 공동체를 지탱해 주는 유일한 핵심을 한 분 하나님, 즉 그리스도 사건 안에서 역사하셨듯이

---

27) *Ibid.*

28) *Ibid.*, pp.67-80. H. Richard Niebuhr, *The Responsible Self*, pp.121-22, 125-26, 137-39.

29) H. Richard Niebuhr, *Meaning of Revelation*, pp.80-96; *The Responsible Self*, pp.122-23, 175-78.

모든 사건 속에서 역사하시는 그 하나님 안에서 찾는다.

니부어는 자신의 신학의 기초를 우주적인 하나님에 대한 획기적이고 전적인 믿음(radical faith)과 기독교인들을 역사를 통한 하나님의 계시 앞에 고백하도록 부르는 것으로 삼고 있는데, 그는 이 신학적 기초를 자신의 '응답적 윤리학'과 윤리적 존재를 '응답적(책임적) 존재'로 이해하는 것의 기초로 삼는다.

제3절 니부어의 응답론적 윤리방법론

니부어는 윤리를 응답론적(책임론적) 관점에서 분석한다. 이 개념은 윤리가 원칙보다는 관계성, 의무보다는 상황, 계산보다는 대화와 관련된 주제임을 보여 주는 것이다. 니부어는 이 새로운 개념이 모든 유형의 윤리와 윤리학 체계들을 분석하는 데 있어서 이전까지 있어온 방법론들과 동등한 통찰력과 예리함을 가지고 있다고 믿는다.[30]

1. 응답론적 은유(the metaphor of responsibility)

니부어는 응답론을 윤리적 생활에 대한 새로운 해석 방법이라고 주장한다. 그는 응답론이 인간의 행동과 윤리적 결정을 설명해 주

---

30) H. Richard Niebuhr, *The Responsible Self*, pp.45-46.

는 방법론으로써 오랫동안 통용되어온 두 가지 전통적 방법론(목적론적 방법론과 의무론적 방법론)과 경쟁하며, 그것들의 부족한 점을 보완해 줄 수 있는 방법론이라고 본다.[31] 목적론적 윤리방법론들은 윤리적 삶을 인간 행동의 목적과 선택의 결과의 관점에서 해석한다. 무엇이 목적이 되어야 하며, 결과를 어떻게 계산할 것인가에 대해서는 목적론자들 사이의 의견이 일치하지 않는다. 그러나 그들 모두는 윤리가 근본적으로 미래와 최종 목표들을 향하여 목적 지향적으로 삶을 형성해 가는 것에 관한 문제라는 데 동의한다. 이에 비해서 의무론적 윤리방법론들은 윤리를 시간의 흐름에 영향을 받지 않는 변함없는 규범들과 그 규범들의 엄격한 준수에 관한 문제로 이해한다. 의무론자들 역시 인간의 행위와 인간 관계를 다스리는 규범들의 근원과 총체가 무엇인지에 대해서는 일치된 의견을 제시하지 못한다. 그러나 그들 모두는 윤리가 어떤 법의 다스림에 대한 근본적인 복종 또는 합법적 준수라고 추정하는 데 이견이 없다.

니부어는 이러한 포괄적 기술이 윤리적 행위를 설명하고 안내하는 길고도 유익한 역사를 가졌다는 것을 기꺼이 인정한다. 그러나 윤리를 응답(책임)으로 간주하는 새로운 방법론을 옹호하기 때문에 니부어는 목적론적 방법론과 의무론적 방법론이 가지고 있는 수많은 부족한 점들과 문제점들을 열거한다.[32] 그 방법론들은 둘 다 포괄성과 일관성을 결여하고 있다. 실재 적용에 있어서 사람들이 왜 어떤 특정한 윤리적 선택을 하고, 또 그것을 변경하는가에 대한 이해를 가능케 하기 위해서는 서로 상충되는 두 방법론들이 서로를 필

---

31) *Ibid.*, pp.47-68.
32) *Ibid.*, pp.55-60.

요로 하는 것처럼 보인다. 실재 삶에 있어서 권리 또는 목적이 우선인가 아니면 의무가 우선인가를 판단해야 하는 진퇴양난에 빠진 두 방법론은, 추구해야 하는 이상과 준수해야 하는 법들에 대한 논쟁 사이에서 갈피를 못 잡고 있다. 다시 말해서 어떤 법들이 개인적 · 사회적 생활을 형성해 주는 데 반드시 필요한 이상을 내포하고 있는지, 어떤 목표들이 인간 본성의 법 또는 하나님의 공의의 법에 합당한 것인지에 대한 질문에 대해서 명쾌한 대답을 제시하지 못하고 있는 것이다. 니부어는 이러한 결함들이 목적론적 및 의무론적 이론들이 윤리적 행위를 적절하게 설명해 줄 수 있는 윤리방법론으로서는 너무 부족하다는 것을 잘 보여 준다고 주장한다.

니부어는 이러한 결함들의 뿌리를 그 두 방법론들을 지탱하고 있는 상징들에서 찾는다. 두 방법론들의 취약점을 찾아내는 데 있어서, 니부어는 구체화된 이론들로부터 시작해서 '근원적 은유(root metaphor)'에로의 역추적을 시도한다. 옳고 그름을 판단함에 있어 목적론적 이론들의 근원적 은유는 '제작자'로서의 보편적 경험이다. 윤리적 행위자는 도구와 장난감들을 제작하듯이 자기 자신과 사회를 만들어 간다. 윤리는 어떤 특정한 목표들을 인위적으로 구현하는 것이다. 목표 자체는 아닐지라도 수단은 인간의 통제하에 있으며, 실행과 성취에 있어서의 유동성과 차이들을 수용하는 융통성을 가지고 있다. 이러한 목적론적 이론들과는 대조적으로 의무론적 윤리학의 저변에 깔려 있는 근원적 은유는 '시민(citizenship)'으로서 겪는 보편적 경험이다.[33] 법을 만들고 그것을 지키는 정치적 상징은 윤리적 경험에 대한 해석에 있어서 제작자 상징에 의해서 주어진 것

---

33) *Ibid.*, pp.48-54.

과는 사뭇 다른 해석을 제시한다. 의무론적 방법론에 있어서는 윤리적 삶은 전적으로 예견할 수 있고, 통일된 행동으로 엄격히 통제된다. 윤리적 삶의 수단이나 목표 중 어느것도 상황적 유연성을 용납하지 않으며 정해진 법대로 엄격하게 따라야 한다.

니부어가 목적론적 및 의무론적 윤리 이론들에 영감과 내용을 제공하는 근원적인 상징들을 명확하게 분석하는 것이 그 이론들의 약점을 정확하게 지적하는 것을 도와 준다. 각각의 이론은 윤리적 행동의 총체적인 환경과 내용 중에서 일부분만을 설명해 줄 뿐이다. '제작자로서의 인간(man-the-maker)'에 초점을 맞추는 윤리학 이론들은 윤리적 행동에 있어서의 인간의 자유와 역사적 변화를 이해하는 데 도움을 준다. 그러나 이 이론들은 인간 삶의 적나라한 현실과 과거의 중요성을 과소평가한다. 그들은 삶이 인간의 계획에 얼마나 강하게 저항하는지를 깊이 있게 이해하지 못할 뿐만 아니라 과거가 현재와 미래의 경험에 끼치는 영향에 대해서도 이해하지 못한다. 그 결과 목적론적인 이론들은 윤리적인 삶에 있어서 범죄와 비극과 인간의 품성이 차지하는 위치를 적절하게 평가하지 못한다. '시민으로서의 인간(man-the-citizen)'에 초점을 맞추는 윤리학은 윤리적 판단에 있어서 객관성과 공명정대함이 가지는 중요성을 분명히 밝히며 윤리적 교육과 훈련이 필요한 분명한 이유를 제시한다. 그러나 그들은 윤리적 삶의 일시성과 연대성에 대해서는 목적론적 이론들보다 오히려 덜 인식하고 있다. 그들은 인생의 모호성과 역사의 고귀성에 대한 이해를 거의 보여 주지 못한다. 그 결과 의무론적 이론들은 윤리적 삶이 가지는 근심·자유·변화에 대한 설명을 거의 제시하지 못한다. 니부어는 윤리적 존재를 묘사하는 상징으로서 경쟁적인 관계에 있는 이 두 가지 위대한 상징들은 그 나름대로 도움이 되고 교육적이기는 하지만, 그들이 설명하고자 하는 체험적 삶을 나타내 보이기에는 매우 미완성적이고 대략적인 모사에 불과하다고 결론짓는다.[34] 그는 윤리의 총체적인 속성을 더욱 명확하게 이해하고 설명하기 위해서는 이 두 방법론보다는 추가적인 설명과 그들과는 다른 무엇인가가 필요하다고 본다.

니부어는 그러한 대안을 응답론적 상징에서 발견한다. 응답론적 아이디어에서 분명하게 나타나는 상징은 타인과의 대화에 참여하고 있으며, 자신에게 가해진 행동에 반응하는 '응답자로서의 인간(man-the-answerer)'의 상징이다.[35] 윤리의 총체적인 속성을 이러한 관점에서 이해하고자 하는 사람들을 위해서 니부어는 다음과 같이 선언한다.

타인과의 대화에 참여하는 것, 우리에게 제기된 질문에 대해서 대답하는 것, 공격에 대해서 우리 자신을 방어하는 것, 명령에 응답하는 것, 도전에 대응하는 것, 이러한 것이 보편적인 경험이다. 그리고 우리는 이제 우리의 모든 행동이 우리에게 행해진 언행에 대한 반응과 대답이라는 속성을 가지는 것으로써 생각하려고 노력한다.[36]

니부어는 일부로써 전체를, 또는 전체로써 일부를 나타내는 비유적 표현법인이 '대유적 유추(synecdochic analogy)'가 윤리적 경험에 대해서 제작자나 시민으로서의 유추보다 더 심도 있고 총체적으로 부합된다고 믿는다. 왜냐하면 이 대유적 유추가 윤리적 사고를 위

---

34) *Ibid.*, p.56.
35) *Ibid.*, pp.56-61.
36) *Ibid.*, p.56.

해서 더욱 포괄적이고 개인적인 상황을 만들어 주기 때문이다. 이전의 두 상징들과 그것들의 다양하게 만들어진 이론들과는 달리, 대화적인 은유는 인간 삶에 대한 최근의 상호 관계적 이론들인 생물학·심리학·사회학, 그리고 역사학과 전적으로 부합된다. 이보다 더 중요한 것은, 이 새로운 유추는 위기감을 느낌으로 인해서 각자의 근본적인 윤리적 속성이 명확하게 나타나게 만드는 그러한 사회적인 비상시나 개인적 역경 속에서 '극한적 경험'을 할 때에 각자가 행하는 윤리적 행동들을 설명하는 데 매우 적합하다.[37] 그러한 비상 상황에서의 윤리적 행동은 이상을 추구하거나 법을 준수하기보다는 도전에 대한 상황적인 대응으로 나타난다. 왜냐하면 위기 체험들은 예견한 목적이나 추정된 질서의 테두리 밖에 속하기 때문이다.

끝으로, 니부어는 응답론적 방법론이 현대 사상과 극한 상황에 잘 어울릴 뿐만 아니라 성경의 윤리관에도 더 적합하다고 주장한다.[38] 고대 이스라엘이나 초기 기독교의 윤리를 이상주의나 종말론의 관점에서 또는 복종과 율법주의의 관점에서 해석하고자 했던 시도들은 항상 성경에 해를 끼쳤다. 구약 성경과 신약 성경 모두, 전체적으로 볼 때 윤리를 구체적인 상황에서 하나님이 하시는 일과 요구하시는 일에 대한 상황적 반응들로 본다. 그러므로 니부어는 새로운 명확성과 포괄성을 '응답자로서의 인간' 상징에 근거하고 있는 윤리 이론들에서 찾는다.

그 자신의 입장을 주장할 때 사용하는 전형적인 신중함으로 니부어는 기독교 윤리관을 이해하는 데 필요한 '유일한' 열쇠를 응답론

---

37) *Ibid.*, pp.56-60.
38) *Ibid.*, pp.65-67.

에서 찾았다고 주장하는 것은 삼간다.[39] 요약적인 비교를 통해서 니부어는 응답론의 뛰어난 우수성을 주장한다.

만일 우리가 가치를 나타내는 어휘들을 사용한다면, 그때는 세 방법론들 사이의 차이점이 선(good), 옳음(right), 꼭 맞는 적절함(fitting) 같은 어휘들로 표현할 수 있을 것이다. 왜냐하면 목적론은 항상 최상의 선에 관심을 가지고 옳음을 선에 복속시키며, 확고한 의무론은 우리가 설정하고 바라는 선에 대해서 전혀 고려하지 않고 항상 옳음에만 관심을 가지고 있기 때문이고, 응답론은 상황에 딱맞는 행동을 중시하기 때문이다. 응답론은 상황에 딱 들어맞는 행동, 즉 가해진 행동에 대한 응답과 그 이후의 추가적인 반응에 대한 예측을 포함한 전체적인 상호 작용에 딱 들어맞는 행동만을 목적하는 선의 성취에 기여하며 또한 옳은 행동으로 간주한다.[40]

니부어에게 있어서 윤리는 이웃들과의 상호 작용 속에서 우리에게 행해지는 하나님의 행동에 대한 '적절한 반응' 의 문제이다.[41] '적절함' 또는 '딱 들어맞음' 이라는 개념은 모든 윤리적 반응과 응답들의 상황적 · 해석적 속성을 중시한다. 윤리적 행위자는 어떤 행동이 주어진 상황에 맞는지 또는 맞지 않는지를 결정해야만 한다. 행위자의 반응은 일련의 정해진 윤리 규범들이나 사례 연구에 의해서

---

39) *Ibid.*, p.65.
40) *Ibid.*, pp.60-61. 여기서 선(good)은 사실상 '목적과 결과' 로 이해해야 한다.
41) H. Richard Niebuhr, *The Responsible Self*, pp.60-61. cf. 니부어는 때로 응답론적 윤리학을 cathekontic ethics, 즉 적합성의 윤리학이라고도 했다. *Ibid.*, p.87.

미리 처방되거나 보증될 수 없다. 하나의 윤리적 반응은 "하나의 문장이 책의 한 문단에 적절하게 맞고, 하나의 음이 교향악의 각 마디에 있는 화음에 들어맞고, 식사를 함께하는 것이 한 가족의 평생에 걸친 교제를 지속시키는 데 적절한 행동이 되고, 한 정치가의 행동이 자신의 나라가 다른 나라들과의 유대 관계를 지속적으로 유지하는 데 적합한 행동이 되고, 하나의 입증된 과학적 이론의 발견이 과학의 역사에 맞아떨어지듯이" 어떤 특정한 상황에 적합한 것이 되어야 한다.[42]

결국 응답론이 가지는 윤리적 경험에의 근접성과 통합 능력은 니부어로 하여금 윤리가 이같은 방식으로 해석되고 인도되어야 한다는 것을 확신하도록 만들기에 충분하다.

2. 응답의 의미: '~에 대한 응답'과 '~를 위한 응답'

응답적이 된다는 것은 누군가 '에게' 무엇인가를 '위해서' 응답할 수 있으며 응답하도록 요청받음을 의미한다. 응답의 개념은 그 개념이 내포하고 있는 자유와 의무의 의미를 가지고, 사회적 관계들 속에 그 자리를 가지고 있다. 응답적이 된다는 것은 다른 존재들, 즉 그들에게 응답할 의무가 있으며 또한 자유롭게 응답할 수 있는 존재들과 함께 있는 존재가 되는 것이다. 응답은 여러 존재들의 공동 생활에 속하는 것들에 대한 청지기 또는 관리자의 사명을 포함한다. 누구에게 응답해야만 하는가의 여부는 무엇을 위해서 응답할

---

42) *Ibid.*, p.97.

것인가 하는 것과 동등한 중요성을 가진다.[43]

응답의 내용과 범주는 우리가 속해 있는 사회의 핵심적인 속성에 따라서 다양하다. 응답론적 이론에는 응답(response)·해석(interpre-tation)·책임(accountability)·사회적 연대성(social solidarity) 등 네 가지 핵심적 요소가 있다.

그렇다면 응답론적 아이디어 또는 패턴은 요약적으로, 그리고 대략적으로 말해서 도덕적 행위자가 자신에게 가해진 행동에 대한 응답으로서의 행동으로 정의될 수 있을 것이다. 이때에 그 행위자는 자기에게 가해진 행동에 대한 해석에 따라서, 그리고 자신의 응답에 대한 또 다른 응답에 대한 기대를 가지고 행동하게 된다. 그리고 이 모든 응답의 과정은 도덕적 행위자들이 한데 모인 공동체 속에서 일어나게 된다.[44]

첫째, 응답성은 도덕적 행동의 사회적이고 감정적인 속성을 분명하게 나타내기 때문에 니부어의 윤리학적 분석에 있어서 핵심적인 요소이다. 각 개인의 도덕적 행동은 사회적 상황 속에서 발생하는 반응이다. 그리고 개개인의 도덕적 통찰은 감각적 느낌에 의해서 만들어진 논리적 추론이기보다는 오히려 사랑과 증오, 슬픔과 기쁨, 공포와 희망 같은 인간적인 느낌들의 상상적인 정렬, 즉 우리에게 가해진 행동과 요구들에 대한 인간 가슴의 근원적인 응답이다. 간단히 말해서, 모든 도덕적 행동의 기본적인 요소는 사회적이고 우

---

43) *Ibid.*, pp.114-15.
44) H. Richard Niebuhr, *The Responsible Self*, p.65.

호적인 느낌을 가진 응답성이다. 그러나 도덕적 문제들에 있어서 우호적인 느낌들은 중요하지만 응답이 단순히 감정적이거나 직관적인 반응만은 아니다. 도덕적 행동은 각자의 '해석'에 의거한 반응이다.[45]

둘째, 인간의 행동은 어떤 '해석된' 행동에 대한 응답일 때에만 도덕적인 행동이다.[46] "가슴은 이성적으로 추론해야만 한다. 행동에 참여하고 있는 자아는 자신의 삶과 관계들 속에서 패턴과 의미를 찾을 필요성으로부터 도피할 수 없다."[47] 느낌들(feelings)이 의지를 움직일 수 있지만 오직 이해함(understanding)만이 의지를 인도할 수 있다. 도덕적 응답은 "대상을 파악하고, 비교하고, 분석하는 지성, 그리고 사건들이 무의미한 동작들이 아니라 유의미한 것들로 이해되어질 수 있도록 사건들의 관련성을 인지하는 지성"에 의해서 정보를 제공받아야만 한다.[48] 이렇게 추론된 패턴들이 도덕적 응답을 형성하고 또 인가한다. 그러한 해석은 개인과 공동체의 삶을 형성해 준 과거의 사건들과 경험들의 관점에 의거한 상황 해석을 기반으로 어느 정도의 상상력에 의해서 이루어지며, 동시에 역사적인 근거에 의거해서 이루어진다.[49] 그렇다면, 윤리는 무슨 일이 일어나고 있는지, 그리고 무엇이 적절한 응답인지에 대한 해석에 부합되는 응답적 행동을 필요로 한다. "우리는 우리에게 가해진 행동이 갖

---

45) *Ibid.*, pp.61-65.

46) *Ibid.*, pp.61-63.

47) H. Richard Niebuhr, *Meaning of Revelation*, p.79.

48) H. Richard Niebuhr, *The Responsible Self*, p.61.

49) *Ibid.*, pp.61, 149-60, 161-78. cf. '상상적인' 추론에 대한 예들을 보기 위해서는 전쟁에 대한 그의 다음 논문들을 참고하라. 〈War as the Judgment of God〉, 〈Is God in the War?〉 and 〈War as Crucifixion〉.

는 의미의 해석에 따라서 응답한다."[50]

세번째 요소는 책임성이다.[51] 윤리는 도덕적 행위자들이 자신들의 응답에 대해서 책임질 것을 요구한다. 개인의 행동이 행동 이전의 상황과 행동 이후의 결과 사이의 시간틀 안에 자리잡고 있을 때에만 개인적 행동에 대한 책임을 질 수 있기 때문에, 책임성은 그 상황과 결과에 대한 해석과 밀접하게 연관되어 있다.

우리의 행동은 우리에게 가해진 행동의 해석에 의거한 응답인 동시에 우리의 응답에 대한 또 다른 반응을 기대하고 행하는 행동일 경우에만 응답적인 행동이 된다. 한 행위자의 행동은 대화중의 한마디 말과 같다. 그 한마디 말은 그 이전의 상대방의 말에 대한 응답인 동시에 또한 다른 응답을 기대하고서 하는 말이다. 또한 그 말 이전뿐 아니라 그후를 고려하면서 하는 말, 즉 반대·동의·수정 등을 기대하면서 하는 말이다. 더욱이 계속 이어져 가는 전체 대화의 한 부분으로써 만들어지는 것이며, 전체 대화의 한 부분으로서 의미를 가지게 된다.[52]

그러므로 책임적이 된다는 것은 모든 도덕적 행동의 지속성과 일관성을 보장하는 신뢰성을 보여 줌을 의미한다.

네번째 요소는 사회적 연대성이다.[53] 도덕적 공동체의 모든 구성원들이 무슨 일이 일어나고 있는가를 해석함에 있어서 어느 정도

---

50) H. Richard Niebuhr, *The Responsible Self*, p.63.
51) *Ibid.*, pp.63-65.
52) *Ibid.*, p.64.
53) *Ibid.*, pp.65, 69-89.

일치하는 이해의 틀을 견지하지 않는 한 응답은 불가능하다. 그러한 공유되고 안정된 해석의 틀만이 응답을 요구하는 변화된 상황들에도 불구하고 공동체적 조화와 개인적 완성이 가능토록 만들어 준다. "지속적인 사회를 형성하는 사람들 사이에 계속되는 대화와 상호 작용 속에서 우리에게 가해진 행동에 대한 응답일 때에만 우리의 행동은 응답적인 것으로 보인다."[54] 공통된 목적과 서로에 대한 충실함으로 하나가 된 해석과 책임을 공유하는 공동체 안에서만 응답적인 행동은 일어난다.

3. 응답의 형태

응답의 형태는 그것을 뒷받침해 주는 여러 신앙만큼이나 다양하다. 니부어는 신앙의 형태를 다신론(polytheism), 단일신론(henotheism), 전적인 유일신론(radical monotheism) 등의 세 가지로 단순화시켰다. 또한 니부어는 응답의 일반적인 형태들을 분류하기 위해 신앙의 형태를 '자연 신앙(natural faith)'과 '전적인 신앙(radical faith)'으로 더 단순화시켰다.

모든 윤리학은 상황, 즉 그 안에서 모든 사물들과 인간, 행동들과 관계들이 그 자신의 존재와 가치를 갖게 되는 궁극적인 상황에 대한 근원적이고 암묵적인 반응에 따라서 종류가 나뉘게 된다. 전적인 신앙은 그 궁극적인 상황에 대해서 믿음과 충성심을 가지고 응답하지만, 자연 신앙은 의심과 악의를 가지고 응답한다. 자연 신앙

---

54) *Ibid.*, p.65.

은 자기 방어적인 응답의 형태를 취하게 되며 전적인 신앙은 충성스럽고 신뢰적인 응답의 형태를 취하게 된다.[55]

자연 신앙의 방어적 응답

니부어는 자연윤리학을 '생존을 위한 지혜'로 본다. 여기에 해당하는 응답들은 모두 다 자신의 삶에 필요한 물질과 서비스들을 확보하고 친구들이나 원수들보다 더 오래 살기 위한 구도를 세우고 적용하는 데 몰두한다. 니부어는 이러한 자기 방어적인 구도를 '죽음의 윤리학'이라고 명명한다.[56] 이 죽음의 윤리학이 개인적으로는 자기 보호로 나타나고 사회적으로는 폐쇄된 사회로 나타난다. 자연종교의 신들처럼 죽음의 윤리학은 결국에는 삶을 분열시키고 죽음을 막아낼 수 없게 된다.

전적인 신앙과 충성됨

니부어는 충분한 효과를 발휘할 수 있는 윤리는 개인적 가치와 일관된 응답에 대한 의식과 사회적 가치와 세계적인 화합에 대한 의식 둘 다를 필요로 한다고 주장한다. 절대로 변함이 없는 사랑과 성실함을 가지고 '모든' 피조물들을 대하시는 한 분의 변함없는 타자(하나님)만이 인간을 자기 자신들의 가치를 구축할 필요성으로부터 해방시키실 수 있다. '모든' 피조물들을 포용하는 하나의 사랑하는 공

---

55) *Ibid.*, p.119.
56) *Ibid.*, pp.143-44.

동체 내에서 통용되는 윤리만이 인간을 자신들의 것에만 호의를 베풀 필요성으로부터 해방시킬 수 있다. 결론적으로 말해서, 니부어는 모든 피조물들이 신실하시고 성실하신 하나님에 대한 믿음과 충성심에 의해서 하나로 뭉쳐진 전적인 신앙의 틀 위에 서지 않는 한 모든 윤리들이 언젠가는 분열과 자기 방어를 위한 논리로 추락하게 될 것이라고 본다. 니부어는 전적인 신앙이 때로는 뒤틀어지거나 왜곡된 형태일 수도 있지만, '모든' 삶(기독교 공동체에만 국한되지 않는다)의 '모든' 사건들 속에 '항상' 존재한다고 생각한다. 그렇지 않다면 하나님은 우주적 통치자일 수 없으며 선한 분일 수 없기 때문이다.[57]

4. 응답적 존재

'신 중심적'인 것이 니부어 윤리학의 근본적이고 핵심적인 특성이다.[58] 신 중심적 윤리학은 선함과 의무를 개인적 쾌락(쾌락주의), 사회적 복지(공리주의), 자기 보존(활력론(vitalism)), 또는 합리적 일관성(형식주의) 같은 유한한 어휘로 규정하는 윤리 체계들과는 명확히 다르다. 그것은 또한 교회의 권위나 성경의 가르침이나 양심의 명령을 하나님과 대체한 '가면 쓴 대리인'과도 다르다.

이와는 달리 전적인 유일신 신앙은 유한한 존재나 가치에 근거를 두지 않는다. 이것을 분명하게 하기 위해서, 니부어는 하나님을 '존

---

57) *Ibid.*, p.144. Cf. *Radical Monotheism*, p.125.
58) H. Richard Niebuhr, *Radical Monotheism*, pp.31~37, 112~13.

재'나 '선 그 자체(the Good)'라고 말하는 것에 대해서조차도 비판한다.

　나는 '최상의 존재' '최상의 가치' '존재(Being)' '선 그 자체' 등의 어휘와 구별하여 '존재의 원리'와 '가치의 원리'라는 어휘를 사용한다. 왜냐하면 존재의 원칙이 존재와 그대로 동일시될 수 없으며, 가치의 원칙이 가치와 그대로 동일시될 수 없기 때문이다. 많은 신학자들이 "하나님은 존재를 초월한다"고 말했는데, 그들은 또한 "하나님은 가치를 초월한다"고 말해야만 한다.[59]

　전적인 유일신 신앙에 근거한 윤리학은 전적으로 모든 존재의 원천이요 모든 가치의 기준이 되는 하나님에 중심을 둔 생활양식이다.
　니부어의 신중심적 윤리학에 있어서는, 하나님은 피통치자들의 왕국을 위한 법 수여자로(의무론적 윤리학)나 건축팀을 위한 계획 수립자(목적론적 윤리학)로 도덕적 삶의 중심에 서는 것이 아니다. 오히려 하나님은 그 자신이 도덕적 행위자들로 이루어진 공동체 내에서 제1의 행위자(the Primary Agent)로서, 그리고 인격체들로 이루어진 사회 내에서 첫번째 인격체(the First Person)로서 윤리의 중심에 계신다.[60] 기독교 신앙의 응답적 윤리에 있어서는 모든 도덕적 행동은 하나님의 행동에 대한 인간의 응답이다. 인간의 '의무(imperative)'는 항상 하나님의 '선언(indicative)'으로부터 나온다. 도덕적 의무는 항상 하나님과 인간 사이의 상호 작용이 진행되는 구체적인 상황 속

---

59) H. Richard Niebuhr, *Radical Monotheism*, p.33.
60) *Ibid.*, pp.44-48.

에서 하나님이 하시는 일에 적합하게 응답하는 것이다. 그러므로 니부어는 칸트의 말을 변용하여, 기독교윤리학을 하나의 정언적 명령으로 요약한다: "하나님은 당신에게 가해진 모든 행위 속에서 행동하고 있다. 그러므로 당신에게 가해진 모든 행동에 대해서 응답할 때, 당신의 모든 응답을 그분에 대한 응답이라고 생각하고 행하라."[61]

그렇다면 하나님은 우리의 응답을 얻기 위해 무엇을 행하고 있는가? 니부어는 이 질문에 대한 답으로 하나님의 힘(power)과 선하심(goodness)을 함께 고려해야 한다고 주장한다. 하나님의 행동을 이해함에 있어서, 그의 힘과 선함을 구분해서는 안 된다는 것이다. 예를 들어 그의 힘이 작용하고 있는데, 그의 선함은 어떤 특정한 사람들에게나 특정 사건 속에서만 인식되어진다는 식으로 나누어서 생각해서는 안 된다. 하나님의 행동은 궁극적으로 모든 사물들의 배후와 내면에 있는 하나의 힘임에 틀림이 없으며, 그 행동은 항상 은혜로운 것임이 분명하다. 모든 의심과 의혹, 고통과 실패에도 불구하고 우리에게 행해진 하나님의 행동에 대해서 응답하는 것은 모든 존재와 가치를 용납하는 전적으로 포용적인 공동체에 대해서, 그리고 그 공동체를 위해서 책임적이 되는 것을 의미한다.

니부어의 윤리학의 두번째 특징은 신중심주의에서 직접 도출된 '우주공동체주의(universalism)'이다. 언제 어디에서나 행동하고 있는 한 분 하나님에 대한 응답적 윤리학은 필연적으로 모든 것을 그 속에 포용한다. 응답적 윤리학의 중심에 있는 하나님은 '모든' 사물에 가치를 부여하며, 공동체를 '모든' 것과 연결시키며, '모든'

---

61) H. Richard Niebuhr, *The Responsible Self*, p.126.

것에 대한 책임을 요구한다.

니부어의 윤리학에 있어서 가치들은 하나님에 근거하고 있지만 하나님에게 한정되지는 않는다. 그와는 대조적으로 신중심적인 윤리학은 모든 사물들의 가치를 '반드시' 인정하여야만 한다. 왜냐하면 사물들은 하나님과의 관계 속에서만 가치를 가지며 하나님은 항상 모든 것과 연결되어 있기 때문이다. 니부어에게 있어서 가치는 항상 관계적인(relational) 속성이다.[62] 가치나 의미는 사물이나 인간 속에 내재되어 있는 것이 아니다. 오히려 가치는 오직 다른 사람에게 선을 베풀거나 다른 사람으로부터 선한 대접을 받는 상호적인 관계 속에서 발생하는 것이다.

물론 유한한 관계 속에서 발생하는 가치들과 무한한 하나님으로부터 주어진 가치들 사이에는 차이가 있다. 인간의 가치 관계는 어떤 것으로부터 도출되지만 하나님의 가치는 생성적(generative)이다. 하나님은 모든 유한한 사물들과 가치들과의 관계를 유지함에 의해서 그것들에게 가치를 부여한다. 이 말은 곧 하나님에 의해서 부여된 가치는, 비록 긍정적인 방식으로 존재하는 경우가 거의 드물다고 할지라도 절대로 없어지지 않음을 의미한다. 니부어는 이것을 기술적으로 다음과 같이 표현한다. "이 신앙은 존재하는 모든 것을 좋다고 인정하는 말이라 해도 존재하는 모든 것이 옳다는 것은 아니다."[63] 모든 사물이 다 상호간에 또는 하나님과 옳은 관계에 있는 것은 아니지만, 그것들은 여전히 하나님에게 연결되어 있기 때문

---

62) H. Richard Niebuhr, ⟨the Center of Value⟩ in *Moral Principles of Action*, ed., by R. N. Anshen(New York: Harper & Brothers, 1952), pp.100–113.

63) H. Richard Niebuhr, *The Responsible Self*, p.125; H. Richard Niebuhr, *Radical Monotheism*, p.38; cf. pp.108–9.

에, 모든 사물의 실재적이고 잠재적인 좋음(goodness)은 근본적으로 손상되지 않은 채로 남아 있다. 무한한 가치가 하나님에게만 해당된다고 하는 것은 바로 모든 사물의 유한한 가치를 인정하는 방법이다.

하나님이 우주의 모든 사물들에게 가치를 부여함으로써 가치를 인정받은 존재들과 남의 가치를 인정하는 존재들로 이루어진 우주적인 공동체가 창조된다.[64] 니부어는 자신이 신중심적 윤리학과 신보다 하급의 가치를 중심으로 하는 윤리학을 비교하는 것과 똑같은 방법으로 우주 공동체의 윤리학과 덜 포용적인 윤리학을 구분한다. 사실 어떤 윤리학이 신중심적인 것인지 아닌지를 파악하는 가장 빠른 방법은 과연 그 윤리학이 참으로 우주적인 공동체와 연합되어 있느냐를 판단하는 것이다. 니부어는 '폐쇄된 사회'의 모든 윤리학에 대항해서 다음과 같은 입장을 견지한다. "내가 한 분 하나님의 창조적 능력에 응답할 때, 나는 인간과 인간 이하의 개체들과 인간을 초월하는 존재들을 모두 포함하는 나의 동료들을 나나 다른 어떤 유한한 것이 아니라 오직 초월자이신 하나님을 중심으로 하는 우주적 사회 속에 포함시킨다."[65]

이 우주적 공동체의 구성원에게는 존재하는 모든 이웃에 대한 책임이 요구된다.[66] 니부어는 그러한 우주적 책임에 대해서 다양하게 설명한다. 이웃에 대한 책임은 철학적으로는 올바른 관계, 즉 존재

---

64) H. Richard Niebuhr, *The Responsible Self*, pp.86–89, 171–72; 〈The Responsibility of the Church for Society〉, pp.119–20.

65) H. Richard Niebuhr, *The Purpose of the Church*(New York: Harper & Brothers, 1956), p.38.

66) H. Richard Niebuhr, *The Responsible Self*, pp.107–9.

들 상호간에 선하게 대할 수 있는 잠재력이 인식되어지는 관계의 우주적 네트워크를 찾고 유지하는 문제이다.[67] 좀더 개인적이고 직접적(personal)이며 서정적인 표현으로 니부어는 우주적 책임을 어느 누구도 소외시키지 않고, 모든 이웃에게 기쁘고 감사하는 마음과 존경심을 갖고 성실하게 베푸는 사랑과 동일시한다.[68] 그러한 사랑은 이웃에게 제재를 가하고 훈육하며 때로는 대항하여 싸우는 것까지도 배제하지 않는다. 니부어는 전적인 신앙에 근거한 윤리학이 우주적 형제자매애를 만들어 낸다고 확신한다.

그러므로 니부어는 전적인 유일신 신앙에 있어서의 응답의 독특한 의미를 신중심주의와 우주 공동체주의의 관점에서 정의한다. 이러한 속성에 대해서 니부어의 다음 말보다 더 명료하게 설명하기는 어려울 것이다. "전적인 유일신 신앙은 존재 자체의 원칙을 결여하고 있는 다른 모든 절대 가치들을 그 자리에서 밀어낸다. 동시에 이 신앙은 상대적인 모든 존재를 존중한다. 이 신앙이 가지고 있는 두 개의 커다란 표어는 '내가 너의 주 하나님이니, 너는 내 앞에 다른 신들을 가지지 마라'와 '존재하는 것은 모두 다 좋다'이다."[69] 전적인 유일신 신앙에 근거한 윤리학의 전체적인 의도와 내용이 이 말 속에 포함되어 있다.

니부어는 여간해서 어떤 한 가지 윤리방법론을 적용해서 특정한 윤리적 문제를 풀게 되는 실재 사례들을 다루지 않는다. 그는 구체적인 도덕 규범들을 모은 사용 설명서나 전형적인 상황들을 통솔하는 목적들을 제공하지는 않는다. 뿐만 아니라 상상 가능한 모든 도

---

67) H. Richard Niebuhr, *Radical Monotheism*, pp.100-13.
68) H. Richard Niebuhr, *The Purpose of the Church*, pp.37-39.
69) H. Richard Niebuhr, *Radical Monotheism*, p.37.

덕적 결정을 좌우하는 공식적인 법이나 이상을 처방하지도 않는다. 그는 인간이 응답으로서 어떻게 해야만 할 것인가보다는 그러한 상황 속에서 하나님이 무엇을 하고 있는가에 더 초점을 맞춘다.[70] 그는 기독교윤리학자나 일반윤리학자들의 임무가 그러한 규범적인 원칙들이나 상황적 적용보다 앞서는 것이라고 본다. 그의 임무는 윤리적 정서를 탐색하는 것, 즉 한 도덕 공동체의 생활 저변에 깔려 있는 정서와 그 생활의 근본적인 특성을 명확하게 밝혀내는 것이다. 이런 식으로 도덕적 의식이 충분하게 인지되었을 때에만 도덕적 결정이 적절하게 만들어질 수 있다. 한 사람의 윤리학자로서 니부어는 도덕적 결정을 위한 구체적인 지침들을 제시하는 것보다는 도덕적 행위의 이러한 총체적인 상황을 이해하는 것을 목표로 삼는다.

제4절 악에 대한 제재, 전쟁과 교회의 역할

1. 악에 대한 제재

우리는 육체적·정신적·사회적으로 한계를 가진 존재들이기 때문에 다른 사람들의 보살핌과 도움에 의존한다. 우리는 조화롭고도 풍요로운 세계 공동체를 만들어 내기 위해서 협동해야만 한다. 그

---

70) H. Richard Niebuhr, 〈War as the Judgment of God〉 in *Christian Century* 59(1942): 633; 〈The Grace of Doing Nothing〉 in *The Christian Century* 49(1932): 378-80; 〈A Communication〉 in *The Christian Century* 49(1932): 447.

럼에도 불구하고 그러한 한계를 가지고 있는 인간들이 각 개인의 이익을 확보하기 위해서 서로에게 적대적이었다. 그러한 제약들과 서로에 대한 상해들 속에서 겪게 되는 갈등을 통하여 인간은 서로 분열하게 되고 자기 방어를 시도하게 된다. 우리의 세계는 아군과 적군, 내집단과 외집단 같은 배타적인 소집단들, 친구와 이방인으로 분열되어 있으며, 이러한 구분에 따라 각기 다른 형태의 가치와 권리들을 부여한다.

니부어는 모든 기독교인들이 공동체들 사이에 전쟁 같은 갈등이 발생할 때, 불의하고 이기적인 욕심을 가지고 정의와 평화와 조화를 해치는 자들로부터 무고한 희생자들을 보호하고 구해 내기 위해서, 그러한 자들에게 제재를 가함으로써 그 갈등 해결을 위한 노력을 해야 한다고 주장한다. 이기적인 태도를 가지고 갈등 해결에 참여하지 않는 것은 "장기적으로 볼 때 이기적인 욕심을 채우기 위해 개입하는 것과 마찬가지로 해로운 것이다." 심지어는 그러한 가해자들이 우리 자신의 국민이거나 국가일 경우라도 우리는 희생자들을 위험과 고통으로부터 보호하고 구해 내기 위해서 가해자들에게 대항해야만 한다.[71]

그러나 우리는 항상 제재를 가하고 교정을 실시함에 있어서, 하나님의 모든 자녀들이 근원적으로는 좋은 존재들이라는 것을 기억하여야 하며 관계의 회복을 통하여 그 근원적인 좋음을 회복하고 강화시키려는 시도를 하여야 한다. 다시 말해서, 우리에 대한 하나님의 심판과 처벌이 '지옥'으로 보내기 위한 것이 아니라 '(재생을 위한) 연옥' 또는 '구원'을 위한 것, '보복'을 위한 것이 아니라 '개

---

71) H. Richard Niebuhr, 〈War as the Judgment of God〉, p.632.

조'를 위한 것이듯이,[72] 우리의 제재와 교정을 위한 행동 또한 하나님의 이러한 뜻에 적합한 것이어야만 한다. 첫째, 우리는 우리의 제재가 악마에 대한 성자의 심판이 아니라 '죄인들로서 다른 죄인들에게 가해지는' 제재임을 명심하여야 한다. 둘째, 제재는 반드시 "보복적인 것이 아니라 치료적인 것이어야만 하며 파괴적인 것이 아니라 보존적인 것이어야만 한다." 셋째, "악을 제재하기 위해서 사용하는 전략은 반드시 화해를 위한 전략에 예속되어야만 한다."[73] 하나님의 은혜로우심에 대한 신실한 응답으로서 타인에 대한 제재를 가할 때 이러한 원칙들을 지키는 것은 타인을 돌보고 자기 고백적이며, 은혜롭고 책임 있는 세계 공동체를 형성하는 데 크게 기여할 것이다. 우리는 수많은 비극들 가운데서도 이런 방식으로 "이전에 우리가 알았던 어떤 질서보다도 더 나은 질서의 도래를 바라는" 희망을 가질 수 있을 것이다.[74]

2. 전쟁과 교회의 역할

니부어는 전쟁을 하나님의 심판으로 본다. 인간은 그들이 심은 대로 거두고 있는 것이다.

이것[전쟁]은 그 행동과 정서와 태만을 통해 자신의 번영과 안전만을 추구하고 독선으로 가득 차 있음을 보여 주는 우리 나라에 대한

---

72) *Ibid.*, p.631.
73) H. Richard Niebuhr, 〈Man the Sinner〉, p.280.
74) H. Richard Niebuhr, 〈War as the Judgment of God〉. p.632.

심판이다. 우리 나라는 항상 국제 정치에 있어서의 책임의 회피와, 관세 제도와 금융법과 중립법을 통하여 다른 나라들의 이익보다는 오로지 자국의 이익 추구에만 초점을 맞추고 행동해 왔다. 그 행동을 볼 때 교회가 그들 자신의 생존과 독선, 명성과 권력 유지를 위하여 얼마나 노심초사하였는지를 알 수 있는데 전쟁은 바로 이러한 교회에 대한 심판이다.[75]

기독교인의 응답은 어떤 유한한 행동이나 적에 대한 응답이기보다는 전쟁 속에서 행하시는 하나님의 신성한 행동에 대한 응답이어야만 한다. 우리는 자기 자신들의 이익 추구보다는 고통당하고 있는 무고한 이웃을 위하여 전쟁에 간섭해야만 한다. 우리는 불의한 침략자와 가해자들의 손아귀로부터 무고한 희생자들을 보호하고 구출해 내야만 한다. 때로는 그 불의한 침략자들과 가해자들이 우리 자신의 공동체이거나 국가일 수도 있다. 기독교인들은 무고한 희생자들을 구출하기 위해서 자국에 맞서야만 할 경우도 있다. 이기적인 생각으로 회피하는 것은 장기적으로 볼 때 이기적인 목적을 가지고 간섭하는 것과 마찬가지로 파괴적일 수도 있다. 우리는 또한 하나님의 심판이 종국적인 파괴를 위한 것이 아니라 구원을 위한 것임을 명심해야만 한다. 그러므로 전쟁 속에서의 하나님의 행동에 대한 응답은 희망과 신뢰를 가진 응답이어야만 한다. 기독교인의 응답은 하나님에 대한 이러한 믿음과 희망을 가지고 무고한 희생자들이 폭력으로부터 해방될 때까지 지속되는 행동이어야만 한다. "그 응답은 심판의 때를 또한 구원의 때로 보며, 비극의 와중에서 이전

---

75) *Ibid.*

에 경험한 어떤 질서보다도 더 나은 질서의 도래를 본다는 점에서 희망적인 응답이다."[76]

3. 응답적 교회 공동체

교회는 자기 강화와 자기 방어적인 주장으로부터 해방되어야만 한다. 왜냐하면 그러한 주장은 전적 신앙이 단일신주의적(henotheistic)으로 왜곡된 것이기 때문이다.[77] 니부어는 교회가 하나님에 대한 전적인 신앙과 도덕적 고결성, 양극적인 속성(polar reality)[78]과 혁명적 사명을 회복함으로써 응답적이고 책임적인 교회가 되어야 한다고 주장한다.

니부어는 책임적 성격을 개인에게 적용할 때와 마찬가지로 교회에도 적용한다. 사실상 니부어가 처음으로 그의 응답론적 윤리의 뼈대를 잡은 것은 사회에 대한 교회의 책임을 논한 논문에서였다.[79] 응답적 개인과 마찬가지로 응답적인 교회도 오로지 한 분 하나님에게만 절대적인 충성을 바쳐야 하며, 존재하는 모든 이웃에 대한 책

---

76) *Ibid.*

77) H. Richard Niebuhr, *Radical Monotheism*, pp.49-63.

78) 니부어는 책임을 다하는 교회는 양극적 속성(polar reality)을 가지고 있다고 본다. 그는 기독교회가 그 속에 내포하고 있거나, 또는 그 양자 사이에서 활동하고 있는 여섯 가지의 양극적 속성들을 다음과 같이 제시한다: 주관적이면서 객관적임, 공동체이면서 사회적 조직임, 통일성을 가지면서 동시에 다양성을 가짐, 개신교와 로마가톨릭교회, 교회와 세계. H. Richard Niebuhr, *The Purpose of the Church*, pp.19-27.

79) H. Richard Niebuhr, 〈The Responsibility of the Church for Society〉 in *The Gospel, the Church and the World*, ed., by K. S. Latourette(New York: Harper & Brothers, 1946), p.193.

임을 져야 한다. 응답과 책임의 근본적인 내용과 의도는 개인과 교회 둘 다에게 동일한데 이는 '영원한 혁명'이다. 책임을 다하는 교회는 전적으로 하나님 중심적이어야 하며, 세계에 대한 관심을 가져야만 한다. 니부어는 교회가 하나님에 대한 전적인 신앙을 회복함으로써 책임을 다하는 교회가 되어야 한다고 주장한다. '누구에게 대한' 응답인가를 잘못 이해함으로써 보살펴야 할 대상인 세상을 하나님의 자리에 올려놓고 그것에 대해 충성을 바치는 '세상적 교회'와 '무엇을 위한' 응답인가를 잘못 이해함으로써 오로지 자기 자신만을 위해서 하나님께 응답하고 기독교회 전체와 세계에 대한 책임을 회피하는 '고립된 교회'는 둘 다 무책임한 교회이다.[80]

니부어는 책임을 다하는 교회는 사도·목회자·개척자 등 세 가지 역할을 수행해야 한다고 말한다.[81] 하나님은 교회에게 사도로서의 역할을 맡기셨다. 교회는 혁명적 복음을 모든 인류와 집단에게 선포해야만 한다. 교회는 개인들과 공동체들이 능동적으로 회개하고 긍정적인 방향으로 삶을 바꾸도록 인도해야 한다. 교회는 생명과 죽음의 주재자요, 각자의 가치를 인정하고, 관계들에 질서를 부여하며, 하늘과 땅에 존재하는 모든 것들의 삶을 복되게 하시는 한 분 하나님의 신실하심과 성실하심을 선포해야만 한다.

교회는 또한 목회자의 임무를 수행해야만 한다. 혁명적인 공동체

---

80) H. Richard Niebuhr, *Radical Monotheism*, pp.49-63. 니부어는 그 당시 상황에서 개신교 자유주의와 미국 사회 복음을 '세상적 교회'의 예로, 정통주의와 신정통주의 신학을 '고립된 교회'의 예로 제시한다. 이러한 예는 오늘날의 상황에도 그대로 적용될 수 있을 것이다. 개개인의 인격적 거듭남을 도외시하고 사회 참여만을 주장하는 사람들이나 교회는 전자에, 사회 참여를 거부하고 개인의 영혼 구원만을 주장하는 사람들과 교회는 후자에 해당될 것이다.

81) H. Richard Niebuhr, 〈The Responsibility of the Church for Society〉, pp.111-33; *The Purpose of the Church*, pp.126-32.

인 교회는 억압당하고 소외당한 사람들에게로 다가가 그들을 보살 펴야만 한다. 응답적인 교회, 책임을 다하는 교회는 조직적·제도적 으로 나타나는 죄와 사람들을 고통당하게 만드는 사회적 요인들에 대항해서 싸워야만 한다.

이에 더하여, 교회는 또한 사회적인 개척자로서의 역할을 수행해 야만 한다. 그러나 교회가 사회를 회개시키고 개혁하기 위해서는 먼저 자기 자신을 정리해야만 한다. 응답적인 교회, 책임을 다하는 교회는 그 자신의 내부에 존재하는 타락한 관습, 경제 정책, 정치적 관점, 재산의 소유, 인간 관계 등을 먼저 개혁함으로써 일반 사회의 타락한 관습, 경제 정책, 정치적 관점, 재산의 소유, 인간 관계 등을 획기적인 개혁으로 인도할 수 있을 것이다.

니부어는 책임을 다하는 응답적 교회는 인류 공동체의 한 부분으 로서 모두를 대신해서 먼저 하나님께 응답하는 역할을 담당하는 공 동체라고 주장한다.

그것[응답적 교회]은 모든 사회와 인류 전체에 있어서의 민감하고 응답적인 부분이다. 그것은 하나님의 말씀을 듣고, 하나님의 심판을 보며, 부활의 비전을 가지는 그러한 공동체이다. 응답적 교회는 하나 님과 맺는 관계 속에서 과학이 패턴이나 합리성에 반응하는 면에 있 어서 개척자인 것처럼, 그리고 예술가들이 아름다움에 대해서 반응 하는 개척자인 것처럼, 한 사회에 있어서 모두를 대신해서 하나님께 응답하는 개척자적 공동체이다.[82]

---

82) H. Richard Niebuhr, *The Purpose of the Church*, p.130.

이러한 대표적 면에 있어서, 책임을 다하는 응답적 교회는 모두로 하여금 하나님께 대한 전적인 신뢰를 가지고 하나님의 일에 전적인 충성을 다하도록 인도하기 위해서, 모두를 대신하여 행동한다. "인류의 대표로서 그리고 개척자로서 교회는, 그것의 사고와 조직과 행동에 있어서 인종·계층·국가 이익 등에 의해서 분열되지 않은 세계 공동체로서의 역할을 수행하면, 사회적 책임을 다하는 것이다."[83] 니부어는 교회의 이러한 전적인 신앙 실천이 교회가 보여 주는 최상의 사회적 책임의 형태라고 본다. 그러한 책임 수행이 실천되면 언제 어디서나 그리스도의 혁명적 신앙이 재현되는 것이며, 그리스도를 따르는 혁명적 공동체가 현실로 나타나는 것이다.

제5절 '새로운 윤리학' 으로서의 응답론적 윤리방법론

결론적으로 말하자면, 니부어는 응답과 책임이라는 관점에서 신학적 윤리학에 대한 새로운 방법론을 시도하고 또 소개하고 있는 것이다. 니부어는 그의 기독교인의 윤리적 생활에 대한 토론을 몇몇 공통적으로 인정받고 있는 인간의 가치와 의무에 '대한' 그리고 그것을 '위한' 응답과 책임이라는 두 가지 속성을 가진 활동으로서의 도덕적 행동에 대한 일반적 이론의 범주 안에 집어넣는다. 도덕적 응답과 책임에 대한 이러한 윤리 이론들은 어떤 특정 공동체에

---

83) *Ibid.*, p.142.

서 인정받고 통용되는 특정한 가치가 무엇이냐에 따라 매우 다양하게 나타난다. 가장 흔한 경우는 도덕적 공동체들이 어떤 '유한한 사랑과 충성'을 위해서 행동하는 경우이다. 그러나 유한한 가치들에 뿌리를 두고 있는 윤리들은 근본적으로 분열적이고 파괴적이다. 그러한 윤리들은 인류 공동체를 개인과 개인이, 조직과 조직이, 공동체와 공동체가 서로 반목하고 싸우는 상호 적대적인 혼돈 속에 놓이게 만듦으로써 생명 창조적인 관계가 아닌 죽음 창조적인 관계를 만들어 낸다. 역설적이게도 모든 자연주의적 윤리들에 내재되어 있는 자기 방어성이야말로 인류의 악과 실수의 가장 크고 주된 요인이다. 그러한 윤리는 모두 다 오로지 자기 자신과 자기 공동체 자체의 보존과 강화만을 추구하는 '생존을 위한 지혜'만 제시할 수 있을 뿐이다.

그러나 니부어는 이러한 '죽음의 윤리학'을 대체할 수 있는 '새로운 윤리학적 대안'으로 모두를 궁극적으로 재생과 생명으로 인도하는 환경 속에 놓이게 함으로써 개인과 개인, 공동체와 공동체를 화해시켜 줄 수 있으며, 우주적 공동체를 창조해 낼 수 있는 윤리학을 제시한다. 그러한 윤리는 모든 존재와 가치의 창조자요 근원이며 원리이신 하나님에 대한 신뢰와 충성을 바치는 전적인 유일신 신앙 안에서만 가능하다. 전적인 유일신 신앙에 기초한 윤리학에 있어서, 도덕적 행동은 모든 사건들을 통하여 우리에게 행동하시는 하나님께 대한 적절한 응답의 문제이다. 하나님의 행동이 우주적이기 때문에 하나님께 대한 믿음을 가지고 하나님께 응답하는 자들은 유한한 존재들로 채워진 우주 공동체에 대한 책임을 지게 된다. 하나님의 행동이 구원적이기 때문에 응답적인 행위자들은 자신의 삶과 세계의 삶을 쉼없이 개혁하는 영원한 개혁자들이 되도록 명령받는다. 그러므로 전적인 유일신 신앙에 기초한 윤리학은 하나님의 신적인 행동으로부터 인간 행동의 지침을 도출해 낸다. 응답적인 개인과 교회는 하나님이 그들 안에 있어서 그들의 삶을 인정해 주고 통치하며 새롭게 해주듯이, 그들 역시 그러한 하나님의 대리인들로서 세계 속에 존재하면서 세계의 삶을 인정해 주고 통치하며 새롭게 하는 역할을 수행해야 할 것이다. 이렇게 함으로써 하나님 중심의 전적인 신앙을 소유한 개인과 교회는 모든 사건 속에서 활동하고 있는 하나님의 부르심에 응답하는 책임을 다하게 된다.

【참고 문헌】

Niebuhr, H. Richard, ⟨A Communication⟩ in *The Christian Century* 49 (1932).

— *Christ and Culture*, New York: Harper & Row, Publishers, 1975.

— ⟨Man the Sinner⟩ in *The Journal of Religion*, XV, July(1935).

— *Meaning of Revelation*(1941), first paperback ed., New York: Macmillan Co., 1960.

— ⟨On the Nature of Faith⟩ in *Religious Experience and Truth*. ed., by Sidney Hook, New York: New York University Press, 1961.

— *Radical Monotheism and Western Culture*, New York: Harper & Bros., 1960.

— ⟨The Center of Value⟩ in *Moral Principles of Action*, ed., by R. N. Anshen, New York: Harper & Brothers, 1952.

— ⟨The Grace of Doing Nothing⟩ in *The Christian Century* 49(1932).

— *The Purpose of the Church*, New York: Harper & Brothers, 1956.

— 〈The Responsibility of the Church for Society〉 in *The Gospel, the Church and the World*, ed., by K. S. Latourette, New York: Harper & Brothers, 1946.

— *The Responsible Self*, New York: Harper & Row, 1963.

— 〈The Triad of Faith〉 in *Andover Newton Bulletin* 47(1954).

— 〈War as the Judgment of God〉 in *Christian Century* 59(1942).

제 IV 부

Religion and Social Change : Karl Marx's View

Introduction

I would say that "religion"[1] functions in two different ways for social change. It sometimes plays a change-inhibiting role. There is an inherently conservative aspect to religion. Religion can evoke a sense of the sacred precisely because of believers' respect for tradition and continuity. Religious symbols link the believers' present experience with meanings derived from the group's tradition, and religious beliefs that are taken-for-granted truths build a strong force

---

1) Spelling out a definition of religion is not an easy job. Almost as many definitions and theories of religion exist as there are authors on the subject. Robert Bellah defines religion as "set of symbolic forms and acts which relate man to the ultimate conditions of his existence." --McGuire, B. Meredith, *Religion: The Social Context* (Belmont, California: Wadsworth Publishing Company, 1981), p.10.

After considerations of some arguments mentioned in McGuire's book (*Religion*, pp. 3-19.) and J. E. Barnhart's book {*The Study of Religion and Its Meaning* (New York: Mouton Publishers, 1977), pp. 1-15.}, I tried my own definition of religion: Religion is a human "belief system" which deals with the origin and the ultimate meaning and destiny of life. This belief system has a supernatural supreme being, God, or ultimate symbols or ideologies which become the foundation of the system and guides its members toward the ultimate direction of

against new ways of thinking. Practices handed down through tradition as the god-approved ways are highly resistant to change.

On the other hand, however, while certain aspects of religion inhibit social change, other aspects challenge the *status quo* and encourage change. In some circumstances, religion is a profoundly revolutionary force, holding out a vision of how things might or ought to be. Historically religion has been one of the most important motivations for change because of its particular effectiveness in uniting people's beliefs with their actions, their ideas with their social lives.

On Religion

Karl Marx (1818-83) had a very negative point of view toward religion. Created and dominated by the ruling class, religion serves to maintain the position of those in power. For Marx the primary function of religion was to provide a psychological outlet for the oppressed to deal with the trials of their existence and to provide a moral code and moral pressure which would maintain class structure. Marx saw religion as encouraging the people to be passive and wait for the utopia, the end time when their suffering would end and justice would be served. Religious illusion alienates people from reality of self and of society. Religion draws off dissent and zeal that might otherwise promote revolution. In this context, Marx stated that religion is the "opium of

---

the system. Each system has its own moral and ethical principles to nurture virtues in each individual and to secure peace and justice within the society.
In my own definition I combined two aspects of religion, a substantive aspect (what it is) and a functional aspect (what it *does*), together.

the people." Only by the abolition of religion and the establishment of atheism can one see himself/herself; he/she no longer needs religion and thus can proceed to unmask all the other forms of human self alienation in society, raising the consciousness of the oppressed, with the end goal of overthrowing the oppressors and establishing the communist society.

For Germany the *criticism of religion* is in essence complete, and the criticism of religion is the premise of all criticism....

The basis of irreligious criticism is: *man makes religion*, religion does not make man. Religion, indeed, is the self-consciousness and the self-esteem of the man who has not yet found himself or who has already lost himself. But *man* is not an abstract being crouching outside the world. Man is man's *world*, the state, society. This state and this society produce religion, which is an *inverted consciousness* of the world because state and society are an *inverted world*. Religion is the general theory of this world, its encyclopedia, its logic in popular form, its spiritualistic *point d'honneur*, its enthusiasm, its moral sanction, its solemn complement, and the general ground for the consummation and justification of this world. It is the *ghostly realization* of the *human essence*, ghostly because the human essence possesses no true reality. The struggle against religion is therefore indirectly the struggle against *that world* whose spiritual aroma is religion.

Religious suffering is at once the *expression* of real suffering and the *protest* against real suffering. Religion is the sigh of the oppressed creature, the heart of a heartless world, just as it is the spirit of spiritless conditions. It is the opium of the people.

The overcoming of religion as the *illusory* happiness of the people is the demand for their real happiness. The demand that they should abandon illusions about their conditions is the *demand to give up conditions that require illusion*. The critique of religion is therefore in embryo a *critique of the vale of tears*, whose halo is religion.

...Thus the critique of heaven turns into the critique of earth, the *critique of religion* into the *critique of law* and the *critique of theology* into the *critique of politics*.[2]

As Marx employs it, "materialism" does not refer to the assumption of any logically argued ontological position. Marx undoubtedly accepts a "realist" standpoint, according to which ideas are the product of the human brain in sensory transaction with a knowable material world; ideas are not founded in immanent categories given in the human mind independently of experience. But this definitely does not involve the application of a deterministic philosophical materialism to the interpretation of the development of society. Human consciousness is conditioned in dialectical interplay between subject (human in society) and object (the material world), in which humans actively shape the world they live in at the same time as it shapes them. This can be illustrated by Marx's observation, developing a point made in the *Theses on*

---

2) Karl Marx, *Contribution to the Critique of Hegel's Philosophy of Right: Introduction, from The Portable Karl Marx,* edited by Eugene Kamenka (Kingsport, Tennessee: Kingsport Press Inc., 1985), pp. 115-6.

Feuerbach, that even our perception of the material world is conditioned by society. Feuerbach does not see that sensory perception is not fixed and immutable for all time, but is integrated within a phenomenal world which is

> an historical product, the result of the activity of a whole succession of generations, each standing on the shoulders of the preceding one, developing further its industry and its intercourse, modifying its social order according to the changed needs. Even the objects of the simplest "sensuous certainty" are only given him through social development, industry and commercial intercourse.[3]

On Social Change: Material Force for Social Change

As sociological theory, Marxism is reducible to two basic postulates and a few corollaries. The first postulate is the one of economic determinism, namely, the view that the economic factor is the fundamental determinant of the structure and development of society. This factor, consisting essentially of the technological means of production, determines the social organization of production, namely, the relations into which people must and do enter to produce goods more effectively than they could if working separately. These relations, according to Marx, develop independently of human will.

---

3) Karl Marx, Frederick Engels, *German Ideology,* edited by C. J. Author (New York: International Publishers, 1972). p. 62.

Moreover, the organization of production ("the economic substructure of society") not only limits but also, in the final analysis, shapes the whole superstructure: political organization, law, religion, philosophy, art, literature, science, and morality itself.

In the social production which men carry on they enter into definite relations that are indispensable and independent of their will; these relations of production correspond to a definite stage of development of their material powers of production. The sum total of these relations of production constitutes the economic structure of society--the real foundation on which these legal and political superstructures and to which correspond definite forms of social consciousness. The mode of production in material life determines the general character of the social, political, and spiritual processes of life. At a certain stage of their development, the material forces of production in society come into conflict with the existing relations of production, or--what is but a legal expression for the same thing--with the property relations within which they had been at work before. From forms of development of the forces of production, these relations turn into their fetters. Then comes the period of social revolution. With the change of the economic foundation the entire immense superstructure is more or less rapidly transformed.[4]

Types of economic structure are differentiated by their dominant social production relations.

Whatever the social form of production, laborers and means of production always remain factors of it....The specific manner in which [their] union is accomplished distinguishes the different economic epochs of the structure of society from one another[5]

The dominant class also develops or takes over ideological forms which legitimize its domination. "The class which has the means of *material* production at its disposal, has control at the same time over the means of *intellectual (geistig)* production, so that thereby, generally speaking, the ideas of those who lack the means of intellectual production are subject to it."[6]

In *German Ideology* Marx traces the stages of social change depending upon the material productive force. According to who owns the main mode of production, change of the mode of production, and the division of labor for massive production, Marx says, the forms of society has been changed. The first form of ownership is tribal ownership. It corresponds to the undeveloped stage of production, at which a people lives by hunting and fishing, by the rearing of beasts or, in the highest stage, agriculture.

---

4) Karl Marx, Preface to *A Contribution to the Critique of Political Economy*, from *Selected Works*, (New York: International Publishers, 1974), pp. 182-3.
5) Karl Marx, *Capital: A Critique of Political Economy*, Part II., Chap. 1.
6) Karl Marx, *German Ideology*, p. 64.

The second form of society is the ancient communal and state ownership which proceeds especially from the union of several tribes into a *city* by agreement or by conquest, and which is still accomplished by slavery. Private property appears at this stage, but as an abnormal form subordinate to communal ownership. The third form of ownership is feudal or estate property. The Middle Ages started out from the country which spread over a wider territory, prepared by the Roman conquests and the spread of a agriculture at first associated with it.[7] Later society further changes into a Bourgeois capitalist society, and then, finally into a communist society.

The second postulate of Marxist sociology concerns the mechanism of change. According to this view, social change must be understood in terms of its three ever-present phases. This is the dialectical scheme borrowed by Marx from the German idealistic philosopher Georg Hegel (1770-1831), whom he was proud to have turned upside down (by applying the scheme not to fundamental spirit, as Hegel did, but to matter). Everything in the world, including society itself, passes by a kind of dialectical necessity through the three stages of affirmation or thesis, negation or antithesis, and reconciliation of opposites or synthesis. On this higher level of synthesis the dialectical process continues with new conflicts and accommodations always marking the historical process.

---

7) Ibid., pp. 42-6.

In every society there are two basic classes, one representing the obsolescent system of production, the other the nascent order. Society evolves from one stage to another by means of struggle between these classes. The emerging class is ultimately victorious in this struggle and establishes a new order of production; within this order, in turn, are contained the seeds of its own destruction, the dialectical process once more.

Marx used this dialectical scheme in his analysis of contemporary Western society, which they called capitalist. In this society the social organization of production that came into being with the industrial revolution is expressed in the existence of two classes: the bourgeoisie or owners of production and the proletariat or the laborers. Struggle is inevitable between the two classes and will result, as class consciousness and militant class action develop, in the overthrow of the existing system. Capitalism's heir will be the socialist order characterized by the collective ownership of the means of production and ultimately by classes and, indeed, stateless society-- a Utopian goal long held by pre-Marxian and, according to Marx himself, nonscientific socialists.

> The history of all hitherto existing society is the history of class struggles. Freeman and slave, patrician and plebeian, lord and serf, guild-master and journeyman, in a word, oppressor and

8) Karl Marx, *Manifesto of the Communist Party*, from *Selected Works*, pp. 35-6.

oppressed, stood in constant opposition to one another, carried on an uninterrupted, now hidden, now open fight, a fight that each time ended, either in a revolutionary re-constitution of society at large, or in the common ruin of the contending classes.[8]

Bourgeois society, "wherever it has got the upper hand, has put an end to all feudal, patriarchal, idyllic relations. It has pitilessly torn asunder the motley feudal ties that bound man to his 'natural superiors,' and has left no other nexus between man and man than naked self-interest, than callous 'cash payment' ...In one word, for exploitation, veiled by religious and political illusions, it has substituted naked, shameless, direct, brutal exploitation."[9] In bourgeois society, therefore, class relationships become simplified and universalized. The progressive development of capitalism, once it is established, more and more tends toward the creation of two great classes in direct opposition on the market: bourgeoisie and proletariat. The other classes are increasingly swallowed up by one or other of these two major class groupings. And at the end, through revolution, the proletariat class will become the ruling class.

In conclusion, for Marx, social change depends not upon religious or philosophical causes but upon material causes. Marx saw religion as the opium of the people and a tool of oppression and self alienation,

---

9) Ibid., pp. 37−8.

created by those in power, to maintain the social order which would best benefit those in power. Only by eliminating religion could the individual be free, a classless society created, and Capitalism destroyed. His goal was to eliminate religion. For him social change did not depend upon religion but on the material productive forces.

Religion, however, does not always function against positive social change. For instance, revolutionary action of the socially radical peasants of the sixteenth century under Anabaptist religious leadership, the radical sects of the Cromwellian Revolution in the seventeenth century, who appropriated Messianism to make of it an instrument of social revolt, and revolutionary actions of Korean

---

10) Christianity in Korea, several times, provided people spirit for revolutionary movement. At the end of the Yi Dynasty the poor and lower class people after they became Christians began to move toward the destruction of the class system and the establishment of just society. And under Japanese rule, from 1910 to 1945, biblical stories provided Korean Christians spirit for the independence movement. For example, Korean Christians revitalized the story of Moses and Exodus into their own situation. In the 1930s, when the Japanese authorities ordered Korean Christians to pay obeisance to the Japanese emperor at the Shinto shrines, Korean Christians expressly refused as an act of loyalty to God in keeping with the Second Commandment. It was in essence a political action. Korean Christians understood the Second Commandment not only literally and religiously, but also politically.
The Commission on Theological Concerns of the Christian Conference of Asia, ed. *Minjung Theology: People as the Subjects of History* (Maryknoll, New York: Orbis Books, 1983), pp. 22-3.
"...Minjung theology has developed out of the Korean Christians' intuitive and acute awareness of the essence of the Christian message as both political and religious--as the good news and hope for liberation of the oppressed people. From the beginning, Korean Christians understood the biblical language historically and spiritually." Ibid., pp. 23-4

Christians from the end of 19th century to early 1930s in Korea[10] are not quite in agreement with Marxism's central thesis that religion is a weapon always used by the established social forces.

Especially, Maitreya messianic Buddhism played the crucial role in revolutionary movements in China and Korea. People believed that when the Maitreya returns to this world and becomes a Buddha this miserable world will become a utopian world. He will save whole world and people from misery. The poor, the powerless and oppressed people will be freed from all the unjust shackles, and there will be no more starvation, oppression, exploitation, and diseases. People will care for their neighbors and there will be justice and peace.[11]

When the people were under severe oppression and exploitation and suffered poverty, when their life condition was worse than the minimum level of survival, when their living was worse than dying, when there was no more hope for the future, they began to yearn for the appearance of the Maitreya Buddha and eschatological revolution of the society. In those contexts revolutionary leaders proclaimed themselves as the incarnated Maitreya Buddhas and led revolutions and rebellions. In other words, a religion, Maitreya Buddhism in this case, had worked, for couple of thousand years, as the main spirit for the revolution (radical reshaping) of the Chinese and Korean societies.

---

11) Ko, Eun, "Maitreya and Minjung," *Essays on Minjung*, ed., Korea Theological Study Institute (Seoul: Korea Theological Study Institute, 1984), p. 482.

【Bibliography】

Barnhart, J.E., *The Study of Religion and Its Meaning*. New York: Mouton Publishers, 1977.

Ko, Eun. "Maitreya and Minjung," *Essays on Minjung*, ed., Korea Theological Study Institute. Seoul: Korea Theological Study Institute, 1984.

McGuire, Meridith B. *Religion: The Social Context*. 2nd ed., Belmont, California: Wadsworth Publishing Co., 1981.

Marx, Karl. *Capital: A Critique of Political Economy*. Moscow, 1954.

_____. *The Economic and Philosophic Manuscripts of 1844*. edited by Dirk J. Struik. New York: International Publishers, 1971.

_____. *Preface to a Contribution to the Critique of Political Economy, Manifesto of The Communist Party*, from *Selected Works*. New York: International Publishers, 1974.

_____. *Theses on Feuerbach, Contribution to The Critique of Hegel's Philosophy of Right: Introduction*, from *The Portable Karl Marx*. edited by Eugene Kamenka. Kingsport, Tennessee: Kingsport Press Inc., 1985.

Marx, Karl, and Frederick Engels. *The German Ideology*. edited by C.J. Arthur. New York: International Publishers, 1972.

The Commission on Theological Concerns of the Christian Conference of Asia, ed. *Minjung Theology: People as the Subjects of History*. Maryknoll, New York: Orbis Books, 1983

Religion and Social Change : Emile Durkheim's View

Introduction

Unlike Marx, religion for Emile Durkheim (1858-1917) is not seen as an opium of the people which needs to be eradicated. In Durkheim's *Elementary Forms of Religious Life*, religion is portrayed as an essential part of society and its development as a moral community. Religion emerges from society and is an expression of the collective ideals of society which the individual assimilates and individualizes. The believer experiences the interior peace, joy, serenity, and enthusiasm and this energy is transferred to the larger group, to the social level in the form of action. Durkheim believes that no society can survive without regular opportunities for reaffirming its collective ideas and sentiments in some form, thus expressing the moral values of the society. For through the process of reaffirming these ideals in ceremonies, worship, and meetings, the society renews and sustains itself. Religion's ultimate function is to make us act and to help us live our daily lives. Without the motivation of human, moral forces or religious belief, to stimulate the individual to move outside of himself or herself and to act in common, society cannot make its influence felt in the creation of civilization which is the work of society.

Durkheim's concern with problems of structural differentiation turned his interest into religion. Durkheim is interested to discover in religion, especially primitive religion, that undifferentiated whole from which the elements of social life gradually differentiated. He selected for intense study, though through secondary sources, the Arunta, an Austrian tribe. This choice was based in part on the assumption that the Arunta represent a remote stage of evolutionary development.

The Definition of Religion

It is fallacious, Durkheim states, to suppose that the existence of supernatural divinities is necessary to the existence of religion: there are systems of belief and practice which we should quite properly call "religious," but where gods and spirits are either altogether absent, or are only of minor importance. What is a "religious" belief cannot be defined with regard to the substantive content of ideas. The distinctive characteristic of religious beliefs is that "they presuppose a classification of all things known to men, real and ideal, into two classes or opposed groups, into two distinct forms...."[1] The character of religious thought is something which cannot be grasped except in terms of the notion of dichotomy itself: the world is separated into two entirely separate classes of objects and symbols, the "sacred" and the "profane": "it is absolute. In the history of human thought there exists no other example of two categories of things so profoundly differentiated or so radically opposed to one another."[2]

The special character of the sacred is manifest in the fact that it is surrounded by ritual prescriptions and prohibitions which enforce this radical separation from the profane. A religion is never simply a set of beliefs; it always also involves prescribed ritual practices and a definite institutional form. There is no religion which does not have a church, although the form which this assumes varies widely. The concept of "church," as Durkheim employs it refers to the existence of a regularized ceremonial organization pertaining to a definite group of worshippers; it does not imply that there is necessarily a specialized priesthood. Thus Durkheim reaches his famous definition of religion, as "a unified (solidaire) system of beliefs and practices relative to sacred things, that is to say, things set apart and forbidden -- beliefs and practices which unite into one single moral community called a Church, all those who adhere to them."[3]

---

1) Emile Durkheim, *The Elementary Forms of the Religious Life*, (New York: The Free Press, a division of Macmillan Publishing Co., Inc., 1965), p. 52.

2) Ibid., p. 53.

3) Ibid., p. 62.

Religion, the Production of a Society

Totemic objects are often insignificant animals or small plants, which could not intrinsically evoke the powerful feelings of religiosity which are attributed to them. Moreover, the representation of the totem is usually regarded as more sacred than the totemic object itself. This proves that "the totem is above all a symbol, a material expression of something else." The totem thus symbolizes both the sacred energy and the identity of the clan group. "So," Durkheim asks rhetorically, "if it is at once the symbol of the god and of the society, is that not because god and society are one?" The god of the clan, the totemic principle is the clan group itself, "personified and represented to the imagination under the visible form of the animal or vegetable which serves as totem."[4] Society commands both obligation and respect, the twin characteristics of the sacred. Whether it exists as a diffuse impersonal force or whether it is personalized, the sacred object is conceived as a superior entity, which in fact symbolizes the superiority of society over the individual.

> In a general way, it is unquestionable that a society has all
> that is necessary to arouse the sensation of the divine in
> minds, merely by the power that it has over them; for to its

---

4) Ibid., p. 236.

members it is what a god is to his worshippers. In fact, a God is, first of all, a being whom men think of as superior to themselves, and upon whom they feel that they depend. Whether it be a conscious personality, such as Zeus or Yahweh, or merely abstract forces such as those in play in totemism, the worshipper, in the one case as in the other, believes himself held to certain manners of acting which are imposed upon him by the nature of the sacred principle with which he feels that he is in communion.... Now the ways of action to which society is strongly enough attached to impose them upon its members, are, by that very fact, marked with a distinctive sign provocative of respect.[5]

The equation which Durkheim draws here between "society" and "the sacred" must not be misunderstood. What he proposes is that religion is the expression of the self-creation, the autonomous development, of human society. This is no idealist theory, but conforms to the methodological principle according to which social facts must be explained in terms of other social facts.[6]

---

5) Ibid., pp. 236-8.
6) Emile Durkheim, *The Rules of Sociological Method* (London:1964), p. 110.

Religion and Social Change

Durkheim inquired into the nature and functions of ceremonial and ritualistic institutions in Book III of The Elementary Forms of the Religious Life. His mode of analysis here follows his general theory of religion which he perceives as an expression, in symbolic form, of social realities. He first determines the religious functions of ceremonial and ritualistic behavior to the social realities which they are purported to express. In thus "substituting reality for symbol," he brings religion down to the earth, so to speak, and hence is able to ascertain the social functions of the religiously symbolic conduct.

A study of proscribing rites -- i.e., taboos and interdicts ("the negative cult")[7] -- and of the prescribing ones -- such as sacrificial, imitative, commemorative, and piacular rites ("the positive cult")[8] -- reveals that ritualistic institutions have a number of vital social functions which vary, of course, with the nature of the particular ceremony being performed. The following are four social functions of ritual to which Durkheim pays special attention.

1. A disciplinary and preparatory function: Ritual prepares an individual for social living by imposing on him/her the self-discipline,

---

7) Emile Durkheim, *The Elementary Forms of the Religious Life*, Book III, Chap. 1, pp. 337-65.

8) Ibid., Book III, Chaps 2-5, pp. 366-461.

the "disdain for suffering," the self abnegation without which life in society would be impossible. Social existence is possible only as individuals are able to accept constraints and controls. Asceticism is an inherent element in all social life. Ritual, being formal and institutional and hence, to some degree prohibitive and inhibitive, is necessarily ascetic.

In fact, there is no interdict, the observance of which does not have an ascetic character to a certain degree. Abstaining from something which may be useful or from a form of activity which, since it is usual, should answer to some human need, is, of necessity, imposing constraints and renunciations.[9]

But abstinence does not come without suffering. To control natural instincts and selfish desires over a whole community one needs to go through ascetic practices, for example, fasting, torturing one's own body, and so on. Moreover, the positive cult is possible "only when a man is trained to renouncement, to abnegation, to detachment from self, and consequently to suffering."[10] Ascetic practices or the sufferings which they impose, therefore, are "not arbitrary and sterile cruelty; ... necessary school, where men form and temper themselves, and acquire the qualities of disinterestedness and endurance...."[11]

2. A cohesive function: Ceremony brings people together and thus serves to reaffirm their common bonds and to enhance and

---

9) Ibid., p. 350.
10) Ibid., p. 355.
11) Ibid., p. 355.

reinforce social solidarity: "Rites are, above all, means by which the social group reaffirms itself periodically."[12] Ceremonial occasions are occasions of social communion. They are necessitated by the inevitable intermittency of social life. The work a day, immediate, private, and personal interests of an individual occupy much of his everyday life. His social ties to his fellow men, their common pool of values, tend to become obscure, indistinct, and even to lapse from consciousness. But since society is a necessary condition of human civilized living, it is imperative that this condition be remedied, that periodically, at least, man be given the opportunity to commune with his fellow social beings and to express his solidarity with them. Ceremonial institutions afford just such opportunities. Whatever their stated purpose, "the essential thing is that men are assembled, that sentiments are felt in common, and that they are expressed in common acts...."[13]

3. A revitalizing function: If society is to be kept alive, its members must be made keenly aware of their social heritage. Traditions must be perpetuated, faith must be renewed, values must be transmitted and deeply imbedded. In this task of vitalizing and reanimating the social heritage of a group, ceremony and ritual play an important part. When the Australians, scattered in little groups, spend their time in hunting and fishing, they lose sight of what

---

12) Ibid., p. 432.
13) Ibid., pp. 431-2.

concerns their clan or tribe; their only thought is to catch as much game as possible. On feast days, on the contrary, these preoccupations are necessarily eclipsed; being essentially profane, they are excluded from these sacred periods. At this time, their thoughts are centered upon their common beliefs, their common traditions, the memory of their great ancestors, the collective ideal of which they are the incarnation; in a word, upon social things.[14]

4. A euphoric function: Ceremony and ritual also serve to establish a condition of social euphoria, i.e., a pleasant feeling of social well-being. This function takes on special significance when a group is faced with an actual or a threatened condition of dysphoria. All societies are subject to crises, calamities, disappointments, losses of particular members, and other dysphoric experiences. In certain cases the very existence of the group may be in jeopardy. The group attempts, therefore, to counterbalance the disturbing action of these dysphoric situations; and in smoothing its way through its crises and adversities, ceremony and ritual are of invaluable service. "Since they weep together, they hold to one another and the group is not weakened, in spite of the blow which has fallen upon it ... the group feels its strength gradually returning to it; it begins to hope and to live again."[15]

---

14) Ibid., p. 390.
15) Ibid., pp. 447-8.

The Religious Experience and the Development of the Categories of Knowledge

Everything from social life experience, and religion is the original force of knowledge. In totemism the divine principle is much more all-pervasive than in more complex societal forms: we discover in the Australian societies religious ideas such as must have everywhere formed the original source of all subsequently differentiated systems of ideas. The totemic classification of nature provides the initial source of the logical categories or classes within which knowledge is ordered. Just as the axiomatic categories in terms of which abstract thought is ordered are derived from society, so too are the basic dimensions of force, space and time. The elemental religious force is the original model from which the concept of force was derived, and later incorporated into philosophy and natural science.

So the idea of force is of religious origin. It is from religion that it has been borrowed, first by philosophy, then by the sciences. This has already been foreseen by Comte and this is why he made metaphysics the heir of 'theology.' ... Religious forces are real....[16]

---

16) Ibid., p. 234.

The same is true of the other of the Aristotelian categories: the notion of time finds its original prototype in the periodic character of social life, and space from the physical territory occupied by society. Time and space are not, as Kant held, inherent categories of the human mind. No doubt every individual is conscious of living in a present which is distinct from the past. But the concept of "time" is not personalized; it involves an abstract category shared by all members of the group. "It is not my time that is thus arranged; it is time in general ..."[17] This must have originated from the experience of the collectivity: the temporal divisions of years, weeks and days stem from the periodic distribution of public ceremonial rites and holidays. The notion of "space" similarly presupposes some original fixed point; there can be no "north" or "south," or "right" or "left" without some common standard whereby these can be judged. The territory occupied by the society provides this standard. This can be directly illustrated. In some of the Australian societies, space is conceived in the form of a circle, mirroring the circular shape of the camp; and the spatial circle is subdivided according to the position of each clan in the encampment.[18] Thus the collective ideal which religion expresses is far from being due to a vague innate power of the individual, but it is rather at the school of collective life that the individual has learned to idealize. It is in assimilating the ideals elaborated by society that he has become capable of conceiving the ideal. It is society which, by

17) Ibid., p. 23.
18) Ibid., pp. 23-5.

leading him within its sphere of action, has made him acquire the need of raising himself above the world of experience and has at the same time furnished him with the means of conceiving another. For society has constructed this new world in constructing itself, since it is society which this expresses.[19]

Christianity and the Development of French Culture[20]

In the book *L'Evolution Pedagogique en France*, published twenty years after Durkheim's death, composed of lectures written in 1904 and 1905, Durkheim takes the history of French education as an index to the history of the French spirit and of the social and cultural framework out of which it arose. Here is an intricate and sensitive analysis of the interplay of morphological and representational factors in the development of French culture from the early middle ages to the nineteenth century. In accordance with his penchant for origins, he begins by showing that French education first appeared in the church. He demonstrates how certain fundamental features of the Christian world view colored the conception of the school as a place for the education of the total personality, a conception which still survives. Here are presentational element is used as a fundamental point of

---

19) Ibid., pp. 470-1.

20) Robert A. Nisbet, *Emile Durkheim*, (Englewood Cliffs, New Jersey: PrenticeèHall, Inc., 1965), pp. 171-6.

reference without any attempt to explain it morphologically.[21] There follows an interesting discussion of how the morphological factors involved in the political unification of Charlemagne and the religious unification of the high Middle Ages are related to the structure of the school system and to the predominance first of grammar and then of logic in the curriculum, although in this analysis he takes full account as well of cultural factors.[22] Subsequently, the changes in social structure involved in the breakdown of the medieval system and the several cultural tendencies of the Renaissance are considered as alternative answers to the problems raised by that breakdown.[23] The analysis of the factors involved in the French cultural synthesis of the seventeenth century is especially brilliant; and since the spirit of

---

21) Emile Durkheim, *L'Evolution Pedagogique en France* (London:1965), Vol.I, Chaps. 2 and 3.

22) Ibid., Chaps. 4-13.

23) Ibid., Vol. I, Chap. 14; Vol. II, Chaps. 1-4.

24) Ibid., Vol. II, Chaps. 5-8. He pays special attention to the brand of humanism being taught in the Jesuit schools which monopolized current education. He shows how it resulted in a kind of abstract and universalized rationalism which conceived of human nature only "as a sort of eternal reality, unchangeable, invariable, independent of time and place since the diversity of times and places does not affect it." (Vol. II, p. 128.) This attitude, he notes, is represented in the literature of the time, especially the dramatic literature, which deals with generalized human emotions and virtues. He also finds French political thought in the eighteenth century, with its tendency to speak not for France but for mankind, as representing this same syndrome. Durkheim also points out changes in the French language in this period and traces the French insistence on clarity and precision to the same concern for the general and the abstract which held the day. Descartes is the veritable representation collective of these cultural tendencies: Durkheim sees the French spirit as essentially Cartesian.

modern French culture derives from that period, this discussion is helpful in understanding the France of today as well as Durkheim's thought.[24] A final example -- there are many others -- of Durkheim's historical sociology in this work is his analysis of the relation between Protestantism and the rise of "realistic education," especially the teaching of science. In linking the orientation of Protestantism to science Durkheim independently reached a conclusion better known from the studies of Weber and Merton.[25]

Two general conclusions may be drawn from Durkheim's treatment of such problems, which have reference to the theory of social change. One is his insistence that collective representations (might we say, in this case, value?), once institutionalized, are capable of exerting an influence over an exceptionally long period of time and in the face of many social and cultural changes. He held, for example, that even modern secular ideas of duty, morality, and the like were derived from fundamentally Christian ideas since Christianity was the chrysalis of Western culture itself, and that these ideas are quite different from the ethical views of the classical pagan world. Again, he maintained that the Cartesian spirit held a certain cultural dominance in France in spite of the tremendous political and economic revolutions which occurred after its formulation. The second general conclusion is that as long as the social system is running smoothly the accepted system of collective representations

---

25) Ibid., Vol. II, Chap. 9.

will not be questioned. Only when the old system is breaking down, when there is a great deal of turmoil and social ferment, new systems of ideals become formulated and then contribute to the establishment of a newly stabilized social system.

Conclusion

According to Durkheim, religion is the original source out of which all more differentiated systems of ideas have developed. In primitive societies, which have a simple structure, all ideas are connected to a single system of religious representations, and are consequently closely tied in their content to the form of the organization of the society. But with the growth of differentiation in the division of labor, and of the application of critical reason, producing the clash of divergent ideas, the relationship between beliefs and the substratum in which they are rooted becomes more complex. Therefore it is necessary to avoid seeing in this theory of religion a simple restatement of historical materialism: that would be misunderstanding our thought to an extreme degree. In showing that religion is something essentially social, we do not mean to say that it confines itself to translating into another language the material forms of society and its immediate vital necessities. It is true that we take it as evident that social life depends upon its material foundation and bears its mark, just as the mental life of an individual depends upon his nervous system and in fact his whole organism. But the collective conscience is something more than a mere epiphenomenon of its morphological basis, just as individual consciousness is something more than a simple efflorescence of the nervous system. In order that the former may appear, a synthesis *sui generis* of particular consciousness is required. Now this synthesis has the effect of disengaging a whole world of sentiments, ideas and images which, once born, obey laws all their own. They attract each other, repel each other, unite, divide themselves, and multiply, though these combinations are not commanded and necessitated by the condition of the underlying reality.[26]

In conclusion, Durkheim relates the collective conscience to social ideals, holding that a reciprocal process connects the two -- social ideals bring into being the collective conscience and the latter in turn generates social ideals. Durkheim understood religion as the production of a society, that is to say, the collective social idealism developed to religion; but then, religion revitalizes, internalizes, strengthens, and initiates the traditions and collective social idealism and morality to the individual members of the community. Religion also creates, reinforces, and maintains social solidarity.

---

26) Emile Durkheim, *Elementary Forms of the Religious Life*, p. 471.

【Bibliography】

Durkheim, Emil. *Moral Education*. translated by Everett K. Wilson and Herman Schnurer. edited, with an introd., by Everett K. Wilson. New York: The Free Press, 1961.

_____. *The Rules of Sociological Method*. London: 1964.

_____. *The Elementary Forms of the Religious Life*. translated by Joseph Ward Swain. New York: The Free Press, 1965.

_____. *L'Evolution Pedagogique en France*. London: 1965.

_____. *The Division of Labor in Society*. translated by George Simpson. New York: The Free Press, 1984.

Nibset, Robert A. *Emile Durkheim*. Englewood Cliffs, New Jersey: Prentice-Hall, Inc., 1965.

Religion and Social Change--Christianity and the Birth of Capitalism: Max Weber's View

Max Weber (1864-1920) sees religion as a significant factor, though not the only factor, which leads to changes in the social order, specifically in the shaping of a rationalistic economic ethic. In *Economy and Society*, Weber discusses at length charismatic authority under which religion would fall as an example of value rationality. Weber proceeds to discuss how this charisma becomes routinized and rationalized, transforming it into an example of instrumental rationality. An elaboration of this transformative process is found in *The Protestant Ethic and the Spirit of Capitalism*. His thesis is that religion in the form of ascetic Protestantism led Protestants to labor for God and be stewards of the gifts of God. If one were successful, it was a visible sign from God that you were blessed and if one were poor, you were more obedient to God. Why there was an unequal distribution of goods was attributed to Divine Providence. Not knowing whether or not one was saved, the Protestant worked hard and reinvested his or her money rather than spending it frivolously. This protestant asceticism became routinized and rationalized into an economic ethic which fueled and sustained modern Capitalism until this asceticism was transformed into utilitarianism which then continued to fuel capitalism.

In his younger years, Weber wished to test the basic contention of Marxism, according to which all cultural phenomena, including religion, are fundamentally determined by the evolution of economic forces. For Marx, the Protestant Reformation was a by-product of the rise of capitalism. Weber decided to test this hypothesis, and he came to a different conclusion. His research and reasoning form a major part of his work and require our attention.

Capitalism in general, Weber holds, is a system of profit-making enterprises bound together in market relations which has developed historically in many places and at various times. But modern mature capitalism is distinguished from capitalism in general by its rational character and the rational organization of free labor. How did this modern type emerge? Weber emphasizes that the problem of initial emergence is distinct from that of later growth since, once fully developed, a social system becomes self-supporting. Weber contends that the rise of mature capitalism was affected by the emergence of Protestant, especially Calvinist, ethics. In a preliminary way he established that in contemporary Germany, areas predominantly Protestant were wealthier than primarily Catholic sections of the nation:

⋯business leaders and owners of capitalism, as well as the

higher grades of skilled labor, and even more the higher the technically and commercially trained personnel of modern enterprises, are overwhelmingly Protestant.[1]

This is not merely a contemporary, but also is an historical fact. Tracing the association back, it can be shown that some of the early centers of capitalist development in the early part of the sixteenth century were strongly Protestant. A possible explanation for this is ready to hand: that the break with economic traditionalism which occurred in these centers produced a sloughing off of tradition in general, and of religious institutions in their old form in particular. But this interpretation does not stand up to close scrutiny. It would be quite wrong to regard the Reformation as an escape from the controls of the church. In fact, the surveillance of the Catholic church over everyday life was loose. The movement to Protestantism involved acceptance of a much higher degree of regulation of behavior than that which was demanded by Catholicism. Protestantism adopts a resolutely stringent attitude towards relaxation and enjoyment--a phenomenon which is especially pronounced in Calvinism.[2]

The conclusion can be reached, therefore, that we must look to the specific character of Protestant beliefs if we are to account for the connection between Protestantism and economic rationality.

---

1) Max Weber, *The Protestant Ethic and The Spirit of Capitalism* (New York: Charles Scribner's Sons, 1976), p. 35.

Modern or mature capitalism, he asserts on the basis of painstaking historical study, emerged not simply by inner economic necessity, but as if it were pushed by another rising force, the religious ethic of Protestantism, again especially Calvinism. In his further discussion, the terms of comparison are the *spirit* of modern capitalism and the spirit of Protestantism. The term *spirit*, in this context, means a system of maxims of human conduct.

The Protestant ethic does not sanction acquisitiveness directly, but stresses salvation. In its Calvinist form, salvation is assumed to depend on predestination, on an immutable decision of God; and, therefore, one can do nothing to achieve salvation.[3] However, since salvation is the focus of a person's religious life, he/she is necessarily interested in knowing whether he/she is among the chosen. Success in

---

2) "...[Calvin] saw no hindrance to the effectiveness of the clergy in their wealth, but rather a thoroughly desirable enhancement of their prestige. Hence he permitted them to employ their means profitably....The real moral objection is to relaxation in the security of possession, the enjoyment of wealth with the consequence of idleness and the temptations of the flesh, above all of distraction from the pursuit of a righteous life. In fact, it is only because possession involves this danger of relaxation that it is objectionable at all. For the saints' everlasting rest is in the next world; on earth man must, to be certain of his state of grace, 'do the works of him who sent him, as long as it is yet day.' Not leisure and enjoyment, but only activity serves to increase the glory of God, according to the definite manifestations of His will.

Waste of time is thus the first and in principle the deadliest of sins. The span of human life is infinitely short and precious to make sure of one's own election. Loss of time through sociability, idle talk, luxury, even more sleep than is necessary for health, six to eight hours, is worthy of absolute moral condemnation....every hour lost is lost to labor for the glory of God." Ibid., pp. 157-8.

3) Ibid., pp. 102-3.

one's secular or worldly calling is believed to be an almost infallible indication of being one of these. Whatever the calling, moreover, the individual should conduct himself in a disciplined and orderly manner.

Modern capitalism is founded not upon the amoral pursuit of personal gain, but upon the disciplined obligation of work as a duty. Weber identifies the principal features of the "spirit" of modern capitalism as follows:

> The acquisition of more and more money, combined with the strict avoidance of all spontaneous enjoyment...is thought of so purely as an end in itself, that vis-a-vis the happiness of, or utility to, the particular individual, it appears as quite transcendental and wholly irrational. Man is dominated by acquisition as the purpose of his life; acquisition is no longer a means to the end of satisfying his material needs. This reversal of what might call the "natural" situation, completely senseless from an unprejudiced standpoint, is evidently as definitely a leading principle of capitalism as it is foreign to all peoples not under capitalistic influence.[4]

The spirit of modern capitalism is thus characterized by a unique combination of devotion to the earning of wealth through legitimate

---

4) Ibid., p. 53.

economic activity, together with the avoidance of the use of this income for personal enjoyment. This is rooted in a belief in the value of efficient performance in a chosen vocation as a duty and virtue.

The concept of the "calling," Weber shows, only came into being at the time of the Reformation. It is not found, nor does any synonym for it exist, in Catholicism, nor in antiquity. The significance of the notion of the calling, and the mode in which it is employed in Protestant beliefs, is that it serves to bring the mundane affairs of everyday life within an all-embracing religious influence.[5] The calling of the individual is to fulfill his/her duty to God through the moral conduct of his/her day-to-day life. This impels the emphasis of Protestantism away from the Catholic ideal of monastic isolation, with its rejection of the temporal, into worldly pursuits.

The conception of the calling thus brings out that central dogma of all Protestant denominations which the Catholic division of ethical precepts into *precepta* and *consilia* discards. The only way of living acceptably to God was not to surpass worldly morality in monastic asceticism, but solely through the fulfillment of the obligations imposed upon the individual by his position in the world. That was his *calling*....with the development of the conception of *sola fide* in all its consequences, and its logical result, the increasingly

---

5) Ibid., pp. 79-80.

sharp emphasis against the Catholic *consilia evangelica* of the monks as dictates of the devil, the calling grew in importance. The monastic life is not only quite devoid of value as a means of justification before God, but he [Luther] also looks upon its renunciation of the duties of this world as the product of selfishness, withdrawing from temporal obligations. In contrast, labor in a calling appears to him as the outward expression of brotherly love....the fulfillment of worldly duties is under all circumstances the only way to live acceptably to God. It and it alone is the will of God, and hence every legitimate calling has exactly the same worth in the sight of God.[6]

In Chapter IV of *The Protestant Ethics*, Weber talks about the influence of ascetic protestantism: Calvinism,[7] Methodism,[8] Pietism,[9] and the Baptist sects.[10] Weber's discussion of ascetic Protestantism is concerned with those elements in their doctrines which are most consequential in affecting the practical conduct of the individual in his economic activity. The most important part of the analysis is concentrated upon **Calvinism**: not, however, solely upon Calvin's doctrines as such, but rather upon those embodied in the teachings of

---

6) Ibid., pp. 80-1.
7) Ibid., pp. 98ff.
8) Ibid., pp. 139ff.
9) Ibid., pp. 144ff.
10) Ibid., pp. 128ff.

Calvinists towards the end of the sixteenth century and in the seventeenth century.

Having made these qualifications, Weber proceeds, to identify three major tenets as most important in Calvinism.[11] First tenet is the doctrine that the universe is created to further the greater glory of God, and only has meaning in relation to God's purposes. "God does not exist for men, but men for the sake of God."[12] Second one is the principle that the motives of the Almighty are beyond human comprehension. Human beings can know only the small morsels of divine truth which God wishes to reveal to them. The third is Calvin's belief in **predestination**: only a small number of people are chosen to achieve eternal grace. This is something which is irrevocably given from the first moment of creation; it is not affected by human actions, since to suppose that it were would be to conceive that the actions of human beings could influence divine judgement.

The consequence of this doctrine for the believer, Weber argues, must have been one of "unprecedented inner loneliness." "In what was for the man of the age of the Reformation the most decisive concern of his life, his eternal salvation," says Weber, "he was forced to follow his path alone to meet a destiny which had been decreed for him from eternity."[13] In this crucial respect, each one was alone; no

---

11) Ibid., pp. 102-4.
12) Ibid., pp. 102-3.
13) Ibid., p. 104.

one, priest or layman, existed who could intercede with God to produce his/her salvation. This eradication of the possibility of salvation through the church and the sacraments, according to Weber, is the most decisive difference which separated Calvinism from both Lutheranism and Catholicism. Calvinism thereby brought about a final conclusion to a great historical process.

> There was not only no magical means of attaining the grace of God for those to whom God had decided to deny it, but no means whatsoever. Combined with the harsh doctrines of the absolute transcendentality of God and the corruption of everything pertaining to the flesh, this inner isolation of the individual contains...the reason for the entirely negative attitude of Puritanism to all the sensuous and emotional elements in culture and in religion, because they are of no use toward salvation and promote sentimental illusions and idolatrous superstitions. Thus it provides a basis for a fundamental antagonism to sensuous culture of all kinds.[14]

The enormous strain to which this exposed the Calvinist is evident. The decisive question which every believer must eventually have felt compelled to ask himself/herself--**am I one of the chosen?**--could not be answered. To Calvin himself, this presented no source of anxiety.

---

14) Ibid., p. 105.

Since he believed himself to be selected by God to carry out a divine mission, he was confident of his own salvation. But no such certainty was possible for his followers. Consequently Calvin's doctrine that there are no external differences between the elect and the damned quickly came under pressure on the level of pastoral care. Two related responses developed. Firstly, the individual should consider it as obligatory to deem himself/herself one of the chosen. Any doubts as to the certainty of election are evidence of imperfect faith and therefore of lack of grace. Secondly, "intense worldly activity" is the most appropriate means to develop and maintain this necessary self-confidence. Thus the performance of "good works" became regarded as a "sign" of election--not in any way a method of *attaining* salvation, but rather of eliminating doubts of salvation.

Weber illustrates this by reference to the writings of the English puritan, Richard Baxter. Baxter warns against the temptations of wealth, but, according to Weber, this admonition is directed solely towards the use of wealth to support an idle, relaxed way of life. Idleness and time-wasting are the foremost sins. This doctrine "does not yet hold, with Franklin: 'time is money,' but the proposition holds to a certain degree in a spiritual sense. It is infinitely valuable because every hour lost is lost to labor for the glory of God."[15] Calvinism demands of its believers a coherent and continuous life of discipline, thus eradicating the possibility of repentance and atonement for sin which the Catholic confessional makes possible. The latter effectively sanctions a haphazard attitude to life, since the believer can rely upon the knowledge that priestly intervention can provide release from the consequences of moral lapse.

Thus labor in the material world, for the Calvinist, becomes attributed with the highest positive ethical evaluation. The possession of riches does not provide a man with any sort of exemption from the divine command to labor devotedly in his calling. The Puritan conception of the calling, in contrast to the Lutheran, places a premium upon the duty of the individual to approach his vocation in a methodical fashion as the instrument of God. The accumulation of wealth is morally condemned only to the degree that it forms an enticement to idle luxury; where material profit is acquired through the ascetic pursuit of duty in a calling, it is not only tolerated, but is in fact morally recommended. "To wish to be poor was, it was often argued, the same as wishing to be unhealthy; it is objectionable as a glorification of works and derogatory to the glory of God."[16]

It is crucial to Weber's analysis that these characteristics are not "logical," but "psychological" consequences of the original doctrine of predestination as formulated by Calvin. These subsequent developments in Puritan doctrine stem from the phenomenal isolation

---

15) Ibid., p. 158. cf. "Keep up a high esteem of time and be every day more careful that you lose none of your time, than you are that you lose none of your gold and silver. And if vain recreation, dressings, feastings, idle talk, unprofitable company, or sleep be any of them temptations to rob you of any of your time, accordingly heighten your watchfulness." Richard Baxter(1615–1691), *A Christian Directory* (London: G. Bell & sons ltd., 1925), I, p. 79.

16) Ibid., p. 163.

experienced by believers, and the anxieties to which this gave rise.

The origins of the capitalist spirit thus has to be sought in that religious ethic which is most precisely developed in Calvinism. It is to this ethic that we may trace the unique qualities which distinguish the attitudes underlying modern capitalistic activity from the amoral character of most previous forms of capital acquisition. "One of the integral characteristics of the modern capitalist spirit, and not only of this, but of modern culture: the rational conduct of life on the basis of the idea of the calling, was born--that is what this exposition has sought to show--from the spirit of Christian asceticism."[17]

Conclusion

As Marx insisted, Weber, too, noted the extent to which religious ideas served legitimate existing social arrangements, especially the stratification system. Religion has historically explained and justified why the powerful and privileged should have their power and privilege. The wealthy might justify their privilege as a sign of God's approval of their hard work and moral uprightness. Weber observed that most religions provide **theodicies** both of privilege and of disprivilege.

Theodicies are religious explanations that provide meaning for problematic experiences--in this case, the discrepancies of

---

17) Ibid., p. 180.

stratification. For example, the Hindu doctrine of rebirth simultaneously justifies the privilege of the upper classes and gives meaning and some hope for the conditions of lower classes. This belief explains that one's present condition is the result of behavior in one's former life. A favored situation (e.g., being born a man rather than a woman) is justified as the result of appropriate behavior in a former incarnation. Prescribed action for both the privileged and disprivileged is therefore to behave appropriately in one's present social situation in order to obtain a more favorable situation in the next life. This theodicy justifies and explains the social status of both privileged and disprivileged and deters the disprivileged from trying to change the existing arrangement--in this life, at least.

> Estranged castes might stand beside one another with bitter hatred--for the idea that everybody had "deserved" his own fate, did not make the good fortune of others more enjoyable to the socially underprivileged. For so long and insofar as the *Karma* doctrine remained unshaken, revolutionary ideas or the striving for "progress" were inconceivable.[18]

Weber shows that what an important role religion plays for social change. For example, while Protestantism, especially, Calvin's theology, in conjunction with other factors, provided spirit for the

---

18) Marx Weber, *The Religion of India* (Glencoe, 1958), pp. 122-3.

development of capitalism in Europe, in China the combination of nonreligious social and economic conditions were propitious to the rise of capitalism but the ethical system of Confucianism was not. In India, while general conditions, especially the caste system, were not so favorable as in China, they were still sufficient background for the rise of capitalism, except for the traditional Karma, belief in the transmigration of souls, which was hostile to economic development in the Western manner. In conclusion, Weber proves that religion plays an important role for social change.

【Bibliography】

Baxter, Richard (1615-1691). *A Christian Directory*. London: G. Bell & sons ltd., 1925.

Weber, Max. *The Religion of India*. translated and edited by Hans H. Gerth and Don Martindale. Glencoe, Ill.: Free Press, 1958.

_____. *The Sociology of Religion*. Boston: Beacon Press, 1964.

_____. *The Protestant Ethic and The Spirit of Capitalism*. translated by Talcott Parsons. New York: Charles Scribner's Sons, 1976.

색 인

김희수

한남대학교, 영어영문학. B. A.

Pacific School of Religion, Berkeley. M. Div.

Graduate Theological Union, Berkeley. Ph. D.

기독교윤리학, 종교사회학 전공

월로우스 미국인 연합감리교회(캘리포니아) 담임목사 역임

현재 백석대학교 교수

저서: 《외국인을 위한 한국, 한국인 그리고 한국문화》(공저)

《크리스천 현장영어》(공저)

《기독교 윤리학의 이론과 방법론》《기독교 사회윤리》

역서: 《의료윤리》《종교철학의 핵심》《종교철학》

문예신서
382

기독교윤리학

초판발행 : 2011년 3월 1일

지은이 : 김희수
펴낸곳 : 東文選
제10-64호, 78. 12. 16 등록
110-300 서울 종로구 계동 140-41
전화 : 737-2795

ISBN 89-8038-674-1 94230
ISBN 89-8038-000-3 (세트/문예신서)

【東文選 現代新書】